Die wettbewerbsrechtliche Zulässigkeit von Preisausschreiben und Gewinnspielen

Europäische Hochschulschriften

Publications Universitaires Européennes
European University Studies

Reihe II
Rechtswissenschaft

Série II Series II
Droit
Law

Bd./Vol. 4314

PETER LANG
Frankfurt am Main · Berlin · Bern · Bruxelles · New York · Oxford · Wien

Annemarie Bloß

Die wettbewerbsrechtliche Zulässigkeit von Preisausschreiben und Gewinnspielen

Neue Entwicklungen auf nationaler und europäischer Ebene

PETER LANG
Europäischer Verlag der Wissenschaften

Bibliografische Information Der Deutschen Bibliothek
Die Deutsche Bibliothek verzeichnet diese Publikation in der Deutschen Nationalbibliografie; detaillierte bibliografische Daten sind im Internet über <http://dnb.ddb.de> abrufbar.

Zugl.: Erlangen, Nürnberg, Univ., Diss., 2004

D 29(n2)
ISSN 0531-7312
ISBN 3-631-53749-2

www.peterlang.de

Meinen lieben Großmüttern

Vorwort

Die vorliegende Arbeit wurde im Sommersemester 2004 von der Universität Erlangen-Nürnberg als Dissertation angenommen, wenige Tag vor Inkrafttreten der neuen UWG-Novelle. Die Arbeit berücksichtigt alle bis dahin erschienene Rechtsprechung und Literatur. Neuerscheinungen nach Inkrafttreten der UWG-Novelle konnten nicht berücksichtigt werden. Eingearbeitet sind Nachweise von drei großen Standard-Kommentaren für das UWG, die nach Einreichen der Dissertation erschienen sind. Hierbei handelt es sich um den Kommentar zum UWG von *Harte-Bavendamm* und *Henning-Bodewig*, das Handbuch des Wettbewerbsrechts von *Gloy/Loschelder* sowie den Kommentar zum Wettbewerbsrecht von *Köhler/Bornkamm*. Die vorgenannte Literatur findet allerdings nur bei den Schwerpunktthemen der Arbeit Berücksichtigung.

Die Idee zu der Arbeit entstand während meiner Tätigkeit als Rechtsanwältin bei der Kanzlei CMS Hasche Sigle in Hamburg in den Jahren 2001 bis 2003. Ich danke Herrn Dr. *Hans-Dieter Lübbert* für die vielen anregenden und lehrreichen Gespräche in dieser Zeit, die mir bei der Anfertigung dieser Arbeit sehr geholfen haben.

Mein besonderer Dank gilt Herrn Prof. Dr. *Winfried Veelken* für die Aufnahme als externe Doktorandin und seinen wertvollen Rat während der Erstellung der Arbeit. Insbesondere bedanke ich mich für die außerordentlich zügige Erstellung seines Erstgutachtens. Herrn Prof. Dr. *Georg Crezelius* danke ich für die ebenso zügige Erstellung des Zweitgutachtens.

Meiner Mutter und Frau Dr. *Sylvia Gottschalk* danke ich für das Korrekturlesen meiner Arbeit und die stets ermutigende Unterstützung. Ebenfalls bedanken möchte ich mich bei meinem Mann, Herrn Dr. Dr. *Mohammad Naraghi*, der mich stets liebevoll ermuntert und begleitet hat.

Vor allem aber danke ich meinen beiden inzwischen verstorbenen Großmüttern, Frau *Margarete Köhne* und Frau *Margarete Bloß*, die jede auf ihre Weise sehr starke Frauen waren und mir hierdurch wunderbare und beeindruckende Vorbilder waren und immer noch sind. Ihnen ist diese Arbeit in Dankbarkeit und liebevollem Gedenken gewidmet.

Erlangen, September 2005 *Annemarie Bloß*

Inhaltsverzeichnis

1. Kapitel: Einleitung 1

2. Kapitel: Begriffsbestimmungen und Erscheinungsformen von Preisausschreiben und Gewinnspielen 5
I. Allgemeines 5
II. Begriffsbestimmung 5
1. Zivilrechtliche Vorgaben für eine Begriffsbestimmung 7
2. Begriffsbestimmung durch die Rechtsprechung 8
a) Reichsgericht 8
b) Rechtsprechung des Bundesgerichtshofs 8
3. Die Begriffe Preisausschreiben und Gewinnspiele im Schrifttum 10
4. Neue Gesetzesvorhaben 13
a) Vorschlag für eine Verordnung über Verkaufsförderung 13
b) Richtlinienentwurf über das Lauterkeitsrecht 14
c) § 4 Ziffer 5 und 6 RegE UWG 14
5. Überblick über Begriffsbestimmungen in den einzelnen Mitgliedstaaten .. 16
6. Zusammenfassende Stellungnahme 17
III. Erscheinungsformen von Preisausschreiben und Gewinnspielen 19
1. Preisrätsel 19
2. Marktforschungspreisausschreiben 20
3. Sweepstakes 21
4. Schneeballsysteme 22
5. Glücksspiel, Lotterien und Ausspielungen 22
6. Ergänzungs-Gewinnspiele 23
7. Online- bzw. Internet-Gewinnspiele 23
8. Gewinnspiele im Radio und Fernsehen mit Telefonnummern 28
9. Versandhandelsgewinnspiele 25
10. Sonstige Gewinnspiele 25

3. Kapitel: Zahlen zu Preisausschreiben und Gewinnspielen 27
I. Allgemeines 28
II. Teilnehmerstruktur und Teilnahmehäufigkeit 28
III. Gestaltungsparameter und ihr Einfluss auf die Teilnahme 32
IV. Beliebtheit, Akzeptanz von Werbung und Erinnerungsvermögen 33
V. Sonderfall: Internet-Gewinnspiele 34
VI. Wirkungen auf Kaufverhalten 35
VII. Zusammenfassung 37

4. Kapitel: Zivilrechtliche Einordnung von Preisausschreiben und Gewinnspielen ... 39
I. Einleitung und Fragestellung ... 39
II. Spiel und Wette, § 762 BGB ... 39
III. Lotterie- und Ausspielvertrag, § 763 BGB ... 41
IV. Preisausschreiben, §§ 661, 657 BGB ... 42
V. Gewinnzusagen, § 661 a BGB ... 43
1. Allgemeines ... 43
2. Tatbestandsvoraussetzungen des § 661a BGB ... 44
3. Prozessuale Durchsetzbarkeit von Ansprüchen aus § 661a BGB gegenüber ausländischen Unternehmen ... 45
4. Verfassungsmäßigkeit von § 661a BGB ... 47
VI. Zusammenfassung ... 47

5. Kapitel: Die strafrechtliche Beurteilung ... 49
I. Problemstellung ... 49
II. Unerlaubte Veranstaltung von Glücksspielen, Lotterien und Ausspielungen, §§ 284, 287 StGB ... 49
1. Zufall ... 50
2. Einsatz ... 51
a) Kopplung der Teilnahme am Gewinnspiel mit Warenerwerb als versteckter Einsatz ... 52
b) Brief-/Postkarten- und Telefongebühren als Einsatz ... 54
c) Internet-Gebühren als Einsatz ... 54
d) Telefongebühren bei Telefongewinnspielen ... 54
3. Gleichwertige Teilnahmealternativen ... 56
4. Genehmigungspflicht ... 56
III. Zusammenfassende Bewertung ... 56

6. Kapitel: Die Grenzen der wettbewerbsrechtlichen Zulässigkeit für Preisausschreiben und Gewinnspiele in Deutschland und den anderen Mitgliedstaaten ... 59
I. Einleitung ... 59
II. Harmonisierungsbedürfnis ... 60
III. Deutsches Recht ... 61
1. Entstehungsgeschichte des UWG ... 62
2. § 1 UWG als bisheriger Prüfungsmaßstab ... 63
a) Verstoß gegen die guten Sitten ... 64
b) Handeln im geschäftlichen Verkehr zu Zwecken des Wettbewerbs ... 67
aa) Handeln im geschäftlichen Verkehr ... 67
bb) Handeln zu Zwecken des Wettbewerbs ... 67
3. Die Entwicklung der Rechtsprechung ... 68
a) Reichsgericht ... 68

b) Stellungnahmen von Wirtschaftsorganisationen 70
c) Rechtsprechung der Ober- und Untergerichte 71
d) Rechtsprechung des Bundesgerichtshofs 72
aa) Kopplung der Teilnahme mit dem Warenabsatz oder einer Dienstleistung 74
bb) Psychischer Kaufzwang 77
cc) Übertriebenes Anlocken 82
dd) Irreführung 87
ff) Bewertung 90
4. Die UWG-Novelle 93
a) Allgemeines 93
b) Die Gutachten 94
aa) Das Fezer-Gutachten 95
bb) Gutachten von Schricker/Henning-Bodewig 96
cc) Vorschlag für eine UWG-Reform von Köhler/ Bornkamm/Henning-Bodewig 97
dd) Zwischenergebnis 97
c) Inhalt des neuen UWG 97
aa) Die neue Generalklausel des § 3 RegE UWG 98
bb) Der Beispielskatalog des § 4 RegE UWG 99
(1) Allgemeines 99
(2) Bestimmungen zu Preisausschreiben und Gewinnspielen 100
(a) Das Transparenzgebot in Ziffer 5 zu § 4 RegE UWG 100
(b) Das Kopplungsverbot in Ziffer 6 zu § 4 RegE UWG 101
(3) Kritik an der UWG-Reform 102
(a) Kritik am Beispielskatalog 102
(b) Kritik am Kopplungsverbot, § 4 Ziffer 6 RegE UWG 104
(aa) Wertgrenzen 107
(bb) Besondere Entscheidungssituation 107
(cc) Irreführung 108
cc) Zwischenergebnis 108
dd) Das neue UWG und die Fallgruppen des übertriebenen Anlockens und des psychischen Kaufzwangs 111
ee) Ergebnis 112
IV. Die Rechtslage in den übrigen Mitgliedstaaten der Europäischen Union 113
1. Einleitung 113
2. Überblick 113
3. Generalklausel 114
4. Die einzelnen Mitgliedstaaten 115
a) Belgien 115
b) Dänemark 116
c) Finnland 118

d) Frankreich ... 119
e) Griechenland ... 120
f) Großbritannien ... 121
g) Irland ... 122
h) Italien ... 122
i) Luxemburg ... 124
j) Niederlande ... 124
k) Österreich ... 126
l) Portugal ... 127
m) Schweden ... 127
n) Spanien ... 128
5. Zusammenfassung und Bewertung ... 129
a) Zusammenfassung ... 129
b) Bewertung ... 131

7. Kapitel: Europarechtliche Vorgaben ... 135
I. Internationale Regelungswerke zum Lauterkeitsrecht ... 135
1. Die Pariser Verbandsübereinkunft ... 136
2. Das TRIPS-Übereinkommen ... 136
II. Kurzer Überblick über das Gemeinschaftsrecht ... 137
III. Primäres Gemeinschaftsrecht ... 137
1. Die Warenverkehrsfreiheit, Art. 28 EG ... 138
2. Tatbestandsvoraussetzungen ... 139
a) Mengenmäßige Einfuhrbeschränkung ... 139
b) Maßnahmen gleicher Wirkung ... 139
aa) „Dassonville"-Formel ... 140
bb) Kollisionsrecht ... 141
cc) Rechtfertigungsgründe ... 143
(1) Ausnahmetatbestand des Art. 30 EG ... 143
(2) Ausnahmetatbestände der Rechtsprechung ... 143
(a) „Cassis de Dijon"-Entscheidung des EuGH ... 143
(b) „Keck und Mithouard"-Entscheidung des EuGH ... 144
(c) "Clinique"-Entscheidung des EuGH ... 146
(d) Konsequenzen der „Keck und Mithouard"- Entscheidung im Allgemeinen und die Werbung mit Preisausschreiben und Gewinnspiele im Besonderen ... 146
(aa) Meinungsstand im Schrifttum ... 148
(bb) Entscheidungen zu Art. 28 EG über Preisausschreiben und Gewinnspiele ... 149
(cc) Stellungnahme ... 151
dd) Exkurs: Inländerdiskriminierung ... 153
3. Zwischenergebnis ... 154
IV. Sekundäres Gemeinschaftsrecht ... 155

1. Richtlinie über irreführende Werbung und Richtlinie über vergleichende Werbung ... 157
2. Die E-Commerce-Richtlinie ... 158
3. Sonstige Richtlinien ... 159
4. Zwischenbilanz ... 160
V. Aktuelle europäische Gesetzesvorhaben ... 161
1. Vorschlag für eine Verordnung zur Verkaufsförderung ... 161
a) Allgemeines ... 162
b) Inhalt ... 163
c) Anwendung der Verordnung auf kaufgekoppelte Preisausschreiben und Gewinnspiele ... 164
aa) Verordnungsvorschlag vom 2.10.2001 ... 164
bb) Stellungnahme des Parlaments ... 165
cc) Stellungnahme der Ausschüsse ... 166
(1) Ausschuß für Recht und Binnenmarkt ... 166
(2) Wirtschafts- und Sozialausschuß ... 167
(3) Ausschuß für Wirtschaft und Währung ... 167
(4) Ausschuß für Industrie, Außenhandel, Forschung und Energie ... 167
(5) Ausschuß für Umweltfragen, Volksgesundheit und Verbraucherpolitik ... 168
dd) Kritik seitens der Wirtschaft ... 168
ee) Geänderter Verordnungsvorschlag vom 25.10.2002 ... 169
ff) Stellungnahme ... 169
d) Verbot eines übertriebenen Anlockens und eines psychischen Kaufzwangs bei Verkaufsförderungsmaßnahmen ... 169
e) Informationspflichten ... 173
f) Stellungnahme ... 174
2. Vorschlag für eine Richtlinie über unlautere Geschäftspraktiken ... 178
a) Einleitender Überblick ... 179
b) Sachlicher Anwendungsbereich der RL Entwurf UG ... 180
aa) Möglichkeit 1: Verordnung über Verkaufsförderung tritt in Kraft ... 180
bb) Möglichkeit 2: Verordnung über Verkaufsförderung tritt nicht in Kraft ... 182
(1) Aggressive Geschäfspraktien, Artikel 8 und 9 RL Entwurf UG ... 183
(2) Einordnung der für Preisausschreiben und Gewinnspiele entwickelten nationalen Werbeverbote als aggressive Geschäftspraktiken? ... 183
(a) Belästigung ... 185
(b) Nötigung ... 187
(c) Unzulässige Beeinflussung ... 188
(3) Zwischenergebnis ... 190
(4) Das generelle Verbot, Artikel 5 RL Entwurf UG ... 191
(5) Einordnung von Preisausschreiben und Gewinnspielen unter Artikel 5 RL Entwurf UG? ... 192

(6) Zusammenfassende Bewertung 193

8. Kapitel: Ergebnis und Ausblick 195
I. Ergebnis 195
II. Ausblick 197

Literaturverzeichnis

Ackermann Thomas, Warenverkehrsfreiheit und „Verkaufsmodalitäten" – Zu den EuGH-Entscheidungen „Keck" und „Hünermund", RIW 1994, 189.

Ahrens Hans-Jürgen, Das Herkunftslandprinzip in der E–Commerce–Richtlinie, CR 2000, 835.

Ascher Bernhard, Preisausschreiben und Preisverteilung, MuW 1931, 144.

Bahr Martin, 0190-Telefonnummern und Gewinnspiele – ein Verstoß gegen § 1 UWG?, WRP 2002, 501.

Baumbach Adolf/Hefermehl Wolfgang, Wettbewerbsrecht, Kommentar, 23. Auflage, München 2003.

Beater Axel, Unlauterer Wettbewerb, München 2002.

Bergh Roger von den, Das neue belgische Gesetz über die Handelspraktiken und die Information und den Schutz des Verbrauchers, GRUR Int. 1992, 803.

Berlit Wolfgang, Das neue Gesetz gegen den unlauteren Wettbewerb: Von den guten Sitten zum unlauteren Verfälschen, WRP 2003, 563.

Berneke Wilhelm, Zum Lauterkeitsrecht nach einer Aufhebung von Zugabeverordnung und Rabattgesetz, WRP 2001, 615.

Bodendiek Frank, Verbraucherschutz – Die neue Musterwiderrufsbelehrung, MDR 2003, 1.

Borck Hans-Georg, Über Gewinnspiele in der Presse, AfP 1983, 312.

Bornkamm Joachim, Anmerkung zu „Keck und Mithouard", GRUR 1994, 297.

Bülow Peter, Der psychologische Kaufzwang, GRUR 1974, 254.

Brockhoff Klaus/Andresen Udo, Niete bei Absatzsteigerungen? Absatzwirtschaft 1986, 94.

Brockhoff Klaus/Andresen Udo, Verbundanalyse zur Gestaltung von Preisausschreiben, ZFBF 1986, 779.

Bronisch Otfried, Preisausschreiben als Werbemittel, BB 1949, 385.

Calliess Christian/Blanke Hermann-Josef, Kommentar des Vertrages über die Europäische Union und des Vertrages zur Gründung der Europäischen Gemeinschaft – EUV/EGV, 2. Auflage 2002.

Deringer Arved, Preisausschreiben im Wettbewerb, WRP 1955, 115.

Doepner Ulf, Unlauterer Wettbewerb durch Verletzung von Marktzutrittsregelungen?, WRP 2003, 1292.

Dobmann Ernst, Preisausschreiben als Quelle umfassender Marktkenntnis, MA 1952, 282.

Droste K., Das wettbewerbsrechtliche Problem der Preisausschreiben, Der Betrieb 1956, Heft 48 Beilage Nr. 21.

Ebel, Bedenken gegen Preisausschreiben, MA 1951, 387.

Ebner A., Preisausschreiben als Werbemittel, AWR 39, 4.

Eichmann Daniel/Sörup Thorsten, Das Telefongewinnspiel – Zwischen Strafbarkeit und Wettbewerbsverstoß, MMR 2002, 142.

Emmerich Volker, Unlauterer Wettbewerb, 6. Auflage, München 2002.

Endriss, Walter Preisausschreiben in der Werbung, Der Markenartikel 1937, 272

Engels Stefan/Salomon Thomas H., Vom Lauterkeitsrecht zum Verbraucherschutz: UWG–Reform 2003, WRP 2004, 32.

Feddersen Berend H., Das große Spiel, Preisausschreiben als Instrument der Werbung und Verkaufsförderung, Frankfurt/Main 1966.

Feuchtmeyer Eberhard, EuGH in Sachen Gabriel und weiter? – Neues zur gerichtlichen Zuständigkeit bei § 661a BGB, NJW 2002, 3598.

Fezer Karl-Heinz, Modernisierung des deutschen Rechts gegen den unlauteren Wettbewerb auf der Grundlage der Europäisierung des Wettbewerbsrechts, WRP 2001, 989.

Fezer Karl-Heinz, Europäisierung des Wettbewerbsrechts, JZ 1994, 317.

Gamerith Helmut, Neue Herausforderungen für ein europäisches Lauterkeitsrecht – Studie für den Arbeitskreis „UWG" des Bundesministeriums für Wirtschaft und Arbeit, WRP 2003, 143.

Gedenk Karen/Rudek Stefanie/Teichmann Maik-Henrik, Gewinnspiele im Internet, Marketing ZFP, 2001, 117.

Gedenk Karen, Verkaufsförderung, München 2002.

Gerstenberg Ekkehard, Der Kunde als Schatzgräber – Neue Gewinnspiele in der Rechtsprechung, WRP 1973, 444.

Göhre Stefan, Frischer Wind aus Brüssel? Der Vorschlag der Europäischen Kommission für eine Verordnung über Verkaufsförderung im Binnenmarkt und das Grünbuch der Europäischen Kommission zum Verbraucherschutz in der Europäischen Union, WRP 2002, 36.

Gloy Wolfgang/Loschelder Michael, Handbuch des Wettbewerbsrechts, 3. Auflage, München 2004.

Grabitz Eberhard/Hilf Meinhard, Das Recht der europäischen Union, Band I EUV/EGV, Kommentar, München.

Groebe Klaus, Wann sind Preisausschreiben strafbare Ausspielung, verbotene Zugabe oder unlauterer Wettbewerb? NJW 51, 133.

Harte-Bavendamm Henning/Henning-Bodewig Frauke, Gesetz gegen den unlauteren Wettbewerb (UWG) München 2004.

Hainz Andrea, Das Preisausschreiben als Instrument der Verkaufsförderung dargestellt am Beispiel der Markenartikelhersteller in der Konsumgüterindustrie, Dissertation 1984, Freiburg/Schweiz.

Heermann Peter W.; Auswirkungen der Europäischen Rechtsentwicklung auf das deutsche Wettbewerbsrecht oder Wohin steuert das deutsche Werberecht nach der Entscheidung des EuGH vom 07.03.1990 in Sachen „GB-INNO-BM./.Confédération du commerce Luxembourgeois"?, WRP 1993, 578.

Heil Ulf, Zur wettbewerbsrechtlichen Zulässigkeit, WRP 1989, 647.
Heil Ulf, Gewinnspiele – eine unendliche Geschichte? Anmerkung zum BGH-Urteil vom 5.2.1998 (I ZR 151/95) – Rubbelaktion, WRP 98, 839.

Heil Ulf, Anmerkungen zur BGH Entscheidung „McBacon", WRP 1989, 801.

Henning-Bodewig Frauke, Die Regelung der Werbung im belgischen Handelspraktikengesetz vom 14. Juli 1991, GRUR Int. 1994, 455.

Henning-Bodewig Frauke, E-Commerce und irreführende Werbung, WRP 2001, 771.

Henning-Bodewig Frauke, Der internationale Schutz gegen unlauteren Wettbewerb, in: Schricker/Henning-Bodewig (Hrsg.), Neuordnung des Wettbewerbsrechts, Baden-Baden 1998/1999, 21.

Henning-Bodewig Frauke, Das Europäische Wettbewerbsrecht: Eine Zwischenbilanz, GRUR Int 2002, 389.

Hix W., Preisausschreiben als Werbemittel, WuW 1957, 467.

Jauernig Othmar, Bürgerliches Gesetzbuch, 10. Auflage, München 2003.

Junker Markus/Laukemann Marc, Neues Spiel, neues Glück? – Zur strafrechtlichen Zulässigkeit von Lotterien und Ausspielungen im Internet, AfP 2000, 254.

Kieninger Eva-Maria, Verbot des Multi-Level-Marketing in Deutschland – Verstoß gegen die Warenverkehrsfreiheit des EG-Vertrages?, EWS 1998, 277.

Köhler Helmut/Bornkamm Joachim, Wettbewerbsrecht, München 2004.

Köhler Helmut/Piper Henning, Gesetz gegen den unlauteren Wettbewerb, 3. Auflage München 2002.

Köhler Helmut/Bornkamm Joachim/Henning-Bodewig Frauke, Vorschlag für eine Richtlinie zum Lauterkeitsrecht und eine UWG-Reform, WRP 2002, 1317.

Köhler Helmut/Lettl Tobias, Das geltende europäische Lauterkeitsrecht, der Vorschlag für eine EG-Richtlinie über unlautere Geschäftspraktiken und die UWG-Reform, WRP 2003, 1019.

Köhler Helmut, UWG-Reform und Verbraucherschutz, GRUR 2003, 265.
Korn Gottfried, Anzeigengewinnspiele und Anzeigengutscheine als Problem des Zeitungswettbewerbs, in: Festschrift für Hans-Georg Koppensteiner, Beiträge zum Unternehmensrecht, 2001, 449.

Kornblum Udo, Zum Werbeverbot für die rechts- und wirtschaftsberatenden akademischen freien Berufe, BB 1985, 65.

Krimphove Dieter, Europäisches Werberecht, München 2002.

Kunze Gerd F., Zur wettbewerbsrechtlichen Beurteilung von Gewinnspielen, in: Festgabe für Wolfgang Hefermehl, Rechtsfragen der Gegenwart, 1972, 319 (zugleich Markenartikel 1972, 295).

Lackner Karl/Kühl Kristian, Strafgesetzbuch, 24. Auflage, München 2001.

Lange Knut Werner/Spätgens Klaus, Rabatte und Zugaben im Wettbewerb, München 2001.

Larenz Karl/Wolf Manfred, Allgemeiner Teil des Bürgerlichen Rechts, 8. Auflage, München 1997.

Leipziger Kommentar, Strafgesetzbuch, Großkommentar, 6. Band (§§ 263 bis 302a), 10. Auflage, Berlin 1988.

Lettl Tobias, Der Schutz der Verbraucher nach der UWG-Reform, GRUR 2004, 449.

Lierow Niels, EuGH-Rechtsprechung auf dem Gebiet des freien Warenverkehrs, MDR 1995, 18.

Löffler Martin, Presserecht, 4. Auflage, München 1997.

Lorenz Stephan, Gewinnmitteilungen aus dem Ausland: Kollisionsrechtliche und international-zivilprozessuale Aspekte von § 661 a BGB, JuS 2000, 833.

Lüdecke Wolfgang, Preisausschreiben mit Geldgewinnen im Wettbewerb, BB 1952, 562.

Masuch Andreas, Musterhafte Widerrufsbelehrung des Bundesjustizministeriums?, NJW 2002, 2931.

Meyer-Goßner Lutz, Strafprozessordnung, 46. Auflage, München 2003.

Meyer Alfred Hagen, Bemerkungen zur „Mars"-Entscheidung des EuGH, GRUR Int. 1996, 98.

Micklitz Hans-W./Keßler Jürgen, Funktionswandel des UWG, WRP 2003, 919.

Münchener Kommentar zum Bürgerlichen Gesetzbuch, Band 4, Schuldrecht Besonderer Teil II (§§ 607 – 704), 3. Auflage, München 1997.

Münchener Kommentar zum Bürgerlichen Gesetzbuch, Band 5, Schuldrecht Besonderer Teil III (§§ 705 – 785), 4. Auflage, München 2004.

Müller Claus, Zulässigkeit von Preisausschreiben in der Werbung, NJW 1972, 273.

Müller Claus, Gewinnspiele und psychologischer Kaufzwang, GRUR 1973, 73.

Müller Werner, Ergänzungs-Gewinnspiele in wettbewerbsrechtlicher Sicht, WRP 1971, 149.

Neuert Hans, Preisausschreiben, GRUR 1931, 347.

Nieschlag Robert/Dichtl Erwin/Hörschgen Hans, Marketing, 19. Auflage, Berlin 2002.

Nippe Wolfgang, Die Neuordnung des Rechts der Sonder- und Räumungsverkäufe im Vorschlag für eine UWG-Reform und im Referentenentwurf, WRP 2003, 568.

Nötzel Rötger, Anzeigenwerbung mit Gewinncoupons, Interview und Analyse 1982, 381, 382.

Nünninghoff Richard, Über die Zulässigkeit von Preisausschreiben als Werbeform, MA 1951, 159.

Palandt Otto, Bassenge Peter, Bürgerliches Gesetzbuch, 63. Auflage, München 2004.

Pluskat Sorika, Das kombinierte Warenangebot – dieses Mal als unzulässiges verdecktes Kopplungsgeschäft, WRP 2002, 789.

Pralle Peter, Die Wertwerbung, Absatzförderung mit Vergünstigungen, Stuttgart 1974.

Rabe Christina/Lieb Johannes, Festschrift für Hans Hörschgen, Zukunftsperspektiven des Marketing – Paradigmenwechsel und Neuakzentuierungen, Stuttgart 2003.

Reimer Eduard, Wettbewerbs- und Warenzeichenrecht, Systematischer Kommentar, 3. Auflage, Köln Berlin 1954.

Sack Rolf, Auswirkungen der Art. 30, 36 und 59 ff. EG-Vertrag auf das Recht des unlauteren Wettbewerb, in: Schricker/Henning-Bodewig (Hrsg.), Neuordnung des Wettbewerbsrechts, Baden-Baden 1998/1999, 139.

Sack Rolf, Art. 30, 36 EG-Vertrag und das internationale Wettbewerbsrecht, WRP 1994, 281.

Sack Rolf, Die lückenfüllende Funktion der Sittenwidrigkeitsklauseln, WRP 1985, 1.

Sack Rolf, Regierungsentwurf einer UWG-Novelle – ausgewählte Probleme, BB 2003, 1073.

Sack Rolf, Die Auswirkungen des Art. 30 EG-Vertrag auf das Verbot von Eigenpreisvergleichen (§ 6 e UWG), BB 1994, 225.

Sack Rolf, Staatliche Werbebeschränkungen und die Art. 30 und 59 EG–Vertrag, WRP 1998, 103.

Schneider Christian, Erfüllungszwang bei Gewinnzusagen – verfassungsmäßig?, BB 2002, 1653.

Spengler A. , Preisrätsel, Preisausschreiben, Verlosung, Wiederauflebende Wettbewerbssünden, Der Betrieb 1949, 212.

Schotthöfer Peter (Hrsg.), Handbuch des Werberechts in den EU Staaten, 2. Auflage, Köln 1997.

Schotthöfer Peter, Gewinnspiele zu Werbezwecken, in: Festschrift für Wilhelm Nordemann 1999, 203.

Schönke Adolf/Schröder Horst/Lenckner Theodor, Strafgesetzbuch, 26. Auflage, München 2001.

Schricker Gerhard, Die Bekämpfung der irreführenden Werbung in den Mitgliedstaaten der EG, GRUR Int. 1990, 112.

Schricker Gerhard (Hrsg.), Recht der Werbung in Europa, Baden-Baden.

Schricker Gerhard/Henning-Bodewig Frauke, Elemente einer Harmonierung des Rechts des unlauteren Wettbewerbs in der Europäischen Union, WRP 2001, 1367.

Sosnitza Olaf, Das Koordinatensystem des Rechts des unlauteren Wettbewerbs im Spannungsfeld zwischen Europa und Deutschland, GRUR 2003, 739.

Stadler Astrid/Micklitz Hans-W., Der Reformvorschlag der UWG–Novelle für eine Verbandsklage auf Gewinnabschöpfung,
WRP 2003, 559.

Steffenhagen H./Schmalenberg K., Preisausschreiben und Wettbewerbsrecht, Ein Prüfprogramm für die Werbepraxis, Bonn 1987.

Stottmeister Gerd, Der Einsatz von Preisausschreiben im Marketing, Dissertation, Aachen 1988.

Streinz Rudolf, Das Verbot des Apothekenversandhandels mit Arzneimitteln – Eine „Verkaufsmodalität" im Sinne der Keck-Rechsprechung, EuZW 2003, 37.

Stuyck Jules, Das Recht des unlauteren Wettbewerbs und der Freie Waren- und Dienstleistungsverkehr in der Europäischen Union, WRP 1994, 578.

Tröndle Herbert, Fischer Thomas, Schwarz Otto, Strafgesetzbuch und Nebengesetze, 51. Auflage, München 2003.

Ulmer Eugen/Alexandridou Elisa, Das Recht des unlauteren Wettbewerbs in den Mitgliedstaaten, Band VII (Griechenland), fortgeführt von Beier Friedrich-Karl und Schricker Gerhard, Köln München 1994.

UWG-Großkommentar, Herausgeber: Jakobs Rainer, Lindacher Walter, Teplitzky Otto, Berlin 1994.

Veelken Winfried, Die Bedeutung des EG-Rechts für die nationale Rechtsanwendung, JuS 1993, 265.

Veelken Winfried, Gemeinschaftsrechtliche Einwirkungen im Recht des unlauteren Wettbewerbs, EWS 1993, 377.

Veelken Winfried, Nationales Lauterkeitsrecht und Europäisches Gemeinschaftsrecht, ZvglR Wiss 92 (1993), 241.

Veelken Winfried, Maßnahmen gleicher Wirkung wie mengenmäßige Beschränkungen, EuR 1977, 311.

Veelken Winfried, Kundenfang gegenüber dem Verbraucher, WRP 2004, 1.

von der Groeben/Schwarze, Kommentar zum EU-Vertrag und EG–Vertrag, Band 1, 6. Auflage, Baden-Baden 2003.
von Gamm Otto-Friedrich, Wettbewerbsrecht, Band 1, 5. Auflage 1987.

von Holzschuher Ludwig Freiherr, Psychologische Grundlagen der Werbung, 2. Auflage, Essen 1969.

von Staudinger J., Kommentar zum Bürgerlichen Gesetzbuch mit Einführungsgesetz und Nebengesetzen, Buch 2 – Recht der Schuldverhältnisse (§§ 741 – 764), Neubearbeitung 2002 Berlin.

von Staudinger J., Kommentar zum Bürgerlichen Gesetzbuch mit Einführungsgesetz und Nebengesetzen, Zweites Buch Recht der Schuldverhältnisse (§§ 652 – 704), 13. Bearbeitung, Berlin 1995.

Weiler Frank, Psychischer Kaufzwang – Ein Abschiedsplädoyer, WRP 2002, 871.

Wrage Nikolaus, Anmerkungen zu den neu geschaffenen Werbungsverboten gem. § 284 IV und § 287 II StGB, ZRP 1998, 426.

Zweng Hanspeter, Die wettbewerbsrechtliche Beurteilung der Werbung mit Gewinnspielen : in Deutschland, Österreich, Schweiz, Frankreich und dem Vereinigten Königreich von Grossbritannien und Nordirland, Dissertation, München 1992.

Materialien:

Allensbacher Jahrbuch 1978-1983, Band VIII, 1983

Abkürzungsverzeichnis

a. A.	anderer Ansicht
ABl.	Amtsblatt
a. F.	alte Fassung
AfP	Archiv für Presserecht
Art.	Artikel
Aufl.	Auflage
AWR	Archiv für Werberecht
BayOblSt	Entscheidungen des Bayerischen Obersten Landesgericht in Strafsachen
BB	Betriebs-Berater
Bd.	Band
DB	Der Betrieb
BGBl.	Bundesgesetzblatt
BGHSt	Entscheidungen des Bundesgerichtshofs in Strafsachen
BGHZ	Entscheidungen des Bundesgerichtshofs in Zivilsachen
BR-Drs.	Bundesratsdrucksache
BT-Drs.	Bundestagsdrucksache
CR	Computer und Recht
Diss.	Dissertation
ders.	Derselbe
EG	Vertrag zur Gründung der Europäischen Gemeinschaft
EMRK	Europäische Menschenrechtskonvention
EuGH	Europäischer Gerichtshof
EuR	Europarecht
EWS	Europäisches Wirtschafts- und Steuerrecht
FS	Festschrift
GRUR	Gewerblicher Rechtsschutz und Urheberrecht
GRUR Int.	Gewerblicher Rechtsschutz und Urheberrecht Internationaler Teil
IHK	Industrie- und Handelskammer
i. V. m.	in Verbindung mit
JuS	Juristische Schulung
JW	Juristische Wochenschrift
JZ	Juristenzeitung
m. w. N.	mit weiterem Nachweis
MA	Der Markenartikel
MDR	Monatsschrift für Deutsches Recht
MMR	Multimedia und Recht

MuW	Markenschutz und Wettbewerb
NJW	Neue Juristische Wochenschrift
PVÜ	Pariser Verbandsübereinkunft zum Schutz des gewerblichen Eigentums von 1883
RIW	Recht der internationalen Wirtschaft
RegE	Regierungsentwurf
RGSt	Entscheidungen des Reichsgerichts in Strafsachen
RGZ	Entscheidungen des Reichsgerichts in Zivilsachen
Rn.	Randnummer
Rs.	Rechtssache
Slg.	Amtliche Sammlung der Rechtsprechung des EuGH
UWG	Gesetz gegen den unlauteren Wettbewerb
VO	Verordnung
WRP	Wettbewerb in Recht und Praxis
z. B.	zum Beispiel
ZFBF	Zeitschrift für die betriebswirtschaftliche Forschung
ZRP	Zeitschrift für Rechtspolitik
Marketing ZFP	Marketing: Zeitschrift für Forschung und Praxis
ZvglRWiss	Zeitschrift für vergleichende Rechtswissenschaft.

1. Kapitel: Einleitung

Die Veranstaltung und Durchführung von Preisausschreiben und Gewinnspielen ist ein beliebtes Werbemittel. Gerade in konjunkturschwachen Zeiten sind sie kostengünstige Werbemaßnahmen, von denen sich viele Unternehmen kurzfristige Umsatzsteigerungen erhoffen. Preisausschreiben und Gewinnspiele dienen in erster Linie dazu, die Aufmerksamkeit des Publikums auf die Waren und Dienstleistungen des Veranstalters zu lenken. Trotz eines gewissen Gewöhnungseffektes üben Preisausschreiben und Gewinnspiele nach wie vor eine starke Anlockwirkung auf den Verbraucher aus.

Die wettbewerbsrechtliche Beurteilung von Preisausschreiben und Gewinnspielen ist immer schon ein praktisch besonders relevantes und vieldiskutiertes Problem gewesen. Anders als die übliche Wort- und Bildwerbung unterliegen Preisausschreiben und Gewinnspiele als Mittel der Wertreklame einer (jedenfalls noch) strengeren Beurteilung, da sie keine produktbezogene Werbung darstellen. Stattdessen lenken sie den Kunden eher von einer Prüfung nach Preiswürdigkeit und Güte der Ware ab[1].

Sowohl das deutsche als auch das europäische Lauterkeitsrecht befinden sich derzeit in einem Umbruch. Die neuen Regelungen werden, wie noch darzustellen ist, z. T. erhebliche Auswirkungen auf die wettbewerbsrechtliche Beurteilung von Preisausschreiben und Gewinnspielen haben.

Die Bundesregierung hat am 7. Mai 2003 den Entwurf einer Neufassung des Gesetzes gegen den unlauteren Wettbewerb (UWG) beschlossen[2]. Am 1. April 2004 hat der Bundestag das Gesetz beschlossen. Nachdem im Vermittlungsausschuss keine Einigung erzielt werden konnte, hat der Bundesrat am 11. Juni 2004 gegen das Gesetz Einspruch eingelegt. Diesen Einspruch hat der Bundestag am 16. Juni 2004 mit Kanzlermehrheit zurückgewiesen und das Gesetz damit verabschiedet. Es wird nun erwartet, dass das Gesetz jederzeit nach der Verkündung im Bundesgesetzblatt, also noch im Juli 2004 in Kraft treten wird. Bis dahin gelten die Regelungen des derzeitigen UWG fort. In dem neuen UWG sind auch Bestimmungen für die Zulässigkeit der Durchführung und Werbung von Preisausschreiben und Gewinnspielen festgelegt, § 4 Ziffer 5 und 6 RegE UWG. Gemäß § 4 Ziffer 6 RegE UWG soll es in Fortführung der bisherigen Rechtsprechung zu § 1 UWG wettbewerbswidrig sein, die Teilnahme an einem

1 Baumbach/Hefermehl, Wettbewerbsrecht, § 1 UWG Rn. 151.

2 Entwurf eines Gesetzes gegen den unlauteren Wettbewerb (UWG); BT-Drs. 15/1487 vom 22.08.2003; Der Gesetzentwurf wird im Folgenden abgekürzt: RegE UWG.

Preisausschreiben oder Gewinnspiel in irgendeiner Form mit dem Warenabsatz oder der Inanspruchnahme einer Dienstleistung zu koppeln. Hiervon nicht erfasst sein sollen etwa in einer Zeitschrift abgedruckte Preisrätsel. In diesen Fällen könne ein Gewinnspiel oder Preisausschreiben gar nicht veranstaltet werden, ohne dass der Kauf der Ware erforderlich ist[3].

Wichtige Änderungen für Preisausschreiben und Gewinnspiele wird auch der seit Oktober 2001 vorliegende Vorschlag für eine Verordnung des Europäischen Parlaments und des Rates über Verkaufsförderung im Binnenmarkt bringen[4]. Nach dem Willen der Kommission soll der Verordnungsvorschlag die nach der Kommission für dringend notwendig erachtete Rechtsangleichung in den Mitgliedsstaaten herbeiführen. Nach einer ersten Stellungnahme des Parlaments und der teilweisen Annahme der Änderungsvorschläge durch die Kommission, liegt der Verordnungsvorschlag nun in einer geänderten Fassung vom 25. Oktober 2002 vor[5].

Ein für Deutschland besonders wichtiger Inhalt des ersten Vorschlages war, dass sowohl Preisausschreiben als auch Gewinnspiele an die Verpflichtung zum vorherigen Kauf einer Ware gebunden sein können[6], eine nach jetzigem deutschem Recht unzulässige Form von Gewinnspielen. Die Kopplungsmöglichkeit ist nun für Gewinnspiele aufgrund eines vom Parlament eingebrachten Änderungsvorschlags im geänderten VO-Vorschlag herausgenommen worden[7]. Der Meinungsbildungsprozess zwischen den beteiligten europäischen Instanzen ist allerdings noch keineswegs abgeschlossen.

Der VO-Vorschlag wird von der Bundesregierung und offensichtlich auch von den meisten anderen Mitgliedstaaten abgelehnt[8]. Auch der Rat hat sich in den Folgemaßnahmen zum Grünbuch über Verbraucherschutz in der EU vom 11. Juni 2002 dafür ausgesprochen, effektiven Folgemaßnahmen zum Grünbuch der Kommission über den Verbraucherschutz und damit der Richtlinie über unlaute-

---

3 Vgl. RegE UWG, BT-Drs. 15/1487, Begründung, S. 18.

4 Vorschlag für eine Verordnung des Europäischen Parlaments und des Rates über Verkaufsförderung im Binnenmarkt vom 2.10.2001, KOM (2001) 546 endg. 2001/0227 (COD), ABl. EG 2002 Nr. C 75/11 vom 26.03.2002. Der Verordnungsvorschlag wird im Folgenden abgekürzt: VO-Vorschlag vom 2.10.2001.

5 Vgl. Geänderter Vorschlag für eine Verordnung für eine Verordnung des Europäischen Parlaments und des Rates über Verkaufsförderung im Binnenmarkt vom 25.10.2002, KOM (2002) 585 endg. 2001/0227 (COD). Der geänderte Verordnungsvorschlag wird im Folgenden abgekürzt: Geänderter VO-Vorschlag vom 25.10.2001.

6 Vgl. Art. 2 (i) und Erwägungsgrund Nr. 7 des VO-Vorschlags vom 2.10.2001.

7 Vgl. Art 2 (h) des Geänderten VO-Vorschlags vom 25.10.2002.

8 Vgl. RegE UWG, BT-Drs. 15/1487, Begründung, S. 12.

Kommission über den Verbraucherschutz und damit der Richtlinie über unlautere Geschäftspraktiken gegenüber der Verordnung über Verkaufsförderung Priorität einzuräumen[9]. Zugleich merkte die Kommission an, dass die Arbeit an der Verordnung über Verkaufsförderung parallel fortgesetzt werden sollte. Daher scheint zum derzeitigen Zeitpunkt unklar, wann und in welcher Form die Verordnung in Kraft treten wird. Mit dem Inkrafttreten der Verordnung ist nach den bisherigen Vorschlägen der Ausschüsse des europäischen Parlaments jedenfalls nicht vor dem 1. Januar 2005 zu rechnen. Die Kommission wählt als Instrument für die Rechtsangleichung die Verordnung. Anders als bei Richtlinien – dem bisherigen Instrument der Kommission für Rechtsangleichung im Binnenmarkt – wird es im Falle des Inkrafttretens der Verordnung also keine Fristen oder Spielräume für die Umsetzung in den einzelnen Mitgliedstaaten geben. Aus diesem Grund ist die Verordnung bereits jetzt von großer praktischer Relevanz.

Die Kommission hat ferner am 18. Juni 2003 einen Richtlinienvorschlag vorgelegt zur Regelung von unlauteren Geschäftspraktiken im binnenmarktinternen Geschäftsverkehr zwischen Unternehmen und Verbrauchern[10]. Neben einem generellen Verbot von unlauteren Geschäftspraktiken regelt der Richtlinienvorschlag als grundsätzlich unlauter irreführende und aggressive Geschäftspraktiken. Preisausschreiben und Gewinnspiele sind in der Richtlinie nicht ausdrücklich geregelt. Lediglich das sog. Schneeballsystem wird in einer schwarzen Liste in einem Anhang zur Richtlinie erwähnt und als unter allen Umständen unlauter verboten. Daher stellt sich die Frage, inwieweit die Richtlinie nationale Werbeverbote von Preisausschreiben und Gewinnspielen erfasst. Die Richtlinie soll die vorgeschlagene Verordnung über Verkaufsförderung ergänzen[11].

Aufgrund dieser aktuellen Entwicklungen ist es angebracht, eine umfassende juristische Analyse der wettbewerbsrechtlichen Zulässigkeit von Preisausschreiben und Gewinnspielen, die zu Werbezwecken veranstaltet werden, nach derzeitigem Recht zu erarbeiten. Darüber hinaus stellt sich dringender als je zuvor die Frage einer einheitlichen europäischen wettbewerbsrechtlichen Behandlung dieser besonderen Formen von Verkaufsförderungsmaßnahmen. Die verschiedenen Rechtsvorhaben bieten eine einmalige Gelegenheit, weitere Liberalisierungen zu fördern und so den Handel in der Europäischen Union weiter zu erleichtern. Ob

9 Folgemaßnahmen zum Grünbuch über Verbraucherschutz in der EU, KOM (2002) 289 endg., unter III. (Ziffer 26), S. 12.

10 Vorschlag für eine Richtlinie des Europäischen Parlaments und des Rates über unlautere Geschäftspraktiken im binnenmarktinternen Geschäftsverkehr zwischen Unternehmen und Verbrauchern und zur Änderung der Richtlinien (85/450/EWG,97/7/EG und 98/28/EG) vom 18.06.2003, KOM (2003) 356 endg. 2003/0134 (COD). Der Richtlinienentwurf wird im Folgenden abgekürzt: RL Entwurf UG.

11 Vgl. RL Entwurf UG, Begründung, Ziffer 45 (S. 12).

diese Gelegenheit von den verantwortlichen Instanzen auch tatsächlich genutzt wird, soll untersucht werden.

Der Gang der Untersuchung führt zunächst über eine Begriffsbestimmung und die Darstellung verschiedener Erscheinungsformen von Preisausschreiben und Gewinnspielen. Im Anschluß daran folgen Ausführungen zum Zivilrecht und zur strafrechtlichen Beurteilung von Preisausschreiben und Gewinnspielen. Aus zivilrechtlicher Hinsicht stellt sich insbesondere die Frage, ob der Verbraucher Ansprüche auf Gewinnausgabe gegenüber einem Veranstalter von Gewinnspielen geltend machen kann. In strafrechtlicher Hinsicht ist vor allem zu untersuchen, wann ein „Einsatz" vorliegt, der gerade die vom Zufall abhängigen Gewinnspiele zu einem strafbaren Glückspiel machen kann. Hieran schließt sich ein empirischer Teil, der u.a. Aufschlüsse über die Häufigkeit der Verwendung von Preisausschreiben und Gewinnspiele sowie deren Einfluss auf das Verbraucherverhalten geben soll.

Als Schwerpunkt der Bearbeitung folgt sodann der 2. Teil mit einer umfassenden Darstellung der wettbewerbsrechtlichen Zulässigkeit von Preisausschreiben und Gewinnspielen. Die bisherige deutsche Rechtslage wird anhand der Rechtsprechung des Bundesgerichtshofs dargestellt und kritisch bewertet. Die Bearbeitung befasst sich dann mit den Regelungen des neuen UWG, insbesondere soweit sie Preisausschreiben und Gewinnspiele betreffen. Im Anschluß daran folgt ein kurzer Überblick über die Rechtslage in den anderen Mitgliedstaaten. Im Folgenden setzt sich die Bearbeitung mit den europäischen Gesetzesvorhaben auseinander. Zunächst führt der Gang der Untersuchung zu der Frage, inwieweit ein Harmonisierungsbedarf auf europäischer Ebene besteht. Zu diesem Zweck werden zunächst bereits geltende Regelungen auf europäischer Ebene dargestellt. Hieran schließt sich die Darstellung der neuen europäischen lauterkeitsrechtlichen Gesetzesvorhaben. Die Bearbeitung wird durch eine umfassende Diskussion der einzelnen europäischen Bestimmungen abgerundet und endet schließlich mit einer kurzen Schlußbetrachtung und einem Ausblick.

2. Kapitel: Begriffsbestimmungen und Erscheinungsformen von Preisausschreiben und Gewinnspielen

I. Allgemeines

Preisausschreiben und Gewinnspiele zählen zu den Mitteln der Verkaufsförderung (sales promotions); ein Instrument, das die klassische Werbung ergänzt[12]. Sie sollen den Absatz von Ware und Dienstleistung kurzfristig und direkt stimulieren. Daneben dienen Preisausschreiben und Gewinnspiele der Imagebesserung, um so langfristig den Absatz zu beeinflussen[13]. Die Durchführung von Preisausschreiben und Gewinnsspielen erfolgt nach bestimmten feststehenden Regeln. Es können regelmäßig eine Vielzahl von Personen teilnehmen. Beiden Erscheinungsformen ist gemein, dass sie die Mitwirkung der Teilnehmer zumindest in Form ihrer Anmeldung voraussetzen. Regelmäßig setzt der Veranstalter eine Anmeldefrist fest. Und schließlich erhält mindestens einer der Teilnehmer entsprechend jeweils festgelegter Verfahrensbestimmungen am Ende der Aktion als Preis oder Gewinn einen häufig recht attraktiven Vermögenswert. Typisch für Preisausschreiben und Gewinnspiele ist, dass es für die Teilnehmer ungewiss bleibt, ob ihnen ein Preis oder Gewinn zuerkannt werden wird.

II. Begriffsbestimmung

Stellt man Preisausschreiben und Gewinnspiele in ihrer wettbewerbsrechtlichen Beurteilung gleich, so erübrigt sich eine terminologische Grenzziehung. Gleiches gilt, wenn man Preisausschreiben als eine Erscheinungsform von Gewinnspielen versteht, deren Namensgebung einem gesetzlichen Tatbestand entnommen ist[14]. Jüngste Gesetzesvorhaben auf europäischer und nationaler Ebene sowie die unterschiedliche rechtliche Behandlung beider Institute in den einzelnen

---

12 Gedenk, Verkaufsförderung, S. 12 und 31; Nieschlag/ Dichtl/ Hörschgen, Marketing, S. 992. Die Einordnung als ergänzende Werbung ist allerdings nicht unumstritten. Engen Definitionen zufolge versteht man unter Verkaufsförderungsaktionen den Bereich, der früher als Direktwerbung bezeichnet wurde. Einigkeit besteht insoweit, als es sich bei dem Begriff Verkaufsförderung um einen Sammelbegriff für Aktionen handelt, die den Absatz kurzfristig und unmittelbar stimulieren sollen. Hierzu näher: Nieschlag/Dichtl/Hörschgen, S. 993; Hainz, Das Preisausschreiben als Instrument der Verkaufsförderung, S. 30.

13 Gedenk, Verkaufsförderung, S. 12.

14 So Zweng, Werbung mit Gewinnspielen, S. 11.

Mitgliedstaaten machen es jedoch erforderlich, Preisausschreiben und Gewinnspiele näher zu bestimmen[15].

Im deutschem Wettbewerbsrecht, das weitgehend durch Richterrecht geprägt ist, existierte bisher keine klare Unterscheidung zwischen den Begriffen Preisausschreiben und Gewinnspiel. In der deutschen Literatur ist die Terminologie ebenfalls uneinheitlich. Abgesehen von Transparenzregelungen für Preisausschreiben und Gewinnspiele[16] gab es bisher weder im europäischen noch im nationalen Recht wettbewerbsrechtsrelevante Regelungen für Preisausschreiben und Gewinnspiele. Mit Inkrafttreten des neuen UWG tauchen die Begriffe Preisausschreiben und Gewinnspiel nun erstmals im deutschen UWG auf (§ 4 Ziffer 5 und 6 RegE UWG). Eine Definition enthält der RegE UWG nicht. Als lauterkeitsrechtliches Vorhaben auf europäischer Ebene verwendet auch der geänderte VO-Vorschlag die Begriffe Preisausschreiben und Gewinnspiel[17]. Sowohl der RegE UWG als auch der Verordnungsvorschlag regeln insbesondere die Frage, ob die Verknüpfung der Teilnahme an Preisausschreiben bzw. Gewinnspielen mit dem Waren- oder Dienstleistungsabsatz zulässig ist. Anders als im RegE UWG werden in dem jetzt vorliegenden geänderten VO-Vorschlag unterschiedliche Rechtsfolgen an die rechtliche Zulässigkeit geknüpft, je nachdem, ob ein Preisausschreiben oder ein Gewinnspiel vorliegt. Aus dem Regelungsbereich des geänderten VO-Vorschlags fallen solche Gewinnspiele heraus, bei denen die Teilnahme mit einer Verpflichtung zum Kauf verbunden ist. Diese aus wettbewerbsrechtlicher Sicht besonders interessante Fallkonstellation bei Gewinnspielen soll somit nach dem Willen der Kommission nach derzeitigem Stand weiterhin durch die nationalen Vorschriften der Mitgliedstaaten geregelt werden.

Unabhängig davon, wie die endgültige Fassung der Verordnung aussehen wird oder ob der Verordnungs-Entwurf überhaupt realisiert wird: Will man Eckpunkte für eine mittel- bis langfristig unverzichtbare Rechtsharmonisierung im Binnenmarkt für Preisausschreiben und Gewinnspiele festlegen, kommt man an einer Begriffsbestimmung nicht vorbei. Dies gilt auch für eine Bewertung des nationalen Rechts, da dieses im Hinblick auf die europäischen Vorgaben erarbeitet

---

15 Vgl. auch Baumbach/Hefermehl/Köhler, Wettbewerbsrecht, 23. Auflage, § 4 Rn. 1.117 f.

16 Vgl. etwa § 7 Ziffer 4 TDG; Art. 6 d) der Richtlinie 2000/31/EG über bestimmte rechtliche Aspekte der Dienste der Informationsgesellschaft, insbesondere des elektronischen Geschäftsverkehrs, im Binnenmarkt („Richtlinie über den elektronischen Geschäftsverkehr") vom 8. Juni 2000; ABl. EG Nr. L 178 S. 1; die Richtlinie wird im Folgenden abgekürzt: E-Commerce-RL.

17 Vgl. § 4 Ziffer 5 und 6 UWG und Art. 2 (h) und (i) des Geänderten VO-Vorschlag vom 25.10.2002.

worden ist und im Lichte des europäischen Rechts europakonform auszulegen ist.

1. Zivilrechtliche Vorgaben für eine Begriffsbestimmung

Eine Legaldefinition enthält das deutsche Gesetz nur für Preisausschreiben, nicht aber für den Begriff Gewinnspiel. Das BGB bezeichnet Preisausschreiben als eine „Auslobung, die eine Preisbewerbung zum Gegenstand hat" und die nur gültig sein soll, „wenn in der Bekanntmachung eine Frist für die Bewerbung bestimmt wird", § 661 BGB. Die Vorschrift trifft damit Sonderbestimmungen für das Preisausschreiben als eine Unterart der Auslobung nach § 657 BGB[18]. Die ausgelobte Belohnung wird für die Vornahme einer Handlung, insbesondere der Herbeiführung eines Erfolges ausgesetzt, sog. Auslobungspreisausschreiben[19]. Kennzeichnend ist, dass der Auslobende selbst an dem herbeizuführenden Erfolg oder der herbeizuführenden Handlung unmittelbar interessiert ist. Im Vordergrund steht der Wettbewerb der Teilnehmer um eine besondere Leistung. Die Werbung für Waren oder Dienstleistungen des Veranstalters spielt lediglich am Rande oder gar keine Rolle.

Setzt die Teilnahme keine wirklich zu erbringende Leistung voraus, handelt es sich nicht um eine Auslobung i.S.v. § 661 BGB. Derartige zu Werbezwecken durchgeführte Veranstaltungen werden auch als „unechte" Preisausschreiben bezeichnet[20]. Die Mehrheit der zu Werbezwecken veranstalteten Preisausschreiben erfordert regelmäßig keine echte Leistung. Bei derartigen Preisausschreiben handelt es sich um Aufmerksamkeitswerbung für Waren oder Dienstleistungen des Veranstalters. Ein Wettbewerb um die bessere Leistung der Teilnehmer steht nicht im Vordergrund. Bei der wettbewerbsrechtlichen Beurteilung von Preisausschreiben und Gewinnspielen, die als Mittel der Verkaufsförderung eingesetzt werden, kann es deshalb auf den bürgerlich-rechtlichen Begriff Preisausschreiben nicht ankommen[21]. Der wettbewerbsrechtliche Begriff Preisausschreiben ist in einem sehr viel weiteren Sinne als der zivilrechtliche Begriff zu verstehen[22].

18 Vgl. Münchener Kommentar/Seiler, § 661 BGB Rn. 1.

19 Baumbach/Hefermehl, Wettbewerbsrecht, § 1 UWG Rn. 169.

20 Baumbach/Hefermehl, Wettbewerbsrecht, § 1 UWG Rn. 149; Müller Claus, NJW 1972, 273 (274).

21 Vgl. Köhler/Piper, UWG, § 1 Rn. 328; Baumbach/Hefermehl, Wettbewerbsrecht, §1 Rn. 149.

22 Baumbach/Hefermehl, Wettbewerbsrecht, § 1 UWG Rn. 149.

2. Begriffsbestimmung durch die Rechtsprechung

Nach inzwischen gefestigter ständiger Rechtsprechung soll es für die wettbewerbsrechtliche Beurteilung keinen Unterschied machen, ob eine Veranstaltung als Preisausschreiben oder als Gewinnspiel einzuordnen ist[23]. Dies erklärt, weshalb in der Terminologie der Gerichte selten festgelegt wurde, wie die Begriffe Preisausschreiben und Gewinnspiele zu bestimmen sind.

a) Reichsgericht

Im Zusammenhang mit der Frage, ob das Wort „Spiel" in § 762 BGB nicht bloß Glücks-, sondern auch (reine) Geschicklichkeitsspiele umfasse, hat das Reichsgericht ausgeführt: Ein „Spiel" sei eine Tätigkeit, die man „zum Zeitvertreib, zur Unterhaltung, zum Vergnügen" ausübe, eine Tätigkeit, die „weder ethische noch wirtschaftliche Zwecke" verfolge[24]. Den Begriff „Gewinnspiel" hat das Reichsgericht dann folgendermaßen erklärt: „Für das Recht gewinnen diese und andere Spiele erst dann Bedeutung, wenn um Vermögenswerte, insbesondere um Geld, gespielt wird. Hier beginnt der auch dem Volksmunde gebräuchliche Begriff des Gewinn-, des Geldspiels, bei dem der Reiz des Gewinns die Freude an der Spieltätigkeit erhöht und schließlich überwiegt. Bei den Spielen, die körperlicher oder geistiger Übung gewidmet sind und bei denen die Entscheidung vorwiegend auf der größeren Tüchtigkeit oder Übung des Spielers beruht, den Geschicklichkeitsspielen, tritt jener Charakter, selbst wenn dabei Gewinne zu erzielen sind, doch mehr zurück, wogegen im Volke bei Gewinnspielen, wo die Entscheidung ganz oder zum größten Teile vom Zufall abhängig ist, von Glücksspielen geredet wird[25]." Glücksspiele ebenso wie Geschicklichkeitsspiele müsse man als Unterarten der Gewinn- oder Geldspiele ansehen, wenn es sich bei ihnen um Vermögenswerte handele.

Das Reichsgericht unterscheidet demnach zwischen Veranstaltungen, die vor allem vom Zufall abhängen (Glücksspiele), und solchen, bei denen eine körperliche oder geistige Übung der Teilnehmer gefragt ist (Geschicklichkeitsspiele).

b) Rechtsprechung des Bundesgerichtshofs

In der Rechtsprechung des Bundesgerichtshofs hat die bürgerlich-rechtliche Begriffsbestimmung in § 661 BGB bei der wettbewerbsrechtlichen Beurteilung

---

23 Ständige Rechtsprechung seit BGH GRUR 1959, 138 –Italienische Note–; vgl. hierzu ausführlich unten: 6. Kapitel III. 3. d).

24 RGSt 40, 21 (32).

25 RGSt 40, 21 (33).

von Preisausschreiben und Gewinnspielen bis heute keine Rolle gespielt[26]. Die Verwendung der Begriffe Preisausschreiben und Gewinnspiele durch die Rechtsprechung des Bundesgerichtshofs spiegelt vor allem den jeweiligen Sprachgebrauch in der Werbewirtschaft wider. Fälle, in denen der Bundesgerichtshof über die wettbewerbsrechtliche Zulässigkeit von Preisausschreiben zu entscheiden hatte, liegen schon einige Jahre zurück[27]. Inzwischen überwiegen deutlich Entscheidungen zu Gewinnspielen oder sog. Gratisverlosungen[28].

Der Bundesgerichtshof hatte einen Wettbewerb, bei dem Einzelhändler Schaufenster ganz oder teilweise nach dem Thema „Italienische Note“ dekorieren sollten, als Preisausschreiben bezeichnet. Der Veranstalter hatte als Belohnung insgesamt 35 Preise ausgesetzt, die nach der Entscheidung eines eingesetzten Preisgerichts verteilt werden sollten. Da eine individuelle, einem Werturteil unterliegende Leistung gefordert werde, stufte der Bundesgerichtshof die Veranstaltung als eine „echte“ Auslobung i.S.v. § 661 BGB ein, die zu Zwecken des Wettbewerbs veranstaltet werde[29]. Besondere Zulässigkeitsvoraussetzungen knüpfte der Bundesgerichtshof an diese Einordnung allerdings nicht. Der Bundesgerichtshof entschied, dass derartige Veranstaltungen grundsätzlich zulässig seien.

In einer späteren Entscheidung stellte der Bundesgerichtshof fest, dass werblich veranstaltete „Preisausschreiben, deren Lösung jedermann ohne Mühe möglich ist, also keine echte Leistung der Teilnehmer erfordern (Gratisverlosung)“, wie Preisausschreiben zu beurteilen seien[30]. Damit stellte der Bundesgerichtshof klar, dass es für die wettbewerbsrechtliche Beurteilung von Preisausschreiben nicht auf das Erbringen einer Leistung ankommen soll. Nach dieser Klarstellung für die grundsätzliche wettbewerbsrechtliche Zulässigkeit von Preisausschreiben ganz allgemein taucht konsequenterweise eine Unterscheidung zwischen solchen Preisausschreiben, bei denen eine echte Leistung zu erbringen ist, und solchen ohne echte Leistung nicht mehr auf.

Insgesamt ist also festzuhalten, dass der Bundesgerichtshof Preisausschreiben und Gewinnspiele danach unterscheidet, ob der Teilnehmer eine Leistung erbringt oder nicht. Der Bundesgerichtshof hat in seiner Grundsatzentscheidung

26 Baumbach/Hefermehl, Wettbewerbsrecht, § 1 UWG Rn. 149.
27 Zuletzt BGH WRP 1976, 172 –Versandhandels-Preisausschreiben–.
28 BGH GRUR 1989, 434 –Gewinnspiel I–; BGH WRP 1995 –Gewinnspiel II–; BGH GRUR 1967, 202 –Gratisverlosung–, BGH WRP 1998, 386 –Gewinnspiel im Ausland–; BGH WRP 2002, 1136 –Gewinnspiel im Radio–.
29 BGH GRUR 1959, 138 –Italienische Note–.
30 BGH GRUR 1973, 474 (475) –Mon-Chéri-Preisausschreiben–.

„Italienische Note" jedoch klargestellt, dass diese Unterscheidung grundsätzlich keine Auswirkung auf die wettbewerbsrechtliche Zulässigkeit haben soll.

3. Die Begriffe Preisausschreiben und Gewinnspiele im Schrifttum

Ähnlich wie die Rechtsprechung verwendet auch die Literatur in jüngster Zeit den Begriff Preisausschreiben immer seltener. Die ersten frühen Abhandlungen zu aleatorischen Werbemitteln sprachen noch fast überwiegend von Preisausschreiben[31]. Inzwischen überwiegen auch hier deutlich Beiträge zu Gewinnspielen[32]. Im Vordergrund der Abhandlungen zu Preisausschreiben stand zunächst die Abgrenzung zu der strafbaren Ausspielung, § 284 StGB a. F.[33]. Diese Abgrenzung erfolgte nach übereinstimmender Meinung regelmäßig anhand der Kriterien „Einsatz" und „Zufall"[34].

Häufig findet man die Unterscheidung zwischen „echten" Preisausschreiben im Sinne einer Auslobung und „unechten" Preisausschreiben bzw. sonstigen Preisausschreiben[35]. Bei echten Preisausschreiben werde der Gewinner tatsächlich auf Grund besserer Leistung, also nicht aufgrund „aleatorischer", vom Zufall abhängiger Momente ermittelt[36]. Nicht jedes Preisausschreiben sei ein „echtes". Solle beispielsweise der Preis von im Schaufenster ausgestellten Möbeln „geschätzt" werden, liege kein echtes Preisausschreiben mit einer durch Geistesarbeit zu suchenden „Lösung" vor[37]. Andererseits verleihe allein der Umstand, dass die ausgesetzten Preise unter den Einsendern der richtigen Lösung verlost würden – letztlich also doch der Zufall über den Gewinn entscheidet –, der Veranstaltung noch keinen „Glücksspiel" -Charakter. Dies gelte jedenfalls bei „echten" Preisausschreiben mit einer zunächst durch nicht unerhebliches Nachdenken zu suchenden Lösung[38].

---

31 Ascher, MuW 1931, 144; Neuert, GRUR 1931, 347; Endriss, MA 1937, 272; Ebner, WAR 1939, 4; Bronisch, BB 1949, 385; Spengler, DB 1949, 212; Ebel, MA 1951, 387; Groebe, NJW 1951, 133; Nünninghoff, MA 1951, 159; Dobmann, MA 1952, 282; Lüdecke, BB 1952, 562; Deringer, WRP 1955, 115; Droste, DB 1956 Heft 48 Beilage Nr. 21; Hix, WuW 1957, 467; dann erst wieder Müller Claus, NJW 1972, 273; Bülow, GRUR 1974, 254 (259).

32 Vgl. z.B. Kunze in: Festgabe Hefermehl, S. 319 f.; Claus Müller, GRUR 1973, 73; Gerstenberg, WRP 1973, 444; Borck, AfP 1983, 312; Heil, WRP 1998, 839.

33 Spengler, DB 1949, 212 (213).

34 Ebel, MA 1951, 387; Hix 1957, 467 (470).

35 Baumbach/Hefermehl, Wettbewerbsrecht, § 1 UWG Rn. 149 und 169; Müller Claus, NJW 1972, 273 (274); Müller Claus, GRUR 1973, 72; Deringer, WRP 1955, 115 (117).

36 Spengler, DB 1949, 212 (213).

37 Lüdecke, BB 1952, 562.

38 Lüdecke, BB 1952, 562 (563).

Preisausschreiben mit Scheinrätseln, an denen jedermann unabhängig vom Kauf der Ware teilnehmen könne und bei denen die Gewinne ausgelost würden, seien Gratisverlosungen[39]. Preisausschreiben, bei denen der Veranstalter von dem Teilnehmer eine „echte, individuelle Leistung" verlange, also etwa einen Werbevers, einen neuen Markennamen oder eine treffende Bezeichnung, seien echte Auslobungen im Sinne von §§ 657, 661 BGB[40]. Sie seien auch dann zulässig, wenn sie für den Auslobenden eine gewisse Werbewirkung hätten[41].

Andere unterscheiden zwischen „ernsthaften" Preisausschreiben im Sinne von § 661 BGB und zwischen „Unterhaltungs-" Gewinnspielen, bei denen die werbewirksame Massenaufmerksamkeit im Vordergrund stehe[42]. Wettbewerbe, bei denen die Aufgabe lediglich im Einsenden des Coupons oder im Freirubbeln bestimmter Felder bestünde, seien keine Preisausschreiben. Solche Veranstaltungen seien Gewinnspiele, die durch das Raster des § 661 BGB fielen[43]. Schwierig sei insbesondere die Abgrenzung bei Kreuzworträtseln, bei denen eine Differenzierung nach dem Schwierigkeitsgrad und der dahinterstehenden Motivation des Veranstalters vorzunehmen sei[44].

Preisausschreiben wurde auch als Oberbegriff verwendet, wobei Preisausschreiben, denen als echte Auslobungen im Sinne § 657 BGB wirkliche Gegenleistungen gegenüberstünden, für die wettbewerbsrechtliche Beurteilung außer Betracht bleiben müssten[45].

Nach anderer Auffassung sei nach Wesen, Ziel und Rechtsform zwischen zwei stark voneinander verschiedenen Hauptarten von Preisausschreiben in der Werbung zu unterscheiden: Die eine sei die Auslobung (§§ 657 f., insbesondere §661 BGB), die andere ein Vertrag besonderer Art, den man als Spielvertrag bezeichnen könne[46].

In der Literatur hat sich inzwischen wie auch in der Rechtsprechung die Ansicht durchgesetzt, dass Preisausschreiben und Gewinnspiele denselben wettbewerbsrechtlichen Zulässigkeitsgrenzen unterliegen[47]. Sie werden wie jedes andere

---

39 Müller Claus, NJW 1972, 273 (276).
40 Müller Claus, NJW 1972, 273 (276).
41 Deringer, WRP 1955, 115 (117).
42 Schotthöfer in: FS Nordemann, S. 203 (S. 209).
43 Schotthöfer in: FS Nordemann, S. 203 (S. 205).
44 Schotthöfer in: FS Nordemann, S. 203 (S. 206).
45 Droste, DB 1956, Beilage Nr. 21 /56.
46 Ebner, WAR 1939, 4.
47 Vgl. z.B. Baumbach/Hefermehl, Wettbewerbsrecht, § 1 UWG Rn. 151; Köhler/Piper, UWG, § 1 Rn. 328; Gloy, Handbuch des Wettbewerbsrechts, § 50 Rn. 130 (S. 900); von Gamm, Wettbewerbsrecht, Bd. 1, § 27 Rn. 9/10 (S. 528).

Werbemittel erst durch Hinzutreten besonderer Umstände wettbewerbswidrig. Es hat bei der wettbewerbsrechtlichen Beurteilung von Preisausschreiben und Gewinnspielen deshalb selten eine Rolle gespielt, was sich hinter dem wettbewerbsrechtlichen Begriff Preisausschreiben oder Gewinnspiel verbirgt und ob die zu beurteilende Veranstaltung nach ihrem Wesen und der Art der Durchführung als ein Preisausschreiben oder Gewinnspiel einzuordnen ist.

Nur wenige Autoren haben an die Einordnung einer Veranstaltung als Preisausschreiben oder Gewinnspiel Rechtsfolgen für deren wettbewerbsrechtliche Zulässigkeit geknüpft. Vereinzelt blieb die Auffassung, nur „echte" Preisausschreiben mit einer „zunächst durch nicht unerhebliches Nachdenken zu suchenden Lösung" seien wettbewerbsrechtlich zulässig[48]. Eine Veranstaltung, bei der die Teilnehmer gar nichts oder etwas Kinderleichtes zu „lösen" hätten, wo also nur ein „Teilnehmen" an der Veranstaltung gefordert und unter den Teilnehmern das Los gezogen werde, sei dagegen unzulässig. Dann hätte die Veranstaltung den Charakter eines unzulässigen Glücksspiels, weil allein auf den Zufall abgestellt werde, was die Veranstaltung sittenwidrig mache[49]. Ein „echtes" Preisausschreiben hingegen werde nicht dadurch sittenwidrig, dass im Verhältnis zur Zahl der richtigen Lösungen nur eine geringe Anzahl von Losen zur Verteilung kommt, also letztlich doch der Zufall über den Gewinn entscheidet und die Teilnehmer dies wüssten[50].

In jüngster Vergangenheit hat sich das Verständnis durchgesetzt, den Begriff Gewinnspiel als Oberbegriff für alle Arten von Preisrätseln, Preisausschreiben oder Gratisverlosungen zu verwenden[51]. Preisausschreiben, Gewinnspielen und ähnlichen Werbeveranstaltungen sei gemein, dass dem Teilnehmer nach bestimmten Regeln, d. h. in einem Spiel eine Gewinnchance geboten werde[52]. Den Begriff „Preisausschreiben" könne man als eine Erscheinungsform von Gewinnspielen verstehen[53]. Dieses Verständnis ist konsequent, wenn man für Preisausschreiben und Gewinnspiele grundsätzlich wettbewerbsrechtlich die gleichen Beurteilungsgrundsätze ansetzt. Die Bemühungen der Literatur um eine klare Abgrenzung von Preisausschreiben und Gewinnspielen belegen, wie schwierig eine begriffliche Unterscheidung ist.

---

48 So Ascher, MuW 1931, 144 (145); Endriss, MA 1937, 272; Lüdecke, BB 1952, 562 (563); Reimer, Systematischer Kommentar, Kap. 82 Rn. 2.

49 Lüdecke, BB 1952, 562 (563).

50 Lüdecke, BB 1952, 562 (563).

51 Borck, AfP 1983, 312; Gerstenberg, WRP 1973, 444; Baumbach/Hefer-mehl, Wettbewerbsrecht, § 1 UWG Rn 149 f.

52 Kunze in: Festgabe Hefermehl, S. 320 (S. 357 Fn. 7).

53 So Zweng, Werbung mit Gewinnspielen, S. 11.

4. Neue Gesetzesvorhaben

Die geplante Verordnung über Verkaufsförderung und das neue UWG enthalten nun erstmals materiell-rechtliche Regelungen zu Preisausschreiben und Gewinnspielen.

a) Vorschlag für eine Verordnung über Verkaufsförderung

Nach einer ersten Anhörung des Europäischen Parlaments liegt die Verordnung über Verkaufsförderung mittlerweile in einem geänderten Entwurf vor[54]. Nach Artikel 2 (b) zählt zu den „Verkaufsförderaktionen" im Sinne der Verordnung auch „die Möglichkeit zur Teilnahme an einem Preisausschreiben oder einem Gewinnspiel". Artikel 2 (h) des geänderten VO-Vorschlags definiert Preisausschreiben als „die zeitlich befristete Aufforderung zur Teilnahme an einem Wettbewerb, die an die Verpflichtung zum vorherigen Kauf einer Ware oder Dienstleistung gebunden sein kann". Weiter heißt es: „bei einem Preissausschreiben wird der Gewinner *vor allem aufgrund seiner Kenntnisse oder Fertigkeiten* ermittelt." Danach stehen also Kenntnisse oder Fertigkeiten des Teilnehmers bei der Gewinnzuteilung im Vordergrund. Gleichzeitig soll die Teilnahme an einem Preisausschreiben grundsätzlich an die Verpflichtung zum vorherigen Kauf einer Ware oder Dienstleistung gebunden sein dürfen.

Den Begriff „Gewinnspiel" definiert Artikel 2 (i) des geänderten VO-Vorschlags über Verkaufsförderung dagegen so: „Gewinnspiel" ist „die zeitlich befristete Aufforderung zur Teilnahme an einem Spiel, bei dem der Gewinner *vor allem durch Zufall* ermittelt wird; die Teilnahme ist kostenlos und ist nicht mit einer Verpflichtung zum vorherigen Kauf oder zur vorherigen Inanspruchnahme einer Dienstleistung verbunden". Der erste Entwurf der Verordnung wollte hingegen auch die mit dem Warenerwerb gekoppelten Gewinnspiele erfassen. Die Definition von Gewinnspielen lautete dort noch folgendermaßen: "die Teilnahme ist kostenlos, kann aber mit einer Verpflichtung zum vorherigen Kauf verbunden sein"[55].

Nicht als Gewinnspiele im Sinne der Verordnung gelten „Glücksspiele mit einem geldwerten Einsatz, einschließlich Lotterien und Wetten". In der Begründung zum ersten Entwurf des Verordnungsvorschlags heißt es: „Gewinnspiele unterscheiden sich von Glücksspielen, bei denen es in erster Linie darum geht,

54 Geänderter VO-Vorschlag vom 25.10.2002.
55 VO-Vorschlag vom 2.10.2001, Art. (i).

Geld zu verdienen. Glücksspiele dieser Art sind nicht Gegenstand der Verordnung[56]".

Der geänderte VO-Vorschlag will somit im Unterschied zu dem ersten Entwurf die „vor allem" nach dem Zufall gewinnentscheidenden Gewinnspiele, die an einen Kauf gekoppelt sind, gesondert behandeln[57].

Zusammenfassend ist also festzuhalten, dass nach dem Verordnungsentwurf über Verkaufsförderung der Unterscheidung von Preisausschreiben und Gewinnspielen erhebliche Bedeutung zukommt, da sie unterschiedlichen rechtlichen Regelungen unterliegen. Kaufgekoppelte Preisausschreiben dürfen danach nicht grundsätzlich verboten werden. Die Behandlung von kaufgekoppelten Gewinnspielen bleibt dagegen den Mitgliedstaaten vorbehalten.

b) Richtlinienentwurf über das Lauterkeitsrecht

Die Kommission hat ferner auf der Grundlage des Grünbuchs zum Verbraucherschutz in der Europäischen Union und des Dokuments über die Folgemaßnahmen einen Rahmen-Richtlinien-Entwurf (RL Entwurf UG) über das Lauterkeitsrecht erstellt. Die Zulässigkeit von Preisausschreiben und Gewinnspielen regelt der Entwurf nicht. Lediglich zu Glücksspielen enthält der Entwurf eine Bestimmung. Danach ist gemäß Art. 5 Abs. 4 i.V.m. dem Anhang 1 Ziffer (10) zu den irreführenden Geschäftspraktiken unter allen Umständen unlauter, ein Schneeballsystem zur Verkaufsförderung einzuführen, zu betreiben, zu fördern, „bei dem der Verbraucher eine Leistung erbringt für die Möglichkeit, eine finanzielle Vergütung zu erzielen, die hauptsächlich durch die Einführung neuer Verbraucher in ein solches System und weniger durch den Verkauf oder Verbrauch von Produkten zu erzielen ist".

c) § 4 Ziffer 5 und 6 RegE UWG

Mit der Einführung von § 4 Ziffer 5 und 6 RegE UWG wird im deutschen Lauterkeitsrecht erstmals die Zulässigkeit von Preisausschreiben und Gewinnspielen gesetzlich geregelt. Der neu in das UWG aufgenommene § 4 ergänzt als Beispielskatalog die Generalklausel des § 3 RegE UWG. Insbesondere unlauter im Sinne von § 3 RegE UWG handelt, wer gemäß § 4 Ziffer 5 RegE UWG „bei Preisausschreiben oder Gewinnspielen mit Werbecharakter die Teilnahmebedin-

---

56 VO-Vorschlag vom 2.10.2001, Begründung unter 2., Erläuterung der einzelnen Artikel, Artikel 2 Buchstaben (e- i) (S. 26).

57 Zum Hintergrund und zur Bewertung dieser wesentlichen Änderung für die Rechtsharmonisierung von Gewinnspielen vgl. unten: 7. Kapitel V. 1. c) aa), ee) und ff).

gungen nicht klar und eindeutig angibt". Nach § 4 Ziffer 6 RegE UWG handelt weiter unlauter, wer „die Teilnahme von Verbrauchern an einem Preisausschreiben oder Gewinnspiel von dem Erwerb einer Ware oder Inanspruchnahme einer Dienstleistung abhängig macht, es sei denn, das Preisausschreiben oder Gewinnspiel ist naturgemäß mit der Ware oder der Dienstleistung verbunden".

Anders als der VO-Vorschlag Verkaufsförderung definiert der RegE UWG die Begriffe Preisausschreiben und Gewinnspiele nicht. Die europäische Rechtsentwicklung und damit auch der geänderte VO-Vorschlag ist jedoch eine wichtige Richtschnur für die Erarbeitung des neuen UWG gewesen[58]. Die Verwendung der Begriffe im neuen UWG kann deshalb auf europarechtliche Vorgaben zurück geführt werden[59]. Dieses naheliegende Verständnis für den im RegE UWG verwendeten Begriff Preisausschreiben belegt auch das im Auftrag des Bundesministeriums der Justiz erstellte Gutachten von *Schricker* und *Henning-Bodewig*[60]. Dort werden Preisausschreiben zunächst als eine Unterart von Gewinnspielen eingeordnet[61]. Sodann heißt es jedoch, dass zwischen den einzelnen Erscheinungsformen der Gewinnspiele zu unterscheiden ist, insbesondere, ob es sich um vom Zufall abhängige Gewinnspiele oder Geschicklichkeitsspiele handelt[62].

Zusammenfassend ist also festzuhalten, dass nach deutschem Recht zwischen Preisausschreiben und Gewinnspielen danach unterschieden wird, ob die Gewinnermittlung allein oder jedenfalls überwiegend auf Fähigkeiten oder Kenntnissen der Teilnehmer beruht oder aber allein oder jedenfalls überwiegend auf dem Zufall. Auch nach der Definition des Verordnungsvorschlags besteht

58 RegE UWG, BT-Drs. 15/1487, Begründung S. 12.

59 Vgl. auch die Begründung RegE UWG zu § 4 Ziffer 5 (RegE UWG, BT-Drs. 15/1487, Begründung, S. 18): Danach soll das in § 4 Ziffer 5 geregelte Transparenzgebot den bislang im Bereich der elektronischen Medien geltenden Bestimmungen entsprechen, nämlich § 10 Abs. 4 Nr. 4 des Mediendienstestaatsvertrages für die Mediendienste und § 7 Nr. 4 des Teledienstegesetzes für die Teledienste. § 7 Teledienstegesetz ist durch Artikel 1 des Elektronischen Geschäftsverkehr-Gesetzes (EGG) eingeführt worden. Artikel 1 EGG wiederum diente der Umsetzung der sog. E-Commerce-Richtlinie (Richtlinie 2000/31/EG des Europäischen Parlaments und des Rates vom 8. Juni 2000 in ABl. EG Nr. L 178 S. 1 v. 17.07.2000). Dort heißt es in Kapitel II Art. 6 „Informationspflichten": „soweit Preisausschreiben oder Gewinnspiele im Mitgliedstaat der Niederlassung des Diensteanbieters zulässig sind, müssen sie klar als solche erkennbar sein".

60 Schricker/Henning-Bodewig, WRP 2001, 1367. Die beiden Autoren haben das Gutachten im Auftrag des Bundesministeriums der Justiz erstellt. Sie sind zugleich Mitglieder der Arbeitsgruppe Unlauterer Wettbewerb des Bundesministeriums der Justiz.

61 Schricker/Henning-Bodewig, WRP 2001, 1367 (1393).

62 Schricker/Henning-Bodewig, WRP 2001, 1367 (1393).

dem Zufall. Auch nach der Definition des Verordnungsvorschlags besteht der wesentliche Unterschied zwischen Preisausschreiben und Gewinnspielen in der Abhängigkeit der Gewinnchancen. Bei Preisausschreiben soll ein Gewinn „vor allem" von den Kenntnissen oder Fertigkeiten der Teilnehmer abhängen, bei Gewinnspielen „vor allem" vom Zufall. Der RegE UWG verwendet beide Begriffe; eine Unterscheidung in den Rechtsfolgen erfolgt hingegen nicht.

5. Überblick über Begriffsbestimmungen in den einzelnen Mitgliedstaaten

In nahezu allen Mitgliedstaaten wird ebenfalls zwischen Preisausschreiben und Gewinnspielen unterschieden, von denen die eine Erscheinungsform durch das Element Zufall geprägt ist (Gewinnspiel) und die andere durch die Kriterien Fähigkeiten und Geschicklichkeit der Teilnehmer (Preisausschreiben).

So grenzt Belgien erlaubte Preisausschreiben zu den dort grundsätzlich verbotenen Glücksspielen („jeux de hasard/kansspel") danach ab, ob der Gewinn „vorrangig durch Zufall oder Glück bestimmt wird" und nicht das „intellektuelle Moment im Vordergrund" steht[63]. In Dänemark wird darauf abgestellt, ob die Veranstaltung von den Teilnehmern eine „individuelle Leistung" verlangt, während der Gewinn bei Gewinnspielen „ganz oder teilweise vom Zufall abhängt"[64]. In Frankreich kommt es darauf an, ob „das Auffinden der Lösung mehr als eine für jeden Durchschnittsteilnehmer banale Gedankenleistung erfordert"[65]. Großbritannien stellt darauf ab, ob der Erfolg vollständig dem Zufall überlassen wird und nicht zu einem grundlegenden Teil von der Ausübung einer persönlichen Fertigkeit abhängt[66]. In den Niederlanden wird danach gefragt, ob eine Leistung bewertet werden kann, sie also einen beurteilbaren Charakter aufweist und der Teilnehmer „überwiegend Einfluss" auf das Ergebnis nehmen kann[67]. Portugal differenziert danach, ob die Gewinnermittlung anhand gewisser Fähigkeiten erfolgt. In Schweden wird danach unterschieden, ob neben Zufall auch Geschicklichkeit oder andere Fähigkeiten vorausgesetzt werden oder nicht[68].

---

63 Kocks, Werberecht in Belgien, in: Schotthöfer (Hrsg.), Handbuch des Werberechts in den EU-Staaten, Rn. 122 (S. 143).

64 Eckhardt/Hansen, Werberecht in Dänemark, in: Schotthöfer (Hrsg.), Handbuch des Werberechts in den EU-Staaten, Rn. 49 und 59 (S. 161 und 162).

65 Ranke, Werberecht in Frankreich, in: Schotthöfer (Hrsg.), Handbuch des Werberechts in den EU-Staaten, Rn. 64 (S. 267).

66 Groom, Werberecht in Großbritannien, in: Schotthöfer (Hrsg.), Handbuch des Werberechts in den EU-Staaten, Rn. 48 (S. 342).

67 Ribbink, Werberecht in den Niederlanden, in: Schotthöfer (Hrsg.), Handbuch des Werberechts in den EU-Staaten, Rn. 37 (S. 457).

68 Plogell, Werberecht in Schweden, in: Schotthöfer (Hrsg.), Handbuch des Werberechts in den EU-Staaten, Rn. 30 (S. 35).

Im Unterschied zum deutschen Wettbewerbsrecht gelten in den meisten EU-Staaten für Gewinnspiele anders als für Preisausschreiben wesentlich strengere Vorschriften[69]. Die Einordnung einer Veranstaltung als Preisausschreiben oder Gewinnspiel hat somit eine erhebliche Bedeutung für die Zulässigkeit der Veranstaltung in den einzelnen Mitgliedstaaten. Gleichzeitig geben die Regelungswerke der Mitgliedstaaten jedoch nur wenig Anhaltspunkte für eine klare Abgrenzung. Wie auch in der geplanten Verordnung über Verkaufsförderung wird häufig danach abgegrenzt, ob die Gewinnermittlung „überwiegend" oder „fast ausschließlich" vom Zufall abhängt. Dem Tatrichter wird damit ein immenser Ermessenspielraum eingeräumt.

6. Zusammenfassende Stellungnahme

Eine saubere begriffliche Abgrenzung zwischen Preisausschreiben und Gewinnspielen erweist sich als schwierig. Wenn bei einem Preisausschreiben unter den Teilnehmern, die die Aufgabe richtig gelöst haben, der Gewinn letztlich verlost wird, hängt der Gewinn jedenfalls auch nicht unerheblich vom Zufall ab. Die größtmögliche Werbewirkung erreichen Unternehmen mit solchen Veranstaltungen, an denen möglichst viele Personen teilnehmen können. Das ist häufig bei solchen Veranstaltungen der Fall, die keine oder nur eine geringe Leistung von den Teilnehmern erfordern. Die Anzahl der Teilnehmer wird im Vorfeld der Durchführung einer Veranstaltung immer ungewiss bleiben. Gerade auch die Anzahl der Teilnehmer beeinflusst die Abhängigkeit vom Zufall bzw. von Fertigkeiten oder Kenntnissen des Teilnehmers allerdings erheblich. Das Element Zufall gewinnt mit steigender Teilnehmerzahl an Bedeutung. Je mehr Teilnehmer an einem Preisausschreiben teilnehmen, desto eher ist der Gewinn vom Zufall abhängig. Das Lösen der Aufgabe ist dann nur notwendige Voraussetzung im Sinne einer conditio sine qua non.

Die Grenzen zwischen Preisausschreiben und Gewinnspielen sind also fließend. Man wird in der Praxis jeweils für den konkreten Einzelfall untersuchen müssen, ob eher Zufall oder aber Fertigkeiten der Teilnehmer gewinnentscheidend sind. Für die Werbewirtschaft bringt dies eine erhebliche Rechtsunsicherheit mit sich. Dies gilt jedenfalls dann, wenn wie in den meisten Mitgliedstaaten an die Einordnung als Preisausschreiben oder Gewinnspiel auch unterschiedliche rechtliche Einordnung geknüpft werden.

Jedenfalls dann, wenn nur der Zufall über eine Gewinnzuteilung entscheidet oder lediglich Scheinaufgaben gestellt werden, wird man eine Veranstaltung als

---

69 Vgl. zur deutschen Rechtslage und der Rechtslage in den anderen Mitgliedstaaten ausführlich unten unter Kapitel 7; vgl. auch VO-Vorschlag vom 2.10.2001, Mitteilung der Kommission, KOM (2001) 546 endg. Ziffer 4.2 (S. 14).

Gewinnspiel einordnen können. Aber schon bei relativ einfachen Aufgaben stellt sich die Frage, auf wessen Fähigkeiten es eigentlich ankommen soll. Eine scheinbar leichte Aufgabe ist nicht für jedermann auch tatsächlich einfach zu lösen. Bei der Frage, ob jedermann die Bedingungen ohne weiteres erfüllen kann und die Teilnahme keine wirkliche Leistung erfordert, könnte man zwar wie bei der Beurteilung einer Irreführung auf die Fähigkeiten und Kenntnisse eines durchschnittlichen, aufmerksamen und informierten Verbrauchers abstellen. Dies wird die Unsicherheit bei der Einordnung von Veranstaltungen in Preisausschreiben oder Gewinnspiele allerdings nicht beseitigen sondern womöglich nur zusätzlich erhöhen.

Einigkeit dürfte insoweit bestehen, als es auf die rein formale Bezeichnung einer Veranstaltung als „Preisausschreiben" oder „Gewinnspiel" nicht ankommen darf. Missbrauch und Umgehung der Verbotsregelungen durch gezielte Bezeichnung einer Veranstaltung als „Preisausschreiben" oder „Gewinnspiel" wären durch ein solch streng formales Verständnis vorprogrammiert.

Aufgrund der dargestellten Abgrenzungsschwierigkeiten erscheint allein eine einheitliche wettbewerbsrechtliche Behandlung von Preisausschreiben und Gewinnspielen auf europäischer und nationaler Ebene sinnvoll. Darüber hinaus ist auch nicht erkennbar, warum das Erbringen einer Leistung eine Veranstaltung, bei der die Teilnahme an einen Warenerwerb gekoppelt ist, zulässig machen soll; die gleiche Veranstaltung dagegen unzulässig ist, sobald der Gewinn vom Zufall abhängt. Vor diesem Hintergrund ist es grundsätzlich zu begrüßen, dass das neue UWG Preisausschreiben und Gewinnspiele in ihren Rechtsfolgen einheitlich behandelt und damit an der bisherigen Rechtsprechung der deutschen Gerichte festhält[70].

Soweit die Bearbeitung inhaltlich zwischen Preisausschreiben und Gewinnspielen unterscheidet, bezeichnet sie mit dem Begriff „Preisausschreiben" solche Verkaufsförderungsmaßnahmen, deren Lösung nicht ohne jegliche Mühe möglich ist, also gewisse Fertigkeiten und Kenntnisse voraussetzt und nicht allein vom Zufall abhängig ist, und die zugleich nicht zwingend Auslobungen im Sinne von §§ 657, 661 BGB sind. Der hier zugrunde gelegte Begriff orientiert sich damit im wesentlichen an den Begriffsbestimmungen der geplanten Verordnung über Verkaufsförderung. Im Unterschied zum zivilrechtlichen Begriff sind Preisausschreiben in erster Linie als Werbemittel zu verstehen, die den Absatz von Waren und Dienstleistungen fördern sollen[71]. In Abgrenzung zu Gewinnspielen ist entscheidendes Merkmal von Preisausschreiben, dass die Preiszutei-

70 Vgl. aber zur inhaltlichen Kritik an den Regelungen des neuen UWG zu Preisausschreiben und Gewinnspielen unten: 6. Kapitel IV. 4. c) (3).

71 VO-Vorschlag vom 2.10.2001, Erwägungsgrund 7.

lung in erster Linie von gewissen Kenntnissen und Fertigkeiten und nicht allein vom Zufall abhängt.

III. Erscheinungsformen von Preisausschreiben und Gewinnspielen

Die Erscheinungsformen von Preisausschreiben und Gewinnspielen zum Zwecke der Verkaufsförderung sind vielfältig. Dabei stellen sich bei bestimmten Erscheinungsformen regelmäßig dieselben wettbewerbsrechtlichen Fragen im Hinblick auf deren Zulässigkeit. Einige besonders häufige Arten werden im Folgenden kurz dargestellt[72]. Zur besseren Übersicht sollen auch solche Formen erörtert werden, die nicht oder jedenfalls nicht primär als Verkaufsförderungsmittel eingesetzt werden.

1. Preisrätsel

Preisrätsel sind eine Unterart von Preisausschreiben, bei denen der Teilnehmer eine bestimmte Lösung finden muss[73]. Preisrätsel haben Rätselfragen, Kreuzwort- und Bilderrätsel zum Inhalt und werden häufig in Zeitschriften und Zeitungen abgedruckt. Das Preisrätsel unterscheidet sich von anderen Preisausschreiben dadurch, dass es vor allem Unterhaltungsstoff für den Leser darstellt. Dabei ist zwischen Preisrätseln in illustrierten Zeitschriften und Zeitungen zu unterscheiden sowie Preisrätseln anderer Branchen, die lediglich in den Zeitschriften und Zeitungen veröffentlicht werden, nicht aber als eigentlicher Unterhaltungsstoff dienen, sondern Mittel der Werbung sind. Mittlerweile werden nahezu in jeder illustrierten Zeitschrift Preisrätsel abgedruckt. Auch in Zeitungen rechnet der Käufer damit und erwartet dies.

Die Besonderheit bei Preisrätseln besteht darin, dass für die Teilnahme an einem Preisrätsel regelmäßig der Erwerb der Zeitschrift oder Zeitung erforderlich ist. Hierin wird aber grundsätzlich keine unzulässige Kopplung mit dem Warenabsatz gesehen, weil die Teilnahme an dem Preisausschreiben naturgemäß mit dem Erwerb der Zeitschrift oder Zeitung verbunden ist[74].

Bei Preisrätseln ist des weiteren häufig zu untersuchen, ob die besondere werbliche Herausstellung eines zu gewinnenden Preises eine unzulässige getarnte redaktionelle Werbung darstellt. Um den Anreiz der Beteiligung an einem Preisrätsel zu erhöhen, setzen die Zeitschriften meist Erzeugnisse als Preise aus, de-

72 Vgl. auch Harte-Bavendamm/Henning-Bodewig/Bruhn, UWG, § 4 Rn. 4 f.
73 Baumbach/Hefermehl, Wettbewerbsrecht, § 1 UWG Rn. 168.
74 Sog. Presseprivileg, vgl. Löffler, Presserecht, S. 1188.

ren positive Eigenschaften sie nennen. Hierdurch wird zwangsläufig eine gewisse Werbewirkung für das jeweilige Produkt erzielt. Wenn die werbliche Herausstellung übermäßig erfolgt und der Hersteller die Produkte unentgeltlich zur Verfügung stellt, kann hierin ein Verstoß gegen § 1 UWG liegen[75].

2. Marktforschungspreisausschreiben

Marktforschungs- oder Markterhebungspreisausschreiben werden zum Zwecke der Marktbefragung durchgeführt. Ein Marktforschungspreisausschreiben soll in erster Linie bewirken, dass ein hinreichender Teil der Verbraucher bestimmte Sachfragen beantwortet. Die Fragen beziehen sich häufig auf Bekanntheit und Beliebtheit der Waren. Auch Verbesserungswünsche, Verbrauchererwartungen oder sonstige Bedürfnisse des Verbrauchers werden abgefragt. Marktforschungspreisausschreiben sollen dem Unternehmen über den Bedarf und die Meinung des Verbrauchers Aufschluss geben; sie bieten so den Unternehmen wertvolle Daten über den Markt[76]. Als Anreiz dafür, sich mit den Sachfragen zu befassen, werden unter den Teilnehmern Preise verlost. Angenehmer Nebeneffekt ist, dass die Veranstalter aufgrund der mit solchen Preisausschreiben verbundenen Aufmerksamkeitserregung für ihre Ware oder Dienstleistung eine Werbewirkung erzielen[77].

Bei Marktforschungspreisausschreiben werden die Leser nicht selten durch die Art der Fragestellung dahin beeinflusst, das Preisausschreiben im Sinne des Veranstalters zu beantworten. Die Antworten sind dann zwar aus marktanalytischer Sicht wertlos, die Unternehmen erhoffen sich jedoch geeignete Unterlagen zu Werbezwecken. Nicht nur die Werbung mit auf diese Weise erhaltenen und daher statistisch meist unrichtigen Daten, sondern bereits die Durchführung eines solchen Marktforschungspreisausschreiben kann unlauter sein[78]. Darüber

---

75 Vgl. BGH GRUR 1994, 821 (822); BGH GRUR 1994, 823 (824); BGH GRUR 1997, 145 –Preisrätselgewinnauslobung I - IV–; BGH GRUR 1996, 804; Gröning, WRP 1995, 181; kritisch Baumbach/Hefermehl/Köhler, Wettbewerbsrecht, 23. Auflage, § 4 Rn. 3.26 m.w.N.

76 Baumbach/Hefermehl, Wettbewerbsrecht, § 1 UWG Rn. 170.

77 Dobmann, MA 1952, 282; Dobmann berichtet über ein sehr schönes Beispiel eines von der Sunlicht-Gesellschaft im Sommer 1939 veranstalteten Marktforschungspreisausschreibens mit dem Namen „Für Dein Kind". Das veranstaltende Unternehmen beabsichtigte mit dem Preisausschreiben in erster Linie eine Werbemaßnahme. Es entpuppte sich dann jedoch als eine Marktbeobachtungsanalyse „größten Stils". Die Auswertung der ca. 145.000 Eingänge konnte wegen des Ausbruchs des zweiten Weltkrieges nicht durchgeführt werden. Die eingegangenen Unterlagen der Teilnehmer verbrannten während des zweiten Weltkrieges.

78 Baumbach/Hefermehl, Wettbewerbsrecht, § 1 UWG Rn. 170; Deringer, WRP 1955, 115 f.

hinaus besteht die Gefahr, dass der Adressat eine Verbindung von Antwort und Gewinnchance sieht[79].

Die Einordnung als Marktforschungspreisausschreiben hat allerdings selten Einfluss auf die wettbewerbsrechtliche Beurteilung. Etwas anderes gilt nur dann, wenn man Marktforschungspreisausschreiben als sog. „echtes" Preisausschreiben einordnet und ein solches im Unterschied zu „unechten" Preisausschreiben" für grundsätzlich zulässig hält[80]. Tritt der Werbezweck in den Vordergrund und wird die Marktbefragung als „Mäntelchen"[81] verwendet, greifen die allgemeinen Grundsätze für Preisausschreiben und Gewinnspiele[82]. Die Teilnehmer dürfen weder in die Irre geführt werden noch darf ein Kaufzwang ausgeübt werden.

3. Sweepstakes

Unter „sweepstakes" versteht man Veranstaltungen, bei denen die gewinnenden Lose bereits vor ihrer Versendung festgelegt sind; die Gewinner stehen also schon vor der Durchführung einer Aktion fest. Durch die schriftliche Mitteilung, in der sich eine Nummer befindet, erfährt der Empfänger, dass seine Nummer gewonnen hat. Die Empfänger der gewinnenden Lose können dabei vom Versender bewusst ausgewählt werden. Preise erhält jedoch nur, wer seinen Teilnahmeschein mit der Gewinn-Nummer zurücksendet[83]. Die Unzulässigkeit derartiger Veranstaltungen kann sich zum einen daraus ergeben, dass Antwortkarte und Bestellkarte miteinander verbunden sind[84]. Wesentlich häufiger sind sweepstakes jedoch unzulässig, weil sie den Empfänger durch Verschleiern der wahren Gewinnchancen in wettbewerbswidriger Weise anlocken[85].

---

79 Steffenhagen/Schmalenberg, Preisausschreiben und Wettbewerbsrecht, S. 48.

80 So offensichtlich auch Nünninghoff, MA 1951, 159 (160): Bei einem Versprechen von Preisen für ernstlich erstrebte Mitarbeit liege eine echte Auslobung vor. Die Marktbefragung sei daher rechtlich unbedenklich, wenn sie nicht mit der Verleitung zu unwirtschaftlichen Ausgaben verbunden sei und nicht die Spielleidenschaft des Publikums ausnutze.

81 Nünninghoff, MA 1951, 159 (160).

82 Baumbach/Hefermehl, Wettbewerbsrecht, § 1 UWG Rn. 170; OLG Düsseldorf GRUR 1951, 463 (465) –Rundfrage–: Diene eine Rundfrage der intensiven Werbung, obwohl sie nur der Marktforschung dienen soll, liege eine missbräuchliche Ausnutzung eines kaufmännischen Hilfsmittels vor. Zudem werden die Teilnehmer durch die Aufmachung der Rundfrage suggestiv beeinflusst.

83 Hainz, Das Preisausschreiben als Instrument der Verkaufsförderung, S. 39.

84 Steffenhagen/Schmalenberg, Preisausschreiben und Wettbewerbsrecht, S. 45.

85 BGH GRUR 1974, 729 (731) –Sweepstake–.

4. Schneeballsysteme

Bei einem „Schneeballsystem“ oder „Pyramidensystem“ geht es darum, einem gewonnenen Kunden Anreize zu geben, seinerseits neue Kunden zu werben[86]. Dieser Anreiz liegt meist in einem Entgelt für jeden Kunden, den der alte Kunde neu gewinnt. Je mehr Kunden der alte Kunde wirbt, desto höher also der Anreiz. Dabei sind solche Systeme zu unterscheiden, bei denen der Absatz von Produkten Folge des Systems ist, und solche Systeme, bei denen es sich um reine „Gewinnspiele“ ohne Warenumsatz handelt. Die typische Gefahr derartiger Systeme liegt darin, dass früher oder später eine Marktverengung eintritt. Viele Teilnehmer erkennen diese Gefahr nicht oder ihnen ist der aktuelle Entwicklungsstand des Systems, in das sie eintreten, nicht bekannt.

Unzulässige Schneeballsysteme sind seit 1986 durch § 6 c UWG, jetzt § 16 Abs. 2 RegE UWG unter Strafe gestellt. Fälle, in denen eine derartige Einschaltung von Laienwerbern wettbewerbswidrig, aber nicht strafbar ist, sind selten[87].

5. Glücksspiel, Lotterien und Ausspielungen

Ein Glücksspiel liegt vor, wenn die Beteiligten zur Unterhaltung oder aus Gewinnstreben über den Gewinn oder Verlust eines nicht ganz unbeträchtlichen Vermögenswertes ein ungewisses Ereignis entscheiden lassen, dessen Eintritt nicht wesentlich von Aufmerksamkeit, Fähigkeiten und Kenntnissen der Spieler abhängt, sondern allein oder hauptsächlich vom Zufall[88]. Dabei erbringt der Spieler, um an der Gewinnchance teilzuhaben, einen Einsatz, wobei aus dem Einsatz aller die Gewinnchance des Einzelnen erwächst[89]. Lotterie und Ausspielung sind ebenfalls Glücksspiele, haben jedoch die Besonderheit, dass nach einem vom Unternehmer einseitig festgelegten Spielplan gespielt wird[90]. Bei der Lotterie besteht der Gewinn stets in Geld, bei einer Ausspielung dagegen in geldwerten Sachen oder Leistungen. Die Durchführung derartiger Veranstaltungen ist ohne behördliche Erlaubnis strafbar (§§ 284, 287 StGB). Durch den Erlaubnisvorbehalt soll die wirtschaftliche Ausbeutung der natürlichen Spielleidenschaft unter staatliche Kontrolle gestellt werden[91]. Durch das 6. Strafrechtsreformgesetz ist nun auch die Werbung für ein Glücksspiel im Sinne von § 284 StGB unter Strafe gestellt, § 284 Abs. 4 StGB.

---

86 Beater, Unlauterer Wettbewerb, § 26 Rn. 76 (S. 683).
87 Vgl. zum Verhältnis von § 16 Abs. 2 UWG zur Generalklausel § 3 UWG: Beater, Unlauterer Wettbewerb, § 26 Rn. 90 (S. 687).
88 Lackner/Kühl, StGB, § 284 Rn. 2.
89 Schönke/Schröder/Eser-Heine, StGB, § 284 Rn. 6.
90 Lackner/Kühl, StGB, § 287 Rn. 1.
91 Lackner/Kühl, StGB, § 284 Rn. 1.

Häufig müssen Teilnehmer von zu Werbezwecken veranstalteten Gewinnspielen Aufwendungen erbringen, um an der Veranstaltung teilnehmen zu können. Es stellt sich dann die Frage, ob hierin nicht ein versteckter oder mittelbarer Einsatz zu sehen ist. Nicht genehmigte, vom Zufall abhängige Gewinnspiele werden dadurch schnell zu einem strafbaren Glücksspiel.

6. Ergänzungs-Gewinnspiele

Bei den sog. Ergänzungs-Gewinnspielen wird einerseits die Spiellust und Hoffnung auf einen Gewinn angesprochen, gleichzeitig die Sammelleidenschaft der Teilnehmer. Häufig müssen zwei Loshälften zu einem Teilnahmeschein ergänzt werden. Während der „Versprechensabschnitt" massenweise verteilt wird, ist der passende „Ergänzungsabschnitt" nur sehr selten zu finden[92]. Gewinnen kann deshalb nur, wer über eine große Menge an Abschnitten oder Spielmaterial verfügt. Das Spielmaterial lässt sich regelmäßig nur durch immer wiederholtes Aufsuchen eines Geschäftslokals, einer Internet-Seite oder durch eine wiederholte postalische Anforderung durch den Teilnehmer erlangen. Da der Sammelzwang bei diesen Systemen einen wesentlichen Faktor bildet, kommen für ihre Durchführung vor allem Geschäfte in Betracht, bei denen häufig eingekauft wird (z.B. Lebensmittelgeschäft oder Tankstellen)[93]. Sehr beliebt ist diese Art von Spiel vor allem bei den Mineralölgesellschaften und Lebensmittelgeschäften gewesen[94]. Sog. Ergänzungs-Gewinnspiele sind aus wettbewerbsrechtlicher Hinsicht insbesondere unter dem Gesichtspunkt der unzulässigen Kopplung mit dem Warenabsatz bedenklich.

7. Online- bzw. Internet-Gewinnspiele

Online- oder Internet-Gewinnspiele erfreuen sich zunehmender Beliebtheit. Die Kosten für ihre Durchführung sind vergleichsweise gering. Zugleich können sie den Teilnehmern durch die Interaktivität und Multimedialität des Internets interessante und spannende Aufgabenstellungen bieten, die in einem traditionellen Offline-Gewinnspiel nicht möglich wären[95]. Für Online-Gewinnspiele sind neben den allgemeinen wettbewerbsrechtlichen Bestimmungen vor allem die Regelungen des Teledienstegesetzes sowie die Fernabsatzregelungen zu beachten. Ein Verstoß gegen diese Vorschriften begründet meistens auch einen Verstoß gegen § 1 UWG unter dem Gesichtspunkt des Vorsprungs durch Rechtsbruch[96].

92 Hainz, Das Preisausschreiben als Instrument der Verkaufsförderung, S. 33.
93 Müller Werner, WRP 1971, 149 (150).
94 Vgl. LG Frankfurt a. M. WRP 1971, 40; LG Frankfurt a. M. WRP 1971, 85.
95 Gedenk/Rudek/Teichmann, Marketing ZFP 2001, 117 (118).
96 OLG Frankfurt CR 2001, 782.

Internet-Gewinnspiele sind häufig so gestaltet, dass die Teilnehmer sich erst registrieren lassen müssen, um an der Veranstaltung teilzunehmen. Als registrierte Nutzer müssen sie dann Nutzungsgebühren zahlen. Das OLG München hat jüngst entscheiden, dass derartige Fälle nicht unter dem Gesichtspunkt einer unzulässigen Kopplung als sittenwidrig einzustufen sind[97]. Derartige Internet-Gewinnspiele lassen sich nämlich, ähnlich wie Radio-Gewinnspiele, nicht von der angebotenen Leistung des Veranstalters trennen. Das Gewinnspiel sei als Bestandteil des Leistungsangebotes zu qualifizieren. Es unterscheidet sich damit von den sonstigen Fällen, in denen die Kopplung mit dem Warenabsatz bei einem neben dem Leistungsangebot stehenden Gewinnspiel erfolgt. Das OLG München stützt diese Feststellung auch auf die Neufassung des UWG. Als Regelbeispiel für unlauteres Wettbewerbsverhalten gilt gemäß § 4 Nr. 6 RegE UWG, wenn die Teilnahme von Verbrauchern an einem Preisausschreiben oder Gewinnspiel von dem Erwerb einer Ware oder der Inanspruchnahme einer Dienstleistung abhängig gemacht wird; etwas anderes gilt, wenn das Preisausschreiben oder Gewinnspiel „naturgemäß mit dem Produkt oder der Dienstleistung verbunden" ist. Ein Internet-Gewinnspiel, dass sich als Bestandteil des Leistungsangebots darstellt, falle unter diesen Ausnahmetatbestand[98].

Folgt man dieser Argumentation, so wird man in den üblichen Verbindungsentgelten keinen (mittelbaren) Einsatz sehen können, weil sie im unmittelbaren Zusammenhang mit dem Leistungsangebot des Veranstalters stehen.

8. Gewinnspiele im Radio und Fernsehen mit Telefonnummern

Ebenfalls immer beliebter werden Gewinnspiele in Radio und Fernsehen. Häufig müssen Teilnehmer hier kostenpflichtige Telefonnummern wählen, z.B. sog. 0190- oder 0137-Nummern. Von den durch diese Nummern erzielten Einnahmen erhalten die Veranstalter regelmäßig einen Anteil, so dass ihnen bei hohen Teilnehmerzahlen erhebliche Einnahmen zufließen können[99]. Der Vorteil, den ein Veranstalter durch derartige Gewinnspiele erhält, ist durchaus mit dem Vorteil vergleichbar, den der Veranstalter durch eine Kopplung mit dem Warenabsatz unmittelbar erhält[100]. Aus wettbewerbsrechtlicher Hinsicht stellt sich deshalb die Frage einer unzulässigen Kopplung. Bei den über die 0190- bzw. 0137-Nummern generierten Gebühren ist des weiteren zu prüfen, ob ein vermögenswerter Einsatz vorliegt, so dass eine strafbare Ausspielung vorliegen kann. Dies hängt davon ab, ob die Grenze der Unbeträchtlichkeit überschritten ist und ob

---

97 OLG München GRUR-RR 2003, 222 –Internetradio–.

98 OLG München GRUR-RR 2003, 222 (224) –Internetradio–.

99 Bahr, WRP 2002, 501 (502); vgl. auch Focus-Bericht, Focus-Heft 28/2003, S. 132: „Gewinnspiele. Kleingeist macht Mist".

100 Bahr, WRP 2002, 501 (502).

aus den Einzeleinsätzen die Gewinnchance der Teilnehmer erwächst. Entscheidend für eine etwaige Strafbarkeit ist ferner, ob es sich vorrangig um ein Geschicklichkeitsspiel handelt oder ob der Zufall über den Gewinn entscheidet. Dies wiederum ist eine Frage des Einzelfalls. Das neue UWG will derartige Gewinnspiele verbieten, wenn der Verbraucher eine Mehrwertdienstenummer anrufen muss und hierdurch die üblichen Übermittlungskosten überstiegen werden[101].

Ähnlich wie bei Internet-Gewinnspielen sind dagegen übliche Telefongebühren für die Teilnahme an einem Gewinnspiel im Radio nicht als unzulässige Kopplung anzusehen, weil sich auch hier das Gewinnspiel als Leistungsbestandteil darstellt[102].

9. Versandhandelsgewinnspiele

Versandhandelspreisausschreiben und –gewinnspiele sind dadurch gekennzeichnet, dass der Kunde mit der Übersendung eines Warenkatalogs zugleich die Möglichkeit der Teilnahme an einem Gewinnspiel erhält. Nicht selten verbinden Veranstalter Bestellschein und Teilnahmeschein am Gewinnspiel miteinander, um so den Anreiz für den Kunden für eine Bestellung zu erhöhen. Regelmäßig sehen die Gerichte hierin eine unzulässige Kopplung der Teilnahme an einem Gewinnspiel mit dem Warenabsatz[103].

Ein deutlicher Hinweis auf dem Bestellschein darüber, dass es alternative gleichwertige Teilnahmemöglichkeiten gibt, kann die Unzulässigkeit entfallen lassen. Dies gilt aber nur dann, wenn der Teilnahmecoupon vom Bestellschein abtrennbar ist. Der Bundesgerichtshof hat angenommen, der angesprochene Verkehr ginge davon aus, dass eine gleichzeitige Bestellung die Gewinnchancen fördere[104].

10. Sonstige Gewinnspiele

Besonderheiten für die Veranstaltung von Gewinnspielen und Preisausschreiben gelten nicht nur für besondere Erscheinungsformen sondern auch bei bestimmten Waren oder Dienstleistungen. Vereinzelt existieren generelle Werbeverbote für bestimmte Waren und Dienstleistungen, die auch die Werbung mit Preisausschreiben und Gewinnspielen wettbewerbswidrig machen[105]. Die Werbung für

101 RegE UWG, BT-Drs. 15/1487, Begründung S. 18.
102 BGH WRP 2002, 1136 (1138) –Gewinnspiel im Radio–.
103 Vgl. z. B. OLG Hamburg OLG Report Bremen Hamburg Schleswig 2002, 367.
104 BGH WRP 1976, 172 (174) –Versandhandels-Preisausschreiben–.
105 So z.B. für Tabakwaren, § 22 Abs. 1 LMBG.

den Vertrieb von Arzneimitteln mit einem Preisausschreiben verstößt gegen §§ 7 Abs. 1 HWG, 1 UWG[106]. Generelle oder beschränkte Werbeverbote existieren auch für bestimmte Veranstalter, wie etwa für Ärzte, Rechtsanwälte oder Notare[107]. Schließlich haben verschiedene Wirtschaftsverbände in Zusammenarbeit mit dem Zentralausschuss der Werbewirtschaft als Dachorganisation Richtlinien erlassen. Diese Regelungen sind allerdings unverbindlich. So verbietet die Richtlinie für redaktionelle Hinweise in Zeitungen und Zeitschriften in Nr. 8, vollständige Gewinnlisten von Lotterien im Textteil zu veröffentlichen. Auszüge aus Gewinnlisten sind erlaubt[108]. Als unzulässig ist ferner eine Werbung für diätische Lebensmittel anzusehen, wenn sie in Form von Preisausschreiben betrieben wird, soweit zur Beantwortung der Preisfrage der Kauf des Erzeugnisses oder Angaben über seine diätische Wirkung oder Eignung erforderlich sind[109].

3. Kapitel: Zahlen zu Preisausschreiben und Gewinnspielen

Empirische Untersuchungen zu Preisausschreiben und Gewinnspielen existieren nur sehr begrenzt. Detaillierte Studien insbesondere zur Zielerfüllung liegen nicht vor[110]. Die meisten Studien befassen sich mit der Struktur der Teilnehmer sowie der Wirkungsweise von verschiedenen Gestaltungsparametern auf die Teilnahme bzw. Teilnahmeabsicht. Viele der vorhandenen Studien beschränken sich dabei entweder nur auf einen bestimmten Veranstalter- und Nutzerkreis[111], auf eine bestimmte Region außerhalb Deutschlands[112]; oder aber die Studien lie-

---

106 OLG Hamburg GRUR 1979, 726 –Mederma–; § 11 Nr. 13 HWG steht dem nicht entgegen. Danach darf außerhalb der Fachkreise für Heilmittel nicht geworben werden mit Preisausschreiben, Verlosungen oder anderen Verfahren, deren Ergebnis vom Zufall abhängig ist.

107 Vgl. zu den für die freien Berufe geltenden Werbeverboten: Kornblum, BB 1985, 65 f.

108 Die Richtlinie für redaktionelle Hinweise in Zeitungen und Zeitschriften ist abgedruckt in: Baumbach/Hefermehl, Wettbewerbsrecht, § 3 UWG XI. Richtlinien der Verlegerorganisationen.

109 Vgl. Wettbewerbsregeln der diätischen Lebensmittelindustrie, B. Nr. 2 lit.f.; ab gedruckt in: GRUR 1965, 116.

110 Stottmeister, Preisausschreiben im Marketing, S. 150; Brockhoff/Andresen, Absatzwirtschaft 1986, 93.

111 Vgl. z.B. die Online-Gewinnspiel-Studie 2003 des Göttinger Marktforschungsinstituts eResult GmbH; abgedruckt unter: www.eresult.de.

112 So Hainz, Das Preisausschreiben als Instrument der Verkaufsförderung, S. 162 f. Die Untersuchungen von Hainz bezogen sich ausschließlich auf Mar-

gen schon mehrere Jahre zurück[113]. Häufig ist die Anzahl der befragten Personen sehr gering, so dass Zweifel an der repräsentativen Aussage der Untersuchung angebracht sind. Besonders schwierig ist es, repräsentative Angaben zu den Etats zu finden, die Unternehmen für die Durchführung von Preisausschreiben aufwenden, insbesondere im Verhältnis zu den sonstigen Mitteln der Verkaufsförderung oder Basiswerbung. Es fehlen weiter genaue Angaben, aus denen man auf die Relation der Häufigkeit von Gewinnspielen zu anderen Formen der Werbung schließen könnte[114]. Aus diesem Grund kann kein vollständiges, aktuelles Bild über Häufigkeit, Ausgaben und Motive auf Hersteller- und Verbraucherseite für die Veranstaltung bzw. Teilnahme bei Preisausschreiben und Gewinnspielen gegeben werden. Des weiteren existieren nur wenige Untersuchungen darüber, für welche Produkte und in welchen Branchen besonders häufig Preisausschreiben und Gewinnspiele veranstaltet werden.

Dennoch lassen sich aus den vorhandenen Studien und Untersuchungen zu Preisausschreiben und Gewinnspielen gewisse wiederkehrende Tendenzen sowohl im Verbraucherverhalten als auch bei den veranstaltenden Unternehmen entnehmen. Sie sollten daher von Veranstaltern bei der Planung und Durchführung von Preisausschreiben und Gewinnspielen berücksichtigt werden.

I. Allgemeines

Im Rahmen des Kommunikationsbudgets von Konsumgüterherstellern betrug der Anteil der Verkaufsförderung 1998 und 2000 in Deutschland 20 bzw. 23 Prozent[115]. Die klassische Werbung, also Werbung in Zeitungen, Zeitschriften, Fernsehen und Radio, nimmt mit 47 bzw. 65 Prozent den größten Anteil am Kommunikationsbudget ein[116]. Nach einer Untersuchung der Gesellschaft für Marktforschung (GFM), Hamburg, sollen Werbetreibende in den Jahren 1963 bis 1965 über 1000 zu Werbezwecken veranstaltete Preisausschreiben durchgeführt und hierfür 100 Millionen DM aufgewendet haben[117]. Heute, vierzig Jahre

kenhersteller, die in der schweizerischen Gesellschaft der Konsumgüterindustrie organisiert sind (PROMARCA), sowie an Konsumenten in der Schweiz.

113 So die umfangreiche Analyse in dem Bericht von Berend H. Feddersen, Das große Spiel; vgl. auch Stottmeister, Der Einsatz von Preisausschreiben im Marketing, 1988.

114 Vgl. bereits Zweng, Werbung mit Gewinnspielen, S. 19.

115 Dies ergaben Studien von Frey/Beaumont-Bennett 1998 und der GfK/Wirtschaftswoche 1998 und 2000; abgedruckt bei: Gedenk, Verkaufsförderung, S. 39.

116 Gedenk, Verkaufsförderung, S. 39.

117 Zitiert nach Pralle, Die Wertwerbung, S. 155.

später, dürfte das Werbevolumen für Preisausschreiben und Gewinnspiele erheblich höher sein.

Befragungen von Konsumgüterherstellern in Deutschland ergaben, dass bei den Verkaufsförderungsinstrumenten Gewinnspiele seltener eingesetzt werden als etwa Displays und POS- Materialien[118]. Den bei Gedenk zitierten Studien zufolge haben Gewinnspiele eine ähnlich hohe Bedeutung wie Warenproben. Dagegen werden Zugaben, Treuerabatte und Events deutlich weniger eingesetzt und spielen eine geringere Bedeutung als Gewinnspiele[119].

Eine Befragung von Konsumgüterherstellern ergab, dass der unregelmäßige Einsatz von Preisausschreiben gegenüber dem regelmäßigen Einsatz mit 56 Prozent leicht überwiegt[120]. Der recht hohe Prozentsatz des unregelmäßigen Einsatzes belegt, wie unsicher die Unternehmen offenbar selbst im Hinblick auf die Wirkungsweise dieser Verkaufsförderungsmittel sind. Etwa 90 Prozent der Preisausschreiben richten sich an Endverbraucher. Von den Veranstaltern werden Werbepreisrätsel und Werbegewinnspiele deutlich häufiger ausgewählt als Werbewettbewerbe und Marktforschungspreisrätsel[121].
Nach einer Umfrage der Gesellschaft für Marktforschung (GFM) haben sich in dem Zeitraum von 1965 bis 1966 rund 9 Millionen erwachsene Personen innerhalb eines Jahres an einem Preisausschreiben beteiligt[122]. Das entsprach damals etwa einem Viertel der deutschen Gesamtbevölkerung[123]. Man darf annehmen, dass auch diese Zahl mittlerweile um einiges höher liegt.

II. Teilnehmerstruktur und Teilnahmehäufigkeit

Vereinzelt wird behauptet, die Teilnehmer von Preisausschreiben setzten sich aus „reinen Preisausschreibenjägern, aus Buben und Backfischen und Rentnern"

118 Diese Ergebnisse stammen aus Untersuchungen von Frey/Beaumont-Bennett 1998 und der BLOW.Werbeagentur 1995; abgedruckt bei: Gedenk, Verkaufsförderung, S. 40. Unter POS versteht man den „Point-of-Sale", also den Ort, an dem die Ware vertrieben wird. Das Display ist die Vorrichtung, auf der das Produkt dem Kunden dargeboten wird, und bezeichnet damit strenggenommen die Form der Präsentation (Gedenk, Verkaufsförderung, S. 25). Ein Beispiel für ein Display ist abgedruckt bei: Gedenk, Verkaufsförderung, S. 26.

119 Zitiert nach Gedenk, Verkaufsförderung, S. 40.

120 Brockhoff/Andresen, Absatzwirtschaft, 1986, 94.

121 Brockhoff/Andresen, Absatzwirtschaft, 1986, 94 (95).

122 Zitiert nach Feddersen, Das große Spiel, S. 14.

123 Der Bemessungszeitpunkt sind laut Bearbeitung die letzten 12 Monate gewesen. Da die Bearbeitung 1966 erschien, stammen die Ergebnisse somit etwa von 1965.

zusammen[124]. Dies gelte jedenfalls für kinderleichte Preisausschreiben. Auch bei den Werbetreibenden soll die Ansicht weit verbreitet gewesen sein, dass Preisausschreiben eine besondere Anziehungskraft auf Kinder und Jugendliche, Hausfrauen, Rentner und Pensionäre hätten[125]. Die meisten Studien bestätigen diese Behauptungen jedoch nicht.

So zeigen zwei von Feddersen herangezogene Studien, dass ein bei einigen Fachleuten angenommenes Übergewicht an Frauen, an Personen mit niedrigerem Intelligenz-Niveau, Jugendlichen und Rentnern nicht festgestellt werden konnte[126]. Die bei Feddersen dargestellten Studien ergaben im Hinblick auf den sozialen Status der Teilnehmer, dass 60% der Befragten mit Abitur bereits einmal an Preisausschreiben teilgenommen hatten[127]. Bei Befragten ohne abgeschlossene Lehre waren es dagegen nur 28%, also wesentlich weniger Teilnehmer. 42% der Frauen gegenüber 37% bei den Männern gaben an, sich irgendwann einmal an einem Preisausschreiben beteiligt zu haben[128]. Das Geschlecht hatte somit auf die Teilnahme jedenfalls keinen übermäßigen Einfluss. Die von Feddersen untersuchte Studie ergab weiter, dass der Anteil der jugendlichen Preisausschreiben-Teilnehmer mit 48% zwar recht hoch war[129]. Dieser Anteil fiel allerdings in der mittleren Altersgruppe der 21- bis 49-Jährigen nur gering ab[130].

Eine von Hainz durchgeführte und dokumentierte Studie zeigt, dass sich von 1.000 befragten Verbrauchern 676 bereits einmal an einem Gewinnspiel beteiligt hatten[131]. Hainz stellte eine häufigere Teilnahme von Frauen (74%) als von Männern (61%) fest[132]. Die älteren Befragten (Altersklasse der 50- bis 74-

124 Holzschuher, Psychologische Grundlagen der Werbung, S. 208.

125 Zitiert nach Feddersen, Das große Spiel, S. 14. Diese Einschätzung wird mittlerweile überholt sein; denn die Darstellung von Feddersen liegt schon fast 40 Jahre zurück.

126 Studien der Gesellschaft für Marktforschung (GFM) und der DIVO (Deutsches Institut für Volksumfragen); dargestellt bei: Feddersen, Das große Spiel, S. 17.

127 Feddersen, Das große Spiel, S. 15.

128 Feddersen, Das große Spiel, S. 15.

129 Feddersen, Das große Spiel, S. 16.

130 Feddersen, Das große Spiel, S. 16.

131 Hainz, Das Preisausschreiben als Instrument der Verkaufsförderung, S. 195; Die Umfrage von Hainz zu Preisausschreiben in der Schweiz richtete sich an veranstaltende Unternehmen (Markenhersteller) sowie Konsumenten. An die Unternehmen wurden insgesamt 69 Fragebogen versandt. Der Erhebungsumfang bei den Konsumenten war wesentlich größer als bei der Befragung der Unternehmen. Von den 1.000 befragten Verbrauchern gaben 676 Personen an, sich schon einmal an einem Gewinnspiel beteiligt zu haben. Diese 676 Befragten bildeten die Basis für die weiteren Fragen der Studie.

132 Hainz, Das Preisausschreiben als Instrument der Verkaufsförderung, S. 193.

Jährigen) nahmen mit 58% deutlich weniger an Preisausschreiben teil als die jüngeren Alterskategorien (Altersklasse der 15- bis 19-Jährigen: 83%). 74% der 20- bis 39-Jährigen gaben an, sich schon einmal an einem Preisausschreiben beteiligt zu haben.

Hainz stellte bei den befragten Unternehmen (Markenhersteller) fest, dass Preisausschreiben je nach Branche unterschiedlich häufig durchgeführt werden. Besonders beliebt waren danach Preisausschreiben bei den Produktgruppen Kosmetik und Körperpflege mit 40%, gefolgt von Nahrungsmitteln (20%), Süßwaren (15%), Wasch- und Reinigungsmitteln, Zigaretten sowie alkoholfreie Getränke. Diese Untersuchungen können allerdings wegen ihres begrenzten Erhebungsumfangs keine repräsentative Aussage für sich beanspruchen – was Hainz selbst einräumt[133].

Bei einer Studie von Stottmeister aus dem Jahre 1988 gaben 54% der Befragten an, schon einmal an einem Gewinnspiel teilgenommen zu haben[134]. Hiervon hatten wiederum 60% im laufenden Jahr an mindestens einem Gewinnspiel teilgenommen. Die 25– bis 44–Jährigen beteiligten sich mit insgesamt 44,1 % „manchmal" bei Preisausschreiben, gegenüber 32,4% bei den Älteren (Altersgruppe ab 45–Jährige)[135]. „Nie" haben sich bei den Älteren 45,2% der Befragten an Preisausschreiben beteiligt. Bei den 25– bis 44–Jährigen waren es 40,4%.

Grundlage für eine empirische Analyse bei Brockhoff/Andresen waren insgesamt 90 „aufs Geratewohl ausgewählte" Befragte, die alle innerhalb des letzten Jahres vor der Befragung wenigstens einmal an einem Preisausschreiben teilgenommen hatten[136]. Von diesen beteiligten sich die weiblichen Befragten etwas häufiger als die männlichen Befragten. Personen mit mittlerer Schulbildung beteiligten sich überdurchschnittlich häufig an Preisausschreiben[137].

Nach einer Studie des Allensbacher Instituts haben sich im letzten Vierteljahr des Jahres 1975 28% der Bevölkerung an einem Preisausschreiben beteiligt[138].

---

133 Hainz, Das Preisausschreiben als Instrument der Verkaufsförderung, S. 168; Hainz hatte 69 Fragebogen an die Unternehmen versandt, von denen 41 ausgefüllt zurückgeschickt wurden. Hiervon waren allerdings nur 24 brauchbar für die Untersuchung. Um dennoch eine möglichst hohe Repräsentativität zu erhalten, hat Hainz die Anzahl der Fragebogen mit dem Inlandsumsatz der befragten Unternehmen gewichtet.

134 Stottmeister, Preisausschreiben im Marketing, S. 256.

135 Stottmeister, Preisausschreiben im Marketing, S. 257.

136 Brockhoff/Andresen, ZFBF 1986, 779 (780).

137 Brockhoff/Andresen, ZFBF 1986, 779 (780).

138 Vgl. Allensbacher Jahrbuch 1978-1983, Band VIII, 1983, S. 568. Die Befragung bezog sich auf Preisausschreiben, bei denen ein Rätsel gelöst, ein Wort gera-

1980 waren es mit 31% etwas mehr Personen. Die Zahl der Frauen lag 1975 mit 31% höher gegenüber 24% bei den Männern. 1980 nahmen 35% der Frauen und 27% der Männer an Preisausschreiben teil. Den meisten Zuspruch fanden Preisausschreiben in Illustrierten[139].

Bei Nötzel bildete eine konkrete Werbekampagne durch Zeitungsanzeigen mit Gewinncoupons die Grundlage für eine Untersuchung[140]. Dabei ergab sich, dass sich 82% der Teilnehmer bereits zuvor an einem Preisausschreiben beteiligt hatten[141].

Nach einer aktuellen Studie über Online-Gewinnspiele spielen im Internet besonders regelmäßig die 41– bis 50–Jährigen[142]. Von einer gleichmäßig aus Frauen und Männern gebildeten Gruppe von 3.000 befragten Personen gaben 591 Personen an, bereits mindestens einmal an einem Online-Gewinnspiel teilgenommen zu haben. Auf die Frage, wann die letzte Online-Gewinnspiel-Teilnahme erfolgte, antworteten 52,8% der 591 Befragungsteilnehmer, dass dies in der letzten Woche geschehen sei. Bei 37,2% erfolgte die letzte Teilnahme in den letzten zwei Monaten. Der größte Anteil der Befragten, nämlich 90%, hatte also innerhalb der letzten zwei Monate an einem Online-Gewinnspiel teilgenommen. Bei einer anderen Studie zu Gewinnspielen im Internet lag der Wert der Befragten, die im vergangenen Jahr an Gewinnspielen im Internet teilgenommen hatten, bei 74%[143]. Die Studie von Gedenk/Rudek/Teichmann ergab, dass Gewinnspiele im Internet ähnlich häufig genutzt werden wie traditionelle Gewinnspiele, allerdings nicht unbedingt von den gleichen Konsumenten[144].

---

ten werden musste oder ähnliches und bei denen die Teilnehmer die Lösung auch tatsächlich abgeschickt hatten.

139 19 % beteiligten sich 1975 an Preisausschreiben in Illustrierten, 1980 waren es 22%. Preisausschreiben in Tageszeitungen hatten demgegenüber einen Zulauf von nur 5% in 1975 und 5% in 1980; vgl. Allensbacher Jahrbuch 1978-1983, Band VIII, S. 568.

140 Nötzel, Interview und Analyse 1982, 381 (382).

141 Zu dieser Studie bemerkt Stottmeister, dass die Ausführungen Nötzels vermuten lassen, dass nur **Teilnehmer** befragt worden sind, was diese hohe Zahl leicht erklärt; vgl. Stottmeister, Preisausschreiben im Marketing, S. 140.

142 Vgl. Ergebnisband zur Online-Gewinnspiel-Studie 2003 von der Göttinger Firma eResult GmbH; bereitgestellt unter www.eresult.de..

143 Gedenk/Rudek/Teichmann, Marketing ZFP 2001, 117 (120); wie die Autoren selbst einräumen, könnte der Anteil der Gewinnspielteilnehmer allerdings deswegen so hoch sein, weil vor allem besonders an Gewinnspielen interessierte Probanden an der Befragung teilgenommen hatten.

144 Gedenk/Rudek/Teichmann, Marketing ZFP 2001, 117 (120).

III. Gestaltungsparameter und ihr Einfluss auf die Teilnahme

Fast alle Studien ergaben, dass der Gesamtwert der zu gewinnenden Preise, die Art der ersten Preise sowie der Schwierigkeitsgrad der zu lösenden Aufgabe einen erheblichen Einfluss auf die Teilnahmebereitschaft der Adressaten ausübt. Dabei sollen schon Kleinigkeiten in der Gestaltung den Unterschied zwischen Erfolg und Misserfolg eines Preisausschreibens ausmachen können[145]. Zunächst stellt der zu gewinnende Preis für die Teilnehmer ein ganz entscheidendes Kriterium für die Beurteilung eines Preisausschreibens oder Gewinnspiels dar[146].

Feddersen fand heraus, dass die Bereitschaft zur Teilnahme wuchs, je höher der Gesamtwert der Preise insgesamt war[147]. Dieser Gesichtspunkt gewinnt für die wettbewerbsrechtliche Beurteilung vor allem dann Bedeutung, wenn die Veranstalter falsche Vorstellungen bei den Verbrauchern über die Art bzw. Höhe der ausgelobten Gewinne erwecken.

Nach dem Ergebnis der Untersuchung bei Feddersen soll die Wirkung von solchen Hauptpreisen besonders stark sein, die „außerhalb“ des normalerweise Zugänglichen liegen und den Teilnehmern gleichermaßen einen Schritt aus der Realität in eine Traumwelt versprechen, wie etwa „Traumreisen“[148]. Dagegen hatte die Anzahl der ausgesetzten Preise keinen besonderen Einfluss auf die Teilnahmebereitschaft[149]. Einige Autoren empfehlen, dass jeder Teilnehmer eine „Anerkennung“ bzw. einen Trostpreis erhalten solle, um negative Auswirkungen oder Einstellungen auszuschließen[150].
Neben einem hohen Gewinn war den seltenen Online-Gewinnspiel-Teilnehmern zusätzlich eine einfache und schnelle Teilnahme wichtig. Für Internet-Gewinnspiele ist es weiter besonders wichtig, dass die Teilnahme technisch

---

145 Feddersen, Das große Spiel, S. 36.

146 So das Ergebnis bei Feddersen, Das große Spiel, S. 12; Hainz, Das Preisausschreiben als Instrument der Verkaufsförderung, S. 202; so auch für Internet-Gewinnspiele: Gedenk/Rudek/Teichmann, Marketing ZFP 2001, 117 (123); Brockhoff/Andresen, Absatzwirtschaft 1986, 93 (96); ebenso der Ergebnisband zur Online-Gewinnspiel-Studie 2003 von eResult.

147 Feddersen untersuchte mehrere hundert Preisausschreiben, die im Verlauf von drei Jahren gesammelt wurden und umfassend bewertet wurden. Anhand einer GFM-Studie (Gesellschaft für Marktforschung) und einer DIVO-Studie (Deutsches Institut für Volksumfragen) untersuchte Feddersen die Teilnehmerstruktur; vgl. Feddersen, Das große Spiel, S. 12.

148 Feddersen, Das große Spiel, S. 23.

149 Feddersen, Das große Spiel, S. 11.

150 Stottmeister, Preisausschreiben im Marketing, S. 200; Hainz, Das Preisausschreiben als Instrument der Verkaufsförderung, S. 124. Hainz hält es für denkbar, dass durch die Vergabe von Trostpreisen neue Kunden für das Produkt gewonnen werden können.

nicht zu aufwendig ist. Insbesondere eine schnelle Downloadzeit und keine Vorabregistrierung war den Befragten sehr wichtig[151].

Ähnliches gilt für sog. Offline- Preisausschreiben. Je leichter die Beantwortung der Fragen ist, desto mehr Personen beteiligen sich an einem Preisausschreiben[152]. Die „leichten“ Preisausschreiben veranlassten 6 mal so viele Personen, sich zu beteiligen, wie die „schweren“[153]. Brockhoff/Andresen kam zu dem Ergebnis, dass Personen mit Abitur eher Leistungspreisausschreiben präferierten, während Personen ohne Abitur eher Glückspreisausschreiben bevorzugten[154].

IV. Beliebtheit, Akzeptanz von Werbung und Erinnerungsvermögen

Nach der Studie über Online-Gewinnspiele von eResult bevorzugen Frauen und Männer gleichermaßen klassische Online-Gewinnspiele[155], gefolgt von Quiz-/Rätsel-Spielen sowie Umfragen. Frauen spielen nach der Untersuchung von eResult lieber Puzzles, Memorys und Suchspiele, während Männer Lotto, „Jump&Run“ und Wettkampfspiele bevorzugen. Von den Befragten empfanden insgesamt 56,2% der Teilnehmer Werbebotschaften in Online-Gewinnspielen als „überhaupt nicht“ oder „eher nicht“ störend. 10,6% fanden Werbebotschaften sehr störend und 33,% gaben an, sie als eher störend zu empfinden. Internetnutzer, die ein Jahr vor der Befragung nicht an einem Gewinnspiel teilgenommen hatten, begründeten ihre Nicht-Teilnahme vor allem mit ihrer Angst vor ungewollter Werbung und der Preisgabe persönlicher Daten[156].

Einige Studien belegen auch einen Zusammenhang zwischen dem Zeitpunkt der letzten Teilnahme und dem Erinnerungsvermögen an Veranstalter und Preis. 50% der von eResult befragten Online-Gewinnspiel-Teilnehmer, deren letzte Teilnahme erst eine Woche zurücklag, gaben an, sich sowohl an den Veranstalter als auch den ausgelobten Gewinn genau erinnern zu können[157]. Von denjenigen Teilnehmern, deren Teilnahme bereits zwei Monate zurücklag, konnten sich noch ¼ der Teilnehmer an Veranstalter und Gewinn erinnern. Nach der Studie von Hainz konnten sich mehr als die Hälfte (54%) der Befragten, die schon

---

151 Gedenk/Rudek/Teichmann, Marketing ZFP 2001, 117 (123).

152 Hainz, Das Preisausschreiben als Instrument der Verkaufsförderung, S. 119; Feddersen, Das große Spiel, S. 11.

153 Feddersen, Das große Spiel, S. 11.

154 Brockhoff/Andresen, ZFBF 1986, 779 (784).

155 Unter „klassischen“ Online- Gewinnspielen versteht die Studie solche Gewinnspiele, bei denen die Teilnehmer den Veranstaltern ihre Daten gegen eine Gewinnchance mitteilen.

156 Gedenk/Rudek/Teichmann, Marketing ZFP 2001, 117 (122).

157 Online-Gewinnspiel-Studie 2003 von eResult unter www.eresult.de.

mindestens einmal an einem Preisausschreiben teilgenommen hatten, konkret an das Produkt oder den Veranstalter des Preisausschreibens erinnern[158].

Die Untersuchung von Gedenk/ Rudek/ Teichmann zeigt, dass bei den Teilnehmern an Gewinnspielen die Erinnerung an den Hauptgewinn mit 43% genauso groß ist wie diejenige an das veranstaltende Unternehmen[159]. Stottmeister kommt dagegen zu dem Ergebnis, dass sich die Teilnehmer eher an die Gewinne erinnern als an das veranstaltende Unternehmen[160]. Es empfiehlt sich daher, beide Elemente miteinander zu verbinden und unternehmensbezogene Gewinne auszuloben.

V. Sonderfall: Internet-Gewinnspiele

Gerade bei Gewinnspielen im Internet besteht die Gefahr, dass Teilnehmer die Produkte und das veranstaltende Unternehmen nicht in dem vom Veranstalter gewünschten Maße wahrnehmen. Mittlerweile existieren eine Vielzahl von Suchverzeichnissen, die den Teilnehmern möglichst viele und hohe Gewinne bei möglichst vielen Gewinnspielen gleichzeitig versprechen[161]. Zu diesem Zweck sortieren Internet-Anbieter die Gewinnspiele nach der zu lösenden Aufgabe oder nach den ausgelobten Preisen. Die beworbenen Produkte oder der Name des Veranstalters treten so in den Hintergrund[162].

Nach der Studie von Gedenk/ Rudek/ Teichmann stoßen immerhin 16,9 % der Spieler durch Gewinnspiel-Suchmaschinen auf das Gewinnspiel und 21,7 % über Bannerwerbung. Nur gut ein Drittel hat sich dagegen bereits auf der Webseite des Veranstalters aufgehalten und gelangte dadurch zu dem Gewinnspiel[163]. Gedenk/ Rudek/ Teichmann empfehlen deshalb, darauf zu achten, die „externen" Gewinnspiel-Teilnehmer nach der Teilnahme auf der eigenen Webseite zu halten, damit sie nicht automatisch auf die Seite der Gewinnspiel-Suchmaschine zurückgelangen[164].

---

158 Hainz, Das Preisausschreiben als Instrument der Verkaufsförderung, S. 204.
159 Gedenk/Rudek/Teichmann, Marketing ZFP 2001, 117 (121).
160 Stottmeister, Preisausschreiben im Marketing, S. 174/175.
161 Vgl. z.B. „www.gewinnspiel-fieber.com"; „www.gewinnspiel-fieber.com"; „www.gewinnspiele-report.de"; www.gewinnspiele.com ; www.gewinnspiel.de ; www.gewinnspiele-verzeichnis.de ; www.gewinnwahn.de"; „gewinnspiele-im-internet.de".
162 Gedenk, Verkaufsförderung, S. 125.
163 Gedenk/Rudek/Teichmann, Marketing ZFP 2001, 117 (120).
164 Gedenk/Rudek/Teichmann, Marketing ZFP 2001, 117 (127).

VI. Wirkungen auf Kaufverhalten

Für die veranstaltenden Unternehmen besonders wichtig ist die Frage, wie sich die Durchführung von Preisausschreiben und Gewinnspielen auf das Kaufverhalten der Teilnehmer auswirkt. Die Unternehmen befinden sich hier aufgrund der wettbewerbsrechtlichen Zulässigkeitsgrenzen in einem Dilemma. Einerseits geht es ihnen gerade darum, durch den Einsatz von Preisausschreiben und Gewinnspielen den Absatz zu fördern und die Teilnehmer dazu anzuhalten, ein Geschäftslokal zu betreten, um sich über das Produkt zu informieren oder sonstiges Anschauungsmaterial zu erlangen. Andererseits ist bei der Teilnahme jegliche Berührung mit dem Produkt oder der Dienstleistung zu vermeiden, wenn man sich nicht der Wettbewerbswidrigkeit der Veranstaltung nach derzeitigem nationalen Recht aussetzen will.

Es existieren wenige Befragungen darüber, wie sich die Teilnahme an einem Preisausschreiben auf das Kaufverhalten auswirkt. Inwieweit die Teilnehmer ihre Kaufabsichten tatsächlich aufgrund eines Preisausschreibens rationalisieren, konnte meistens nicht festgestellt werden.

Die Studie von eResult über Online-Gewinnspiele zeigt, dass Gewinnspiele das Kaufverhalten der Teilnehmer eher geringfügig beeinflusst haben. So gaben nur 2,7% der Befragten an, sie seien schon häufig durch Online-Gewinnspiel zum Kauf animiert worden. 17,4% sind „ab und zu" zu einem Kauf veranlasst worden, 19,1% hingegen „selten". 29,6% verneinten die Frage, konnten sich einen Erwerb aufgrund eines Gewinnspiels jedoch vorstellen. 30,3% gaben an, noch nie zum Kauf animiert worden zu sein und dies auch in Zukunft nicht zu werden. Die Teilnehmer bewerteten Online-Gewinnspiel-Veranstalter allerdings überwiegend als innovativ, kundenfreundlich und sympathisch. Online-Gewinnspiele sind vor allem geeignet, den Traffic auf den eigenen Webseiten zu generieren[165].

Die Studie von Gedenk/ Rudek/ Teichmann kommt zum Ergebnis, dass sich Online-Gewinnspiele deshalb in erster Linie zur Imageverbesserung eignen. Inwieweit Internetnutzer, die erst durch Gewinnspiele auf das veranstaltende Unternehmen aufmerksam werden, zu wertvollen Kunden werden könnten, sei allerdings unklar. Das gelte auch für die Steigerung der Kundenbindung in Bezug auf bereits existierende Nutzer.

---

165 Gedenk/Rudek/Teichmann, Marketing ZFP 2001, 117 (127).

Bei der Studie von Hainz gaben 54% der Teilnehmer an, sich an das Produkt und den Veranstalter des Preisausschreibens erinnern zu können, an dem sie zuletzt teilgenommen hatten[166]. Von dem Anteil der Befragten, die sich noch an den letzten Wettbewerb erinnern konnten, gaben 12% an, dass das Preisausschreiben Einfluss auf einen Kaufentscheid hatte. Bei 52% hatte der Wettbewerb die Kaufentscheidung nicht beeinflusst. 36% gaben an, sie seien bereits vor der Teilnahme regelmäßige Käufer des Produktes gewesen. Hier konnte das Preisausschreiben somit nur zur Stärkung der Verbundenheit mit dem Produkt eingesetzt werden[167].

Die Untersuchung von Brockhoff/Andresen ergab, dass 64 der 90 Befragten glaubten, ein Preisausschreiben könne bei ihnen eine verbrauchsintensivierende, kaufauslösende oder die Markentreue erhöhende Wirkung ausüben[168].

Es kann letztlich nicht sicher gesagt werden, ob ein besonders beliebtes Preisausschreiben auch zur Erfüllung eines Kaufzieles führt[169]. Preisausschreiben können zwar für das schnelle und in großem Umfang erreichbare Bekanntmachen eines Werbeobjekts durchaus geeignet sein. Dies ist allerdings noch lange nicht gleichbedeutend mit dem Verkaufserfolg. Brockhoff/Andresen raten daher bei Preisausschreiben zur Zurückhaltung und Vorsicht an[170].

Insgesamt erscheint die Wirkung von Preisausschreiben und Gewinnspielen auf das unmittelbare Kaufverhalten somit als vergleichsweise gering. Viele Unternehmen setzen daher nicht so sehr auf eine kurzfristige Absatzsteigerung. Stattdessen geht es ihnen vor allem darum, die Bekanntheit des Produktes zu erhöhen, sein Image zu verbessern und hierüber langfristig den Absatz zu fördern[171].

VII. Zusammenfassung

Preisausschreiben und Gewinnspiele sind sowohl im klassischen offline-Markt als auch im Internet recht beliebt. Dabei haben es die Unternehmen maßgeblich in der Hand, ob sie die Verbraucher für eine Teilnahme an ihrer Veranstaltung

---

166 Hainz, Das Preisausschreiben als Instrument der Verkaufsförderung, S. 204.
167 Hainz, Das Preisausschreiben als Instrument der Verkaufsförderung, S. 205.
168 Brockhoff/Andresen, ZFBF 1986, 779 (780).
169 Brockhoff/Andresen, ZFBF 1986, 779 (786).
170 Holzschuher, Psychologische Grundlagen der Werbung, S. 206.
171 Gedenk, Verkaufsförderung, S. 314; vgl. auch die Umfrage bei Brockhoff/Andresen, Absatzwirtschaft 1986, 93: Danach streben die Veranstalter von Preisausschreiben kommunikative Ziele vor ökonomischen Zielen der Absatzsteigerung an.

gewinnen können. Preisausschreiben und Gewinnspiele sind durchaus geeignet, die Bekanntheit und Beliebtheit eines Unternehmens zu fördern. Es kann weiter davon ausgegangen werden, dass jedenfalls die Kundenbindung gesteigert werden kann. Inwieweit neue Kunden gewonnen werden können, kann anhand der Studien nicht eindeutig geklärt werden.

Bei der Gestaltung von Preisausschreiben und Gewinnspielen sollten die Unternehmen auf eine einfache und schnelle Teilnahme achten. Besonderes Augenmerk sollte auch auf die ausgesetzten Preise gerichtet werden. Nicht so sehr die Anzahl der ausgesetzten Preise ist entscheidend sondern der (nach Einschätzung der Teilnehmer) hohe Wert der ersten Preise. Besonders anlockend wirken dabei offenbar „Traumpreise", wie beispielsweise „Traumreisen". Zu beachten ist weiter, die zu lösenden Aufgaben nicht zu schwierig zu gestalten. Die Teilnahme sollte so einfach wie möglich sein.

4. Kapitel: Zivilrechtliche Einordnung von Preisausschreiben und Gewinnspielen

I. Einleitung und Fragestellung

Bei wettbewerbswidrigen Gewinnspielaktionen, die den Verbraucher zum Abschluss eines entgeltlichen Vertrags über Waren oder Dienstleistungen veranlassen sollen, sind die Verbraucher durch § 123 BGB vor arglistiger Täuschung und die Grundsätze der culpa in contrahendo vor fahrlässiger Täuschung geschützt, wenn sie über das Bestehen von Gewinnchancen oder den Wert der Gewinne falsch oder unzureichend informiert wurden[172]. Außer Betracht bleiben jedoch die Schäden, die nicht aus einer etwaigen vertraglichen Bindung entstehen bzw. nicht aus einer Nicht- oder Schlechterfüllung des Vertrages resultieren. Gegenstand der nachfolgenden zivilrechtlichen Untersuchungen soll daher die Frage sein, unter welchen Voraussetzungen der Verbraucher über derartige Ansprüche hinaus auch einen Anspruch auf den ausgelobten Gewinn durchsetzen kann[173].

Das BGB regelt als Modelle das Preisausschreiben (§ 661 BGB), das Spiel und die Wette (§ 762 BGB) sowie die Lotterie und Ausspielung (§ 763 BGB). Die meisten zu Werbezwecken veranstalteten Preisausschreiben und Gewinnspiele können diesen Vertragsformen allerdings nicht zugeordnet werden[174]. Regelmäßig können deshalb weder Teilnehmer im Vorfeld einer Gewinnentscheidung noch Gewinner an einem zu Werbezwecken veranstalteten Preisausschreiben oder Gewinnspiel anhand dieser Vorschriften Ansprüche gegenüber dem Veranstalter durchsetzen. Erst vor kurzem ist diese Schutzlücke mit der neu eingeführten Vorschrift des § 661a BGB (Gewinnzusage) geschlossen worden.

II. Spiel und Wette, § 762 BGB

Gemäß § 762 Abs. 1 Satz 1 BGB wird durch Spiel oder durch Wette eine Verbindlichkeit nicht begründet. Begriffsbestimmungen zu Spiel und Wette enthält das BGB nicht, so dass die begriffliche Konkretisierung auch hier der Recht-

---

172 Köhler, GRUR 2003, 265 (269).

173 Vgl. zu einem individuellen vertraglichen Schadensersatzanspruch der Verbraucher bei wettbewerbswidrigen Handlungen: Köhler, GRUR 2003, 265 (271); vgl. zu einem allgemeinen Vertragslösungsrecht nach dem UWG und den vorhandenen Instrumentarien nach dem BGB: Sosnitza, GRUR 2003, 739 (744).

174 Zweng, Werbung mit Gewinnspielen, S. 50.

sprechung und Literatur überlassen ist. Bei einem Spiel geht es regelmäßig um ein Wagnis, dessen Zweck die Unterhaltung und/oder der Gewinn ist[175]. Der Spieler erhält eine seinem Einsatz gleiche oder höhere Leistung; verliert er, so muss er seinen Einsatz dem Gegenspieler überlassen (Spiel-einsatz)[176]. Nach allgemeiner Meinung erfasst § 762 BGB sowohl Glücksspiele, also Spiele mit überwiegend aleatorischem Element, als auch reine Geschicklichkeitsspiele, bei denen Fähigkeiten der Teilnehmer im Vordergrund stehen[177].

Bei der Wette verspricht jede Partei der anderen eine Leistung für den Fall, dass von zwei gegensätzlichen Behauptungen die ihrige sich als unrichtig erweist[178]. Bei der Wette wird somit ein ernsthafter Meinungsstreit bekräftigt, während bei einem Spiel die Unterhaltung bzw. Gewinnerzielung im Vordergrund steht. Spiel und Wette werden gemäß § 762 BGB ausdrücklich gleich behandelt[179]. Im Unterschied zu der Auslobung nach §§ 657, 661 BGB hat die Wette Vertragscharakter mit typischerweise, aber nicht grundsätzlich zweiseitig verpflichtendem Inhalt. Darüber hinaus wird bei der Auslobung anders als bei der Wette eine Belohnung für die Herbeiführung eines Erfolges versprochen. Nicht die eigene Leistung sondern der Zufall entscheidet bei der Wette über den Gewinn. Eine ernsthafte Preisrichterentscheidung ist weder möglich noch erwünscht[180].

Spiel und Wette zählen zu den sog. unvollkommenen Verbindlichkeiten[181]. Die zustande kommenden Verträge begründen keine Verbindlichkeit, gelten aber als Rechtsgrund für Erfüllungsleistungen, § 762 Abs. 1 Satz 1 BGB. Das Gesetz betrachtet die Verträge nicht schlechthin als sittenwidrig und nichtig, will aber der ihnen innewohnenden Gefahr entgegentreten[182]. Diese Gefahr wird im wesentlichen in der Verknüpfung der Unsicherheit zu gewinnen mit dem Verlustrisiko eines geleisteten Einsatzes gesehen[183]. Der Schutz vor den Spielgefahren entfällt, sobald der Schuldner zur Erfüllung endgültig geleistet hat (Naturalobli-

175 Palandt/Sprau, BGB, § 762 BGB Rn. 2.

176 Palandt/Sprau, BGB, § 762 BGB Rn. 2; Staudinger/Engel, BGB, § 763 Rn. 7.

177 Jauernig/Berger, BGB, § 762 Rn. 3 und 4; Münchener Kommentar/Ha-bersack, BGB, § 762 Rn. 8; Palandt/Sprau, BGB, § 762 Rn. 2.

178 Palandt/Sprau, BGB, § 762 Rn. 3; Jauernig/Berger, BGB, § 762 Rn. 5.

179 Nach gemeinem Recht war dies noch anders. Danach waren Wetten im Gegensatz zu Spielen noch einklagbar; vgl. Münchener Kommentar/Ha-bersack, BGB, §762 Rn. 2.

180 Schotthöfer in: FS Nordemann, S. 203 (S. 206).

181 Vgl. zum Begriff der unvollkommenen Verbindlichkeiten: Palandt/Hein-richs, BGB, Einl. 10 vor § 241; nach Heinrichs begründen allerdings Spiel und Wette keine Verbindlichkeit im Rechtssinne, sondern bilden lediglich einen Erwerbsgrund.

182 Münchener Kommentar/Habersack, BGB, § 762 Rn. 1.

183 Palandt/Sprau, BGB, § 762 Rn. 1; Münchener Kommentar/Habersack, BGB, § 762 Rn. 1.

gation)[184]. Der Mangel der Verbindlichkeit ist im Prozess von Amts wegen zu beachten[185]. Sind Spiele nach §§ 134, 138 BGB nichtig oder nach § 284 ff StGB, § 6c UWG verboten, findet § 762 BGB, insbesondere § 762 Abs. 1 Satz 2 BGB keine Anwendung[186]. § 762 BGB greift also nur dort ein, wo ein wirksamer Spiel- oder Wettvertrag vorliegt.

III. Lotterie- und Ausspielvertrag, § 763 BGB

Lotterie- und Ausspielverträge sind besondere Formen des Spiels und der Wette. Der Veranstalter schließt mit einer Mehrheit von Spielern Verträge, in denen er verspricht, gegen Einsätze, nach Maßgabe eines Spielplans Gewinne an die spielplanmäßig ermittelten Gewinner zu leisten[187]. Erforderlich ist, dass der Einsatz auf dem Spielplan beruht. Dabei kommt es auf eine objektive Sichtweise an und nicht darauf, ob ein Teilnehmer irrig annimmt, er müsse einen Einsatz leisten[188]. Bei der Ausspielung wird im Unterschied zur Lotterie kein Geldgewinn sondern ein Sachgewinn ausgelobt[189]. Für Lotterien und Ausspielverträge gilt gemäß § 763 Satz 1 BGB die wichtige Einschränkung, dass alle Arten von staatlich genehmigten Glücksspielen verbindlich sind. Diese sind somit aus dem Geltungsbereich des § 762 BGB ausgenommen. Einer solchen Genehmigung entspricht es regelmäßig, wenn der Staat selbst Veranstalter ist[190]. Hauptfälle von Lotterien und Ausspielungen sind staatliche Lotterien. Entsprechend angewandt wird § 763 BGB auch für staatlich genehmigte Sportwetten, staatlich konzessionierte Spielbanken und behördlich zugelassene Spielautomaten[191]. Fehlt eine staatliche Genehmigung, ist somit zuerst zu prüfen, ob nicht bereits eine nach § 134 BGB verbotene bzw. nach § 284 StGB strafbare Veranstaltung vorliegt. Erst wenn dies verneint werden kann, greift § 763 BGB ein.

Für die Mehrheit der zu Werbezwecken veranstalteten Preisausschreiben und Gewinnspiele finden die Vorschriften der §§ 762, 763 BGB keine Anwendung. Ihnen liegt der Gedanke der Werbung für die Waren und Dienstleistungen der Veranstalter zugrunde.

Darüber hinaus ist der Veranstalter von zu Werbezwecken veranstalteten Preisausschreiben und Gewinnspielen gerade darauf bedacht, keinen Einsatz – auch

184 Baumbach/Hefermehl, Wettbewerbsrecht, § 1 UWG Rn. 146.
185 Jauernig/Berger, BGB, § 762 Rn. 7.
186 Jauernig/Berger, BGB, § 762 Rn. 1 und 10.
187 Palandt/Sprau, BGB, § 763 Rn. 1a.
188 BGH NJW 1952, 1062 (1063).
189 Palandt/Sprau, BGB, § 763 Rn. 1a.
190 Münchener Kommentar/Habersack, BGB, § 763 Rn. 2.
191 Jauernig/Stadler, BGB, § 763 Rn. 3.

nicht in versteckter Form – zu verlangen, da er sich sonst der Gefahr einer wettbewerbswidrigen Kopplung der Teilnahme mit dem Warenerwerb aussetzt. Sobald für die Teilnahme an einer Gewinnverlosung kein Einsatz verlangt wird, lässt sich die Veranstaltung nicht mehr als Spiel und Wette sowie Lotterie und Ausspielung einordnen[192].

Selbst wenn der Veranstalter einen Einsatz verlangt, helfen dem Teilnehmer die §§ 762, 763 BGB bei der Durchsetzung etwaiger Ansprüche nicht weiter. Einen etwaig an ihn bereits ausgekehrten Gewinn darf er zwar behalten. Einen Anspruch auf Herausgabe des Gewinns erhält er auf der Grundlage der genannten Vorschriften jedoch nicht.

IV. Preisausschreiben, §§ 661, 657 BGB

Wie bereits dargestellt, lassen sich die meisten zu Werbezwecken veranstalteten Preisausschreiben und Gewinnspiele auch nicht als Preisausschreiben im Sinne einer Auslobung nach §§ 661, 657 BGB einordnen. Den zu Werbezwecken veranstalteten Preisausschreiben und Gewinnspielen liegt der Gedanke der Werbung zugrunde, während das Preisausschreiben im Sinne von §§ 661, 657 BGB der Gedanke des Wettbewerbs um die bessere Leistung zugrunde liegt[193].

Voraussetzung für ein Preisausschreiben im Sinne des § 661 BGB ist zunächst, dass durch öffentliche Bekanntmachung ein Preis versprochen wird. Öffentliche Bekanntgabe bedeutet die Kundgabe gegenüber einem individuell unbestimmten Personenkreis, so dass ungewiss ist, welche und wie viele Personen die Möglichkeit der Kenntnisnahme haben[194]. Die Auslobung erhält durch die Öffentlichkeit seiner Abgabe ihre verbindliche Wirkung[195]. Nach einer Entscheidung des OLG Düsseldorf fehlt es hieran, wenn ein Versandunternehmen die Kundgabe an einen bestimmten namentlich bezeichneten Personenkreis sendet[196].

Nach allgemeiner Meinung genügt eine Bekanntgabe an eine eingeschränkte Öffentlichkeit, etwa an Angehörige einer bestimmten Berufsgruppe oder sonstige Personenkreise[197]. Zu diesen Personenkreisen sollen beispielsweise Angehö-

192 Vgl. BGH NJW 1952, 1062 (1063) (für die Sonderform einer Ausspielung).
193 Schotthöfer in: FS Nordemann, S. 203.
194 Palandt/Sprau, BGB, § 657 Rn. 3.
195 Münchener Kommentar/Seiler, BGB, § 657 Rn. 12.
196 OLG Düsseldorf NJW 1997, 2122.
197 Palandt/Sprau, BGB, § 657 Rn. 3; Staudinger/Wittmann, BGB, § 657 Rn. 5; Münchener Kommentar/Seiler, BGB, § 657 Rn. 12.

rige einer Gemeinde oder Schule, Abonnenten einer Zeitung oder Teilnehmer einer Versammlung gehören[198].

V. Gewinnzusagen, § 661 a BGB

Gemäß § 661a BGB hat ein Unternehmer, der Gewinnzusagen an Verbraucher versendet und durch die Gestaltung dieser Zusendung den Eindruck erweckt, dass der Verbraucher einen bestimmten Preis gewonnen hat, dem Verbraucher diesen Preis zu leisten. Der Verbraucher soll also in die Lage versetzt werden, einen ihm mitgeteilten Gewinn auch tatsächlich verlangen zu können[199]. Damit soll ein in der Praxis weit verbreitetes Verfahren unterbunden werden, wonach Mitteilungen über angebliche Gewinne an Verbraucher diese zur Bestellung von Waren oder Leistungen bewegen sollen. Die Vorschrift des § 661a BGB ist im Jahre 2000 durch das Fernabsatzgesetz[200] eingeführt worden und auf alle Sachverhalte anzuwenden, die nach dem 29. Juni 2000 entstanden sind.

1. Allgemeines

Wie oben dargestellt konnten Verbraucher bis zur Schaffung des § 661a BGB in derartigen Fällen nach den im BGB geregelten Modellen keine Ansprüche herleiten. Die Veranstaltungen waren zwar wettbewerbsrechtlich verboten, begründeten für den Teilnehmer von Gewinnspielen jedoch keinen Anspruch auf den angeblichen Gewinn. Ansprüche gemäß § 657 BGB (Auslobung) scheiterten daran, dass bei derartigen Veranstaltungen regelmäßig ein Gewinnspiel vorlag, also keine Vornahme einer Leistung gefordert wurde. Eine Einordnung als Spiel oder Wette scheiterte, weil bei den zu Werbezwecken veranstalteten Preisausschreiben und Gewinnspielen kein Einsatz zu leisten war. Ohne staatliche Genehmigung hätte der Teilnehmer ohnehin keinen einklagbaren Anspruch wegen § 762 BGB. Auch ein Schenkungsversprechen kam nicht in Betracht, weil man zwar in der Übersendung der Unterlagen ein Schenkungsversprechen sehen konnte. Dieses bedurfte jedoch für das Zustandekommen eines wirksamen Schenkungsvertrages der notariellen Beurkundung, woran es regelmäßig fehlte. Entscheidungen vor Inkrafttreten des § 661a BGB beschränkten sich deshalb meist auf die Feststellung, dass nur dem Mitbewerber des unlauteren Wettbewerbers Unterlassungs- und Schadensersatzansprüche zustünden, der Verbrau-

198 Münchener Kommentar/Seiler, BGB, § 657 Rn. 12.
199 Fernabsatzgesetz, BT-Drs. 14/2658, S. 49.
200 Gesetz über Fernabsatzverträge und andere Fragen des Verbraucherrechts sowie zur Umstellung von Vorschriften auf den Euro vom 27.06.2000 (BGBl. 2000 I, 897 f.), BT-Drs. 14/2658; im Folgenden abgekürzt: Fernabsatzgesetz.

cher hingegen ging leer aus[201]. Zwar ist schon vor der UWG-Reform anerkannt gewesen, dass auch der Verbraucher den Schutz des UWG beanspruchen kann. Er ist nun ausdrücklich in die Schutztrias des neuen UWG mit aufgenommen worden. Eigene Ansprüche gegen das Unternehmen, das wettbewerbswidrig wirbt, stehen ihm aber auch nach dem neuen UWG nicht zu[202]. Der Verbraucher, der unmittelbar von der unlauteren Werbung betroffen war, ging damit leer aus.

Dieses Ergebnis wurde aus Verbrauchersicht zu Recht als untragbar empfunden[203]. Nicht nur den Verlust des theoretischen Gewinnes musste der Verbraucher hinnehmen. Häufig hatte er auch seine Daten zur Ermöglichung der Teilnahme preisgegeben, die der Veranstalter werbewirtschaftlich verwerten konnte[204]. Solche Fälle können nun über § 661a BGB gelöst werden, der derartige Gewinnmitteilungen zum ersten Mal zivilrechtlich sanktioniert und dem Verbraucher einen Anspruch auf Gewinnherausgabe zuspricht[205].

2. Tatbestandsvoraussetzungen des § 661a BGB

§ 661 a BGB setzt voraus, dass der Unternehmer Gewinnzusagen an Verbraucher versendet und durch die Gestaltung dieser Zusendung den Eindruck erweckt, dass der Verbraucher einen bestimmten Preis gewonnen hat. Dabei kommt es nicht auf die subjektive Vorstellung des konkreten Empfängers an; entscheidend ist, dass aus objektivierter Empfängersicht der Eindruck eines Preisgewinnes erweckt wird[206].

Die Gewinnmitteilung im Sinne des § 661a BGB begründet unabhängig von der wettbewerbsrechtlichen Zulässigkeit allein durch ihren Zugang kraft Gesetz eine einklagbare, einseitige schuldrechtliche Verpflichtung des Mitteilenden gegenüber dem Mitteilungsempfänger, an diesen den angekündigten Preis zu zah-

201 Vgl. OLG Düsseldorf NJW 1997, 2122 (2123).

202 RegE UWG, BT-Drs. 15/1487, Begründung S. 22: Individuelle Ansprüche des Verbrauchers bei Verstößen gegen das UWG sollten ausdrücklich ausgenommen werden; vgl. hierzu ausführlich auch: Lettl, GRUR 2004, 449 (460).

203 Schotthöfer in: FS Nordemann, S. 203 (S. 208).

204 Schotthöfer in: FS Nordemann, S. 203 (S. 209).

205 Wird der Verbraucher bei wettbewerbswidriger Gewinnspielaktion zum Abschluss eines entgeltlichen Vertrags über Waren oder Dienstleistungen veranlasst, ist der Verbraucher durch § 123 BGB vor arglistiger Täuschung und die Grundsätze der culpa in contrahendo vor fahrlässiger Täuschung geschützt, wenn er über das Bestehen von Gewinnchancen oder den Wert der Gewinne falsch oder unzureichend informiert wurden; vgl. Köhler, GRUR 2003, 265(269). Einen Anspruch auf Herausgabe des versprochenen Gewinns erhält der Verbraucher nach diesen Bestimmungen jedoch nicht.

206 BGH WRP 2004, 617 (618) –Gewinn-Mitteilung–.

len[207]. Der Gesetzgeber hat durch die Schaffung eines gesetzlichen Schuldverhältnisses „mit der Machete einen Pfad durch den dogmatischen Dschungel des BGB“ geschlagen[208]. Jedenfalls den inländischen Veranstaltern derartiger Gewinnspiele wird es kaum gelingen, sich einer Haftung aus § 661a BGB zu entziehen.

Die Vorschrift hat bereits zu einer Reihe von Entscheidungen geführt. Diese belegen, dass die Gerichte in der Anwendung des § 661a BGB erfreulicherweise großzügig sind. So hat das AG Heinsberg den Rechtsgedanken des § 661a BGB auch auf Sachverhalte vor Inkrafttreten des § 661a BGB angewandt. Wird ein Kunde aufgrund eines vermeintlichen Gewinns zu Warenbestellungen veranlasst, soll er die Kaufpreisforderungen des Veranstalters mit dem vermeintlichen Gewinn zumindest aufrechnen können[209].

Nach einer Entscheidung des AG Rudolstadt hat auch der Partner oder Strohmann eines nicht identifizierbaren Dritten, der angeblich die Gewinnzusage gemacht haben soll, selbst für die Auszahlung des zugesagten Betrages nach den Grundsätzen der Rechtsscheinhaftung einzustehen, wenn er einen Rechtsschein der Inhaberschaft des den Gewinn zusichernden Unternehmens gesetzt hat[210].

Die Übersendung von Gewinnen darf schließlich nicht von der Zahlung einer Vorab-Kostenpauschale abhängig gemacht werden. Eine derartige Klausel verstößt gegen AGB-rechtliche Bestimmungen[211].

3. Prozessuale Durchsetzbarkeit von Ansprüchen aus § 661a BGB gegenüber ausländischen Unternehmen

Die bisherige großzügige Anwendung der Vorschrift des § 661a BGB durch die Gerichte ist zu begrüßen. Verschiedene Veranstalter versuchen allerdings immer wieder, Gewinnspielteilnehmer der Schutzfunktion des § 661a BGB zu berauben, indem sie ihren Firmensitz außerhalb von Deutschland legen. Die Verbraucher sollen so davon abgehalten werden, ihren Anspruch aus § 661a BGB an ihrem Wohnsitz prozessual durchzusetzen. Zu dieser Problematik sind seit Inkrafttreten des § 661a BGB ebenfalls eine Reihe von Urteilen ergangen[212].

---

207 Palandt/Sprau, BGB, § 661a Rn. 1.

208 Lorenz, JuS 2000, 833 (842); vgl. zur umstrittenen dogmatischen Einordnung des § 661a auch: Palandt/Sprau, BGB, § 661a Rn. 1; Lorenz, JuS 2000, 833 (842) m. w. N.

209 AG Heinsberg NJW-RR 2001, 1274.

210 AG Rudolstadt NJW-RR 2002, 1631 (1632).

211 AG Cloppenburg NJW-RR 2001, 1274 (1275).

212 Vgl. auch Baumbach/Hefermehl/Köhler, Wettbewerbsrecht, 23. Auflage, § 4 Rn. 1.137, wonach es sich bei § 661 a BGB um einen Anspruch aus unerlaub-

Überwiegend bejahen die Gerichte bei ausländischen Veranstaltern die Zuständigkeit des Gerichts am Wohnsitz des Empfängers der Gewinnmitteilung. So haben das OLG Stuttgart[213], das OLG Dresden[214], das OLG Frankfurt a.M.[215] sowie das OLG Nürnberg[216] die Zuständigkeit des deutschen Gerichts bejaht. Das OLG Brandenburg und das OLG Bamberg hingegen haben ihre Zuständigkeit verneint[217].

Für den Fall einer mit der Gewinnzusage verbundenen Bestellung hat nun auch der EuGH auf die Vorlage des Obersten Gerichtshofes der Republik Österreich nach den damals geltenden Vorschriften des EuGVÜ entschieden, dass das Gericht am Wohnsitz des Verbrauchers für das Einklagen des Preises zuständig ist, „sofern er für einen bestimmten Betrag Waren bestellt und er tatsächlich eine solche Bestellung aufgegeben hat, ohne jedoch diesen Gewinn zu erhalten...“[218]. In dem vom EuGH zu entscheidenden Fall lag eine solche direkte Verbindung zu einer Warenbestellung vor. Bisher hat der EuGH noch nicht darüber entschieden, ob eine Zuständigkeit auch dann gegeben ist, wenn die Gewinnauszahlung nicht von einer Warenbestellung abhängig gemacht wird. Eine Vorreiterrolle zu dieser Frage hat das OLG Stuttgart eingenommen[219]. Es hat klargestellt, dass auch in dem Fall, in dem keine Warenbestellung vorliegt und diese für die Teilnahme am Gewinnspiel auch nicht vorausgesetzt wurde, eine Klage im Gerichtsstand des Verbrauchers erhoben werden könne. Diese Entscheidung ist im Interesse eines umfassenden Verbraucherschutz zu begrüßen. Tatsächlich kann es keinen Unterschied machen, ob der Verbraucher gar nichts bestellt oder aber nur geringwertige Waren[220]. Zutreffend ist der vom OLG Stuttgart gefundene

---

ter Handlung handelt, so dass sich die Zuständigkeit aus Art. 3 i.V.m. Art. 5 Nr. 3 EuGVVO und darüber hinaus als „Verbrauchersache“ aus Art. 13f EuGVVO) ergebe.

213 OLG Stuttgart MDR 2003, 350.

214 OLG Dresden OL-NL 2002, 97; gegen das Urteil ist Revision zum BGH eingelegt.

215 OLG Frankfurt a. M. MDR 2002, 1023.

216 OLG Nürnberg NJW 2002, 3637.

217 OLG Brandenburg vom 17.4.2002 – 7 U 199/01; OLG Bamberg vom 7.5.2002 – 5 U 7/02; beide Urteile zitiert nach Feuchtmeyer, NJW 2002, 3598.

218 EuGH, Rs. C-96/00, –Gabriel–, Slg. 2002, I-6367.

219 OLG Stuttgart MDR 2003, 350; vgl. zum Inhalt der Entscheidung auch: Braun, Anmerkung zu der Entscheidung des OLG Stuttgart, MDR 2003, 351.

220 Feuchtmeyer NJW 2002, 3598 (3599); Feuchtmeyer plädiert ganz im Sinne der OLG Stuttgart-Entscheidung für eine Anwendung deutscher Gerichtsbarkeit auch für die Fälle, in denen die Gewinnempfänger keine Warenbestellung getätigt haben. Eine Nichtanwendung würde zur Aushöhlung und Umgehung des Rechtsschutzes in der EU führen und ein „negatives forum shopping“ ermöglichen.

Ansatz, wonach eine Gewinnzusage nie isoliert gesehen werden kann. Die Veranstalter knüpfen hieran zumindest die Hoffnung und Erwartung auf einen Vertrag mit dem Verbraucher.

Mit der Zuerkennung der Zuständigkeit des Gerichts an seinem Wohnsitz ist der Verbraucher allerdings noch lange nicht an seinem Ziel angelangt. Er muss noch eine weitere Hürde nehmen, nämlich die Vollstreckung der ihm im Inland zugesprochenen Ansprüche im Ausland. Ob ihm dies gelingt, ist eine ganz andere Frage. Meist scheitert eine Vollstreckung daran, dass sich die Veranstalter durch dubiose Firmenadressen einer Haftung entziehen. Es wäre daher wünschenswert, wenn der Verbraucher zusätzlich vollstreckungsrechtlich bei der Durchsetzung seiner Ansprüche unterstützt wird.

4. Verfassungsmäßigkeit von § 661a BGB

Der Bundesgerichtshof hat sich jüngst mit der Verfassungsmäßigkeit des § 661a BGB befasst[221]. Der Bundesgerichtshof hat festgestellt, dass die Vorschrift nicht verfassungswidrig sei[222]. Es bestünde kein Anlaß, die Entscheidung des Bundesverfassungsgerichts einzuholen. § 661a BGB verstoße insbesondere nicht gegen den „nulla poena sine culpa“-Grundsatz. Weder handele es sich um eine Vorschrift, die eine Strafe anordne noch um eine zivilprozessuale Maßnahme mit pönalem Charakter. Es handele sich vielmehr um einen zivilrechtlichen Anspruch, auf den strafrechtliche Grundsätze wie etwa das Prinzip einer angemessenen, verhältnismäßigen Strafe nicht anzuwenden seien[223]. Die Entscheidung des Bundesgerichtshofs führt zu einer weiteren Stärkung der Verbraucherrechte. Unternehmen können sich danach z. B. nicht darauf berufen, bereits von anderen Verbrauchern in Anspruch genommen worden zu sein, so daß eine weitere Inanspruchnahme unverhältnismäßig sei.

VI. Zusammenfassung

Insgesamt zeigt sich also, dass mit einer Einordnung von Preisausschreiben und Gewinnspielen als Spiel im Sinne von § 762 f. BGB im Bereich der gewerblichen Veranstaltung Zurückhaltung zu üben ist[224]. Die Masse der heutigen Werbegewinnspiele wird weder den §§ 762 f. BGB noch § 661 BGB zugeordnet[225].

---

221 BGH WRP 2004, 107 –Gewinnbenachrichtigung–.
222 BGH WRP 2004, 107 –Gewinnbenachrichtigung–; ebenso: BGH WRP 2004, 617 (618) –Gewinn-Mitteilung–; a.A. Schneider, BB 2002, 1653.
223 BGH WRP 2004, 107 (109) –Gewinnbenachrichtigung–.
224 Münchener Kommentar/Habersack, BGB, § 762 Rn. 10.
225 Zweng, Werbung mit Gewinnspielen, S. 50.

Richtigerweise sind Preisausschreiben und Gewinnspiele als einseitiger Vertrag eigener Art anzusehen. Der Veranstalter verpflichtet sich mit der Bekanntmachung der Veranstaltung einseitig nach einem festgesetzten Verfahren gegenüber einem unbestimmten Personenkreis beim Eintritt eines ungewissen, wesentlich vom Zufall oder aber überwiegend von den Fähigkeiten des Teilnehmers abhängigen Ereignisses, einem oder mehreren der Teilnehmer einen bestimmten Gewinn zu gewähren. Der Teilnehmer erwirbt mit der Anmeldung die Chance auf Erlangung dieses Gewinnes. Verwirklicht sich diese Chance, sei es durch Zufall oder Geschicklichkeit des Teilnehmers, so hat der Teilnehmer gegenüber dem Veranstalter einen verbindlichen, einklagbaren Anspruch auf Auskehrung des Gewinnes. Dieser Anspruch lässt sich seit kurzem unmittelbar auf die Vorschrift des § 661a BGB stützen.

Zweck des § 661a BGB ist zwar in erster Linie, den Verbraucher vor der irreführenden Werbepraxis zu schützen, dass der Unternehmer eine Mitteilung über angebliche Gewinne macht und den Empfänger so zum Warenerwerb verleiten will[226]. § 661a BGB muss jedoch in einem Umkehrschluß erst recht für die Fälle gelten, in denen eine Irreführung unterbleibt. Der Wortlaut des § 661a BGB setzt das Hervorrufen eines Irrtums nicht voraus. Es kann nicht darauf ankommen, ob der Inhalt der Gewinnmitteilung zutreffend ist oder nicht. Ein Veranstalter muss sich daher an seiner ernsthaften Gewinnmitteilung ebenfalls gemäß § 661a BGB festhalten lassen.

Eine Schutzlücke bei der Anwendung des § 661a BGB entsteht in den Fällen, in denen eine Gewinnmitteilung noch nicht erfolgt ist, der Gewinner aber bereits in dem planmäßigen Auswahlverfahren als Gewinner ermittelt worden ist und der Veranstalter aus irgendwelchen Gründen den Gewinn nicht auszahlen will oder kann. Da es in diesen Fällen an einer Gewinnmitteilung fehlt, kommt eine unmittelbare Anwendung des § 661a BGB nicht in Betracht. Abgesehen von der schwierigen Beweislage für den Verbraucher in diesen Fällen wird man hier dem Gewinner einen Anspruch auf Aushändigung des Gewinns analog § 661a BGB zusprechen müssen.

226 Palandt/Sprau, BGB, § 661a Rn. 1.

I. Problemstellung

Zu Werbezwecken veranstaltete Preisausschreiben und Gewinnspiele bewegen sich nicht selten im Schnittfeld zwischen Strafrecht und Zivilrecht. Den Veranstaltern von Preisausschreiben und Gewinnspielen zu Werbezwecken ist dringend zu raten, auch die strafrechtliche Zulässigkeit der konkreten Werbung gründlich überprüfen zu lassen, um sich neben einem möglichen Vorwurf der Wettbewerbswidrigkeit nicht auch noch dem Vorwurf einer strafbaren Veranstaltung auszusetzen. Schon geringe Abwandlungen der Spielregeln können zu abweichender Beurteilung führen. Soweit ersichtlich ist die Strafwürdigkeit von zu Werbezwecken veranstalteten Preisausschreiben und Gewinnspielen gerichtlich bisher nicht entschieden[227]. Im folgenden soll deshalb untersucht werden, wann zu Werbezwecken veranstaltete Preisausschreiben und Gewinnspiele die Tatbestandsvoraussetzungen der §§ 284 f., 287 StGB erfüllen.

II. Unerlaubte Veranstaltung von Glücksspielen, Lotterien und Ausspielungen, §§ 284, 287 StGB

Das Strafrecht unterscheidet zwischen Glücksspielen (§ 284 f. StGB) sowie Lotterien und Ausspielungen (§ 287 StGB) als Sonderformen des Glücksspiels. Im Unterschied zu sonstigen Glücksspielen wird bei Lotterien und Ausspielungen nach einem vom Veranstalter einseitig festgelegten Spielplan gespielt[228]. Bei der Lotterie wird Geld ausgespielt, dagegen erhalten die Gewinner einer Ausspielung andere Gegenstände.

Zentrale Bedeutung sowohl für den Tatbestand des § 284 StGB als auch für § 287 StGB hat der Begriff des Glücksspiels. Ein genehmigungsbedürftiges Glücksspiel liegt vor, wenn die Beteiligten zur Unterhaltung oder aus Gewinnstreben über den Gewinn oder Verlust eines nicht ganz unbeträchtlichen Vermögenswertes ein ungewisses Ereignis entscheiden lassen, dessen Eintritt nicht wesentlich von Aufmerksamkeit, Fähigkeiten und Kenntnissen der Spieler abhängt sondern allein oder hauptsächlich vom Zufall[229]. Liegt die Genehmi-

---

227 Vgl. die Übersichten der Rechtsprechung bei Tröndle/Fischer, StGB, § 284 Rn. 3, Lackner/Kühl, StGB, § 284 Rn. 3; Schönke/Schröder/Eser-Heine, StGB, § 284 Rn. 7.

228 Schönke/Schröder/Eser-Heine, StGB, §287 Rn. 2; Lackner/Kühl, StGB, § 287 Rn. 1.

229 Lackner/Kühl, StGB, § 284 Rn. 2.

gung nicht vor, ist das Veranstalten und Halten eines Glücksspiels sowie das Bereitstellen der Einrichtungen strafbar.

1. Zufall

Die Abgrenzung zu den nicht genehmigungsbedürftigen Geschicklichkeitsspielen erfolgt zunächst anhand des Kriteriums Zufall. Beim Glücksspiel wird die Entscheidung über Gewinn oder Verlust nach den Vertragsbedingungen nicht wesentlich von den Fähigkeiten, den Kenntnissen und der Aufmerksamkeit der Spieler sondern allein oder hauptsächlich vom Zufall bestimmt[230]. Dagegen hat es bei einem Geschicklichkeitsspiel der Durchschnittsteilnehmer in der Hand, durch Geschicklichkeit den Ausgang des Spiels wesentlich zu beeinflussen[231]. Dabei ist auf eine einheitliche Betrachtungsweise abzustellen[232]. Entscheidend ist, ob der Durchschnitt der konkret beteiligten Spielteilnehmer es nach den Spielregeln mit hoher Wahrscheinlichkeit in der Hand hat, durch Aktivierung seiner persönlichen Fähigkeiten den Spielausgang maßgeblich zu beeinflussen[233]. Nur durch diese Betrachtungsweise lässt sich verhindern, dass sich dieselbe Veranstaltung je nach Art der Mitspieler als erlaubtes oder strafbares Gewinnspiel darstellt. Auf den einzelnen Spielteilnehmer kommt es nicht an.

Es ist umstritten, wann der Gewinn ganz oder überwiegend vom Zufall abhängig ist. Nach der objektiven Theorie, der auch der Bundesgerichtshof folgt, kommt es auf das Maß der Beeinflussbarkeit durch den Teilnehmer an[234]. Die subjektive Theorie stellt auf die Erkennbarkeit bzw. Berechenbarkeit des Ursachenverlaufs ab[235].

Es zeigt sich also, dass die für die Begriffsbestimmung von Preisausschreiben und Gewinnspielen bereits herangezogenen Abgrenzungskriterien im Strafrecht erhebliche Konsequenzen haben. Es treten hier dieselben Abgrenzungsschwierigkeiten auf. Zu Werbezwecken veranstaltete Preisausschreiben und Gewinnspiele hängen in der Regel vom Zufall ab, auch wenn zunächst auf Grund von Fähigkeiten und Kenntnissen der Teilnehmer entschieden wird. Von besonderer Bedeutung ist daher, ob die weiteren Tatbestandsvoraussetzungen vorliegen.

---

230 Schönke/Schröder/Eser-Heine, StGB, § 284 Rn. 5; Lackner/Kühl, StGB, § 284 Rn. 2; Tröndle/Fischer, StGB, § 284 Rn. 3.
231 Lackner/Kühl, StGB, § 284 Rn. 5; Tröndle/Fischer, StGB, § 284 Rn. 5.
232 Leipziger Kommentar/von Bubnoff, StGB, § 284 Rn. 8; BayObLGSt 1993, 8 (9).
233 Leipziger Kommentar/von Bubnoff, StGB, § 284 Rn. 10.
234 BGHSt 2, 139 (140); Baumbach/Hefermehl, Wettbewerbsrecht, § 1 UWG Rn. 145.
235 RGSt 27, 94; RGSt 34, 140 (143).

2. Einsatz

Zu strafbaren Glücksspielen werden vom Zufall abhängige Gewinnspiele erst, wenn zusätzlich ein Einsatz gefordert wird. Der Spieler muss, um an der auf Zufall beruhenden Gewinnchance teilzuhaben, durch seinen Einsatz ein Vermögensopfer erbringen[236]. Einsatz ist jede nicht ganz unbeträchtliche Leistung, die in der Hoffnung auf Gewinn bzw. Wiedererhalt und mit dem Risiko des Verlustes erbracht wird[237]. Wegen der notwendigen Abgrenzung zum bloßen Unterhaltungsspiel muss es sich um einen nicht ganz „unbeträchtlichen" Einsatz handeln[238]. Der Einsatz kann auch versteckt zu leisten sein[239].

Eine Definition des Begriffs „Einsatz" gibt der Bundesgerichtshof in seiner Entscheidung zur Strafbarkeit von Kettenbriefaktionen. Einsatz sei danach jede Leistung, die erbracht werde in der Hoffnung, im Falle des „Gewinnens" eine gleiche oder höherwertige Leistung zu erhalten, und in der Befürchtung, dass sie im Falle des „Verlierens" dem Gegenspieler oder dem Veranstalter anheim falle. Für den Erwerb des Kettenbriefes werde jedoch ein „verlorener" Geldbetrag gezahlt, der mit dem eigentlichen Spiel nichts zu tun habe[240]. Der Spieler erlange lediglich eine Mitspielberechtigung – vergleichbar mit dem aufgewendeten Betrag für den Eintritt in eine Spielbank –, nicht aber die Aussicht auf Gewinn. Diese sei von der Zahlung unabhängig. Auch die sich anschließende Zahlung an einen Mitspieler ordnete der Bundesgerichtshof nicht als Einsatz ein. Der Geldbetrag fließe einem Mitspieler zu, nicht aber einem Gegenspieler oder dem Veranstalter. Die Gewinnhoffnung bestünde nicht darin, bei günstigem Ausgang des Spiels seinen Einsatz zurückzuerhalten, sondern darin, dass andere Mitspieler später einmal unmittelbar an ihn Leistungen erbringen werden. Eine andere Auslegung des Begriffs „Einsatz" sei derart unbestimmt, dass § 284 StGB mit dem aus Art. 103 Abs. 2 GG folgenden Bestimmtheitsgebot unvereinbar wäre. Insgesamt betont der Bundesgerichtshof die Notwendigkeit einer restriktiven Anwendung der ohnehin sehr weit gefassten §§ 284, 284 a und § 286 StGB[241].

Im Hinblick auf zu Werbezwecken veranstaltete Preisausschreiben und Gewinnspiele ist eine derart restriktive Anwendung der §§ 284, 287 StGB zu begrüßen. Hier hat der Teilnehmer nicht selten verschiedene Ausgaben anläßlich des Gewinnspiels aufzubringen. Unter welchen Voraussetzungen derartige Aufwen-

236 Schönke/Schröder/Eser-Heine, StGB, § 284 Rn. 6.

237 Tröndle/Fischer, StGB, § 284 Rn. 3.

238 BGH, NJW 1987, 851 (852) –Kettenbriefaktion–.

239 Tröndle/Fischer, StGB, § 284 Rn. 3; Schönke/Schröder/Eser-Heine, StGB, § 284 Rn. 6.

240 BGH, NJW 1987, 851 (852) –Kettenbriefaktion–.

241 BGH, NJW 1987, 851 (852) –Kettenbriefaktion–.

dungen als „Einsatz“ im Sinne des § 284 StGB einzuordnen ist, soll im folgenden insbesondere unter Berücksichtigung der vorgenannten Rechtsprechung des Bundesgerichtshofs untersucht werden.

a) Kopplung der Teilnahme am Gewinnspiel mit Warenerwerb als versteckter Einsatz

Eine besonders hohe Gefahr, dass ein zu Werbezwecken veranstaltetes Gewinnspiel ein strafbares Glücksspiel darstellt, liegt regelmäßig in der Kopplung der Teilnahme am Gewinnspiel mit dem Warenerwerb oder der Inanspruchnahme einer Dienstleistung. Der zu zahlende Kaufpreis für die Ware oder Dienstleistung könnte einen versteckten Einsatz darstellen und die Veranstaltung unter Genehmigungsvorbehalt stellen.

Auffallenderweise existieren soweit ersichtlich keine Entscheidungen zur Strafbarkeit von zu Werbezwecken veranstalteten, kaufgekoppelten Gewinnspielen[242]. Hierfür gibt es zwei mögliche Gründe. Zum einen ist es denkbar, dass die Unternehmen bei der Gestaltung ihrer Veranstaltungen besonders sorgfältig darauf achten, dass ein Einsatz nicht zu leisten ist. Andererseits scheinen aber auch die Gerichte sehr zurückhaltend mit einer Anwendung strafrechtlicher Bestimmungen zu sein.

Richtigerweise wird man – unabhängig von der wettbewerbsrechtlichen Beurteilung – zu Werbezwecken veranstaltete Gewinnspiele folgendermaßen strafrechtlich beurteilen müssen: Erwirbt der Teilnehmer eine Ware, um an einem Gewinnspiel teilnehmen zu können, so ist der Kaufpreis in den meisten Fällen ein „verlorener“ Geldbetrag im Sinne der Rechtsprechung des Bundesgerichtshofs zu Kettenbriefaktionen und damit kein Einsatz. Nach der Definition des Bundesgerichtshofs wird man auch für zu Werbezwecken veranstaltete Preisausschreiben und Gewinnspiele verlangen müssen, dass aus dem „Einsatz“ der Mitspieler die Gewinnchance des Einzelnen erwächst, der „Einsatz“ also gerade nicht „verloren“ ist. Bei einer Kopplung der Teilnahme mit dem Warenerwerb kann der bezahlte Kaufpreis nur dann als Einsatz angesehen werden, wenn hieraus die Gewinnchance des Einzelnen erwächst. Dies wird man in der Regel verneinen müssen. Der Kaufpreis ist ähnlich wie bei der Kettenbriefaktion ein Beitrag, der von keinem der Teilnehmer zurückgewonnen werden kann.

242 Wie im Rahmen der wettbewerbsrechtlichen Beurteilung darzustellen ist, existieren interessanterweise wenige wettbewerbsrechtliche Entscheidungen des BGH zu Kopplungsverboten bei Gewinnspielen. Es hat den Eindruck, dass derartige Fallkonstellation in der Praxis nicht besonders relevant sind.

Durch den Warenerwerb nimmt der Käufer im übrigen noch nicht automatisch an der Verlosung teil. Die bloße Eigenschaft als Käufer eröffnet ihm noch nicht die Gewinnchance. Diese entsteht erst dadurch, dass der Käufer eine weitere Handlung vornimmt, z. B. eine leichte Aufgabe löst oder seine Daten in einer Teilnehmerkarte angibt und die Karte dann dem Veranstalter zuleitet. Erst diese Handlung wird man als Teilnahmehandlung werten können. Die Zahlung des Warenpreises ist dieser Teilnahmehandlung vorgeschaltet.

Wenn bereits das Eintrittsgeld für Spielbanken ein verlorenen Betrag darstellt – wie es der Bundesgerichtshof in seiner Entscheidung zu Kettenbriefaktionen klargestellt hat – , dann gilt dies erst recht für den Kaufpreis einer Ware. Denn anders als bei einem Warenerwerb ist das Eintrittsgeld bei einer Spielbank im Regelfall zwingend weiteren Ausgaben vorgeschaltet. Jedenfalls bei den meisten Besuchern steht fest, dass es nicht bei diesem Geldbetrag für den Eintritt bleiben wird. Das Eintrittsgeld ist bei nahezu allen Besuchern darauf gerichtet, weitere Ausgaben zu tätigen, um einen Gewinn zu erhalten.

Dagegen erfolgt die Zahlung eines Kaufpreises für eine Ware zunächst und in erster Linie, um die Ware zu erwerben. Die wenigsten Käufer wären bereit, den Kaufpreis zu zahlen, nur um auf diese Weise eine Teilnahmemöglichkeit zu erlangen, nicht aber den Gegenwert der Ware. Die Aussicht, durch den Erwerb des Produktes die Möglichkeit der Teilnahme an einem Gewinnspiel zu erhalten, erhöht zwar die Attraktivität des Produktes. Solange jedoch der Veranstalter für seine Ware einen üblichen Preis verlangt und er mit der Kopplung der Teilnahme zu einem Kauf anregen will, wird man in der Entrichtung des Kaufpreises bei Kopplung mit einer Gewinnspielteilnahme keinen Einsatz sehen können[243]. Ein strafwürdiges Unrecht des Veranstalters ist nicht zu erkennen.

Es besteht insbesondere auch aus Verbrauchersicht keine Notwendigkeit, ein derartiges Gewinnspiel strafrechtlich zu sanktionieren. Der Käufer erhält in jedem Fall mit dem Kauf der Ware einen Gegenwert für den von ihm entrichteten Kaufpreis. Ein vermögenswertes Verlustrisiko besteht für keinen der Beteiligten.

Insgesamt ist somit festzuhalten, dass der Kaufpreis für eine Ware oder Dienstleistung bei kaufgekoppelten Preisausschreiben oder Gewinnspielen regelmäßig nicht als Einsatz im Sinne des § 284 StGB einzuordnen ist. Etwas anderes kann nur dann gelten, wenn der Veranstalter unter dem Deckmantel einer zu Werbezwecken durchgeführten Veranstaltung ein Glücksspiel betreibt.

243 So auch Schotthöfer in: FS Nordemann, S. 203 (S. 222).

b) Brief-/Postkarten- und Telefongebühren als Einsatz

Nach allgemeiner Meinung sind Aufwendungen für das übliche Brief- und Postkartenporto bei Werbegewinnspielen unerheblich; sie stellen damit keinen Einsatz im Sinne der §§ 284, 287 StGB dar[244]. Telefongebühren in derselben Größenordnung wird man ebenfalls als belanglos ansehen müssen[245]. Entscheidend ist neben der Geringfügigkeit des Betrages vor allem die Tatsache, dass Portokosten der Post zufallen und nicht dem Veranstalter. Nach den Grundsätzen der Kettenbrief-Entscheidung des Bundesgerichtshofs sind derartige Kosten für das veranstaltende Unternehmen verlorene Geldbeträge, da sie nicht einmal mittelbar in die Kasse des Veranstalters fließen.

c) Internet-Gebühren als Einsatz

Bei Internet-Gewinnspielen wird man in den Internetgebühren des Anbieters ebenfalls keinen Einsatz sehen können. Dies gilt jedenfalls dann, wenn das Gewinnspiel als Leistungsbestandteil des Unternehmens anzusehen ist[246]. Internet-Gewinnspiele sind Bestandteil der Leistung des Diensteanbieters. Ähnlich wie bei den Printmedien dienen die Angebote der Diensteanbieter zur Unterhaltung der Internetnutzer.

d) Telefongebühren bei Telefongewinnspielen

Wie dargestellt, ergibt sich jedenfalls bei üblichen Verbindungsentgelten für Telefongewinnspiele keine andere Beurteilung wie für Portogebühren. Viele Telefongewinnspiele, insbesondere Fernsehgewinnspiele, werden allerdings über teure (Mehrwertdienste-) Telefonnummern (z.B. 0190- oder 0137-Nummern) durchgeführt. Die Veranstalter werden an den Gebühren beteiligt und finanzieren nicht selten hierüber die ausgelobten Gewinne oder machen darüber hinaus Gewinn[247].

Bei den meisten dieser Veranstaltungen hängt es regelmäßig vom Zufall ab, wer gewinnt. Selbst wenn der Gewinn aufgrund von Fähigkeiten und Kenntnissen entschieden wird, so hängt es doch letztlich vom Zufall ab, ob derjenige Teilnehmer mit der richtigen Lösung auch tatsächlich ausgelost wird. Dies gilt erst

---

244 Baumbach/Hefermehl, Wettbewerbsrecht, § 1 UWG, Rn. 144; Tröndle/Fischer, StGB, § 284 Rn. 3.

245 Tröndle/Fischer, StGB, § 284 Rn. 3; Eichmann/Sörup, MMR 2002, 142 (144).

246 OLG München GRUR-RR 2003, 222 –Internetradio–; BGH WRP 2002, 1136 –Gewinnspiel im Radio–.

247 Vgl. hierzu auch Focus-Bericht, Focus-Heft 28/2003, S. 132: „Gewinnspiele. Kleingeist macht Mist“, S. 132 und 133.

recht für die als „Quizsendungen“ getarnten Fernsehsendungen, bei denen der Zuschauer Fragen beantworten muss, die in ihrem Niveau kaum unterschritten werden können: Welche Farben haben Erdbeeren? Wo steht der schiefe Turm von Pisa? Wie heißt der deutsche Bundeskanzler? Gerhard Schröder oder Tom Gerhardt?[248]. Entscheidende Frage ist somit für die Einordnung als Glücksspiel, ob ein Einsatz im Sinne des § 284 StGB zu leisten ist oder nicht.

Im Verhaltenskodex der Freiwilligen Selbstkontrolle Telefonmehrwertdienste heißt es unter der Rubrik „empfehlenswerte Standards“, beim Angebot von Gewinnspielen sei die vorherrschende Rechtsauffassung zu berücksichtigen. Die Empfehlung ist somit bewusst offen gehalten. Gewinnspiele mit teuren, unüblichen Telefongebühren dienen nicht dem Warenabsatz oder einer Absatzerhöhung der Dienstleistung des jeweiligen Veranstalters. Stattdessen macht der Veranstalter seinen Umsatz vor allem und in erster Linie mit den generierten Gebühren selbst. Ziel ist nicht die Aufmerksamkeitswerbung für ein bestimmtes Produkt oder eine Dienstleistung sondern stattdessen, so viele Verbraucher wie möglich zum Anwählen der bereitgestellten Telefonnummern zu veranlassen. Derartige Gewinnspiele müssen somit anders als kaufgekoppelte Gewinnspiele beurteilt werden[249]. Ein Teil der entstehenden Telefongebühren etwa bei 0190-Nummern stellen damit einen versteckten Einsatz für die Teilnehmer an einem Gewinnspiel dar, so dass eine Strafbarkeit nach §§ 284, 287 StGB vorliegt[250]. Dass ein erhöhter Warenabsatz nicht mit generierten Telefongebühren wirtschaftlich vergleichbar ist, zeigt folgendes Beispiel: Ein Veranstalter verbindet sowohl eine Kopplung der Teilnahme mit dem Warenerwerb als auch den Einsatz von Merwertdienstenummern in seinem Gewinnspiel. Die Teilnehmer müssen also, um teilnehmen zu können, zunächst die Ware kaufen und gleichzeitig zum Mitteilen der richtigen Lösung eine kostenpflichtige 0190-Telefonnummer wählen. Es zeigt sich, dass sich hier zwei völlig voneinander unabhängige Einnahmequellen gegenüber stehen. Die Kaufkopplung dient der Absatzförderung. Anstelle des kaufgekoppelten Gewinnspiels hätte der Veranstalter auch ein anderes Verkaufsförderungsmittel einsetzen können, wie beispielsweise kostenlose Warenproben. Der Geldrückfluss aus den Telefongebühren stellt hingegen eine zusätzliche Geldquelle dar, die unabhängig vom Warenabsatz ist und deshalb auch nicht durch eine Kaufkopplung substituierbar ist.

---

248 Vgl. Focus-Bericht, Focus-Heft 28/2003, S. 132: „Gewinnspiele. Kleingeist macht Mist“, S. 133.

249 A. A.: Bahr, WRP 2002, 501 (502), der in dem generierten Geldrückfluss einen mit dem erhöhten Warenabsatz vergleichbaren Vorteil sieht.

250 LG Memmingen GRUR-RR 2001, 135 (136).

Es bleibt somit festzuhalten, dass es sich nur bei unüblichen, teuren Telefonentgelten um einen Einsatz im Sinne von § 284 StGB handelt[251]. Vom Zufall abhängige Telefongewinnspiele mit teuren Mehrwertdienste-Telefonnummern sind somit in der Regel strafbar, wenn nicht eine gleichwertige Teilnahmealternative angeboten wird oder aber eine behördliche Genehmigung eingeholt worden ist[252].

3. Gleichwertige Teilnahmealternativen

Selbst wenn die Teilnahme an einem Gewinnspiel einen nicht ganz unbeträchtlichen Einsatz voraussetzt, kann der Veranstalter die Strafbarkeit durch Einräumen weiterer gleichwertiger Teilnahmemöglichkeiten abwenden. Diese müssen allerdings ohne Einsatz und ausdrücklich gleichberechtigt für jedermann seien. Darüber hinaus muss den Teilnehmern durch diese Teilnahmealternative die gleiche Gewinnchance gewährleistet sein. Bei Telefongewinnspielen ist zu berücksichtigen, dass gerade das Telefonieren eine besonders einfache Möglichkeit der Teilnahme darstellt. Es wird dem Veranstalter deshalb kaum gelingen, eine alternative gleichwertige Teilnahmemöglichkeit zur Verfügung zu stellen.

4. Genehmigungspflicht

Glücksspiele sind nur mit einer Erlaubnis der zuständigen Behörde zulässig. Die Staatsanwaltschaft ist gehalten, bei allen öffentlichen Ankündigungen von Preisrätseln oder ähnlichen Spielen mit dem Charakter einer Lotterie oder Ausspielung bereits dann einzuschreiten, wenn ein Hinweis auf die behördliche Genehmigung fehlt[253].

III. Zusammenfassende Bewertung

Gegen die Regelungen des Glücksspielstrafrechts werden immer wieder erhebliche rechtspolitische Bedenken vorgebracht[254]. Die Vorschriften gelten jedoch nach wie vor uneingeschränkt. Der EuGH hat sie als gemeinschaftsrechtskonform eingestuft und die von ihnen verfolgten nationalen Interessen anerkannt[255]. Der deutsche Gesetzgeber hatte mit der 6. Strafrechtsreform die Gelegenheit,

---

251 Dieser Einsatz überschreitet regelmäßig die Grenze der Unbeträchtlichkeit, vgl. näher Bahr, WRP 2002, 501 (505).

252 Harte-Bavendamm/Henning-Bodewig/Bruhn, UWG, § 4 Rn. 14 f.

253 Vgl. Nr. 241 RiStBV abgedruckt bei: Meyer-Goßner, StGB, Anhang 15. Richtlinien für das Strafverfahren und das Bußgeldverfahren (RiStBV).

254 Vgl. die Darstellung bei Wrage, ZRP 1998, 426 (427).

255 EuGH, Rs. C-275/92, –Her Majesty´s Customs and Excise/ Schindler–, Slg. 1994, I-1039.

das Glücksspielstrafrecht zu überprüfen und zu liberalisieren. Diese Gelegenheit hat er nicht wahrgenommen. Im Gegenteil: Er hat neue Verbote geschaffen, die insbesondere die Werbung für Glücksspiele sowie Lotterien und Ausspielungen verbietet (§§ 284 Abs. 4, 287 Abs. 2 StGB).

Umso erfreulicher ist es, dass der Bundesgerichtshof in seiner Kettenbrief-Entscheidung den Begriff „Einsatz" eng auslegt. Gerade zu Werbezwecken veranstaltete Preisausschreiben und Gewinnspiele unterscheiden sich in den Motiven der Veranstalter und Teilnehmer erheblich von Glücksspielen sowie Lotterien und Ausspielungen. Sie sollten deshalb generell aus dem Strafbarkeitsbereich ausgenommen werden. Etwas anderes gilt nur für besondere Erscheinungsformen wie z.B. Telefongewinnspiele mit teuren Mehrwertdienstenummer oder gewerblich betriebene Schneeballsysteme, die ohnehin gesondert der Strafbarkeit unterstellt sind, vgl. § 16 RegE UWG, § 6 c UWG.

Bei Glücksspielen droht dem Teilnehmer regelmäßig der Verlust eines Vermögenswertes (Spieleinsatz). Abgesehen von der Möglichkeit einer sehr geringen Gewinnchance erhält er für den hergegebenen Geldbetrag keinen für ihn messbaren Gegenwert. Anreiz für die Teilnahme ist allein und ausschließlich die Aussicht auf einen Gewinn sowie die Spielleidenschaft. Dem Veranstalter geht es in erster Linie darum, diese Leidenschaft auszunutzen und hieraus Kapital zu schlagen.

Ganz anders stellt sich das Bild bei zu Werbezwecken veranstalteten Preisausschreiben und Gewinnspielen dar. Hier steht die Werbung für die Produkte und Dienstleistungen des Veranstalters im Vordergrund. Dem Veranstalter geht es hier wie bei allen Verkaufsförderungsmaßnahmen darum, den Absatz seiner Ware kurzfristig oder langfristig zu steigern. Dieser Werbeeffekt ist den Verbrauchern in der Regel auch bewußt. Die meisten Teilnehmer, die eine Ware kaufen, tun dies in erster Linie deshalb, weil sie die Ware auch gebrauchen können. Die ebenfalls erworbene Teilnahmemöglichkeit ist nur ein zusätzlicher Anreiz für die Teilnehmer. Selbst wenn ein Teilnehmer die Ware ausschließlich kauft, um an dem Gewinnspiel teilzunehmen, so erhält er für den entrichteten Preis einen meßbaren und wirtschaftlichen Gegenwert. Das gilt jedenfalls für die Fälle, in denen die Ware zum üblichen Preis veräußert wird. Dieser Gegenwert bleibt ihm erhalten, auch wenn er – was wahrscheinlich ist – nicht gewinnen sollte. Bei Lotterien und Ausspielungen geht der geleistete Geldbetrag dagegen regelmäßig verloren.

6. Kapitel: Die Grenzen der wettbewerbsrechtlichen Zulässigkeit für Preisausschreiben und Gewinnspiele in Deutschland und den anderen Mitgliedstaaten

I. Einleitung

Sowohl das deutsche als auch das europäische Lauterkeitsrecht befindet sich derzeit in einem tiefgreifenden Umbruch. Der mit dem Wegfall von Rabattgesetz und Zugabeverordnung eingeleitete Liberalisierungsprozeß ist im vollen Gang. Er hat über ein gewandeltes Verbraucherleitbild auch die wettbewerbsrechtliche Beurteilung von Preisausschreiben und Gewinnspielen entscheidend beeinflusst.

Wie noch darzustellen ist, hat sich der zunehmende Liberalisierungsprozeß insbesondere auf die Fallgruppe des übertriebenen Anlockens und des psychischen Kaufzwangs ausgewirkt.

Die aktuellen Entwicklungen bieten die Chance, den bisher eingeschlagenen liberalen Weg weiter zu beschreiten und neue Koordinaten für die Zulässigkeit von Preisausschreiben und Gewinnspielen zu stecken. Anhand der neuen Gesetzesvorhaben auf europäischer und nationaler Ebene soll im Folgenden untersucht werden, ob die verantwortlichen Instanzen diese Chance auch tatsächlich genutzt haben. Zu diesem Zweck soll zunächst der grundsätzliche Harmonisierungsbedarf für die wettbewerbsrechtliche Beurteilung von Preisausschreiben und Gewinnspielen festgestellt werden.

Im Anschluß daran wird die Entwicklung der deutschen Rechtslage dargestellt, insbesondere anhand der Rechtsprechung des Reichsgerichts und Bundesgerichtshofs. Sodann werden die neuen Bestimmungen des RegE UWG näher erläutert und kritisch bewertet. Hieran schließt sich ein kurzer Überblick über die Rechtslage in den übrigen Mitgliedstaaten.

Es folgt die Untersuchung, inwieweit bereits bestehendes europäisches Recht die nationale wettbewerbsrechtliche Beurteilung von Preisausschreiben und Gewinnspielen beeinflusst. Schließlich werden die geplanten und zum Teil bereits in Kraft getretenen Gesetzesvorhaben auf europäischer Ebene kritisch beleuchtet.

II. Harmonisierungsbedürfnis

Trotz einiger bruchstückhafter Bestimmungen auf europäischer Ebene, die unmittelbar Fragen der Werbung regeln, ist für die wettbewerbsrechtliche Beurteilung von Preisausschreiben und Gewinnspielen nach wie vor das nationale Recht bestimmend. Angesichts der immer stärkeren Verknüpfung der europäischen Staaten, spätestens aber seit der Errichtung des Europäischen Binnenmarktes, kann die wettbewerbsrechtliche Beurteilung jedoch nicht mehr auf nationales Recht beschränkt bleiben.

Wenn auch viele Verbraucher und Unternehmer die Vorteile eines grenzüberschreitenden Warenverkehrs (noch) nicht nutzen, hat der gemeinsame Binnenmarkt bereits zu einer erheblichen Europäisierung des Wirtschaftsverkehrs geführt. Der Ausdehnung des Waren- und Gütertausches folgte zunehmend auch die grenzüberschreitende Werbung. Ein gutes Beispiel für einen Bereich, in dem grenzüberschreitende Werbung bereits selbstverständlich geworden ist, stellt das Internet dar. Besonders beliebt sind Online-Gewinnspiele, mit denen die Unternehmen auf ihre Waren oder Dienstleistungen aufmerksam machen wollen. Gerade das Internet birgt jedoch Gefahren für den Binnenmarkt. Für den Online-Bereich hat die Richtlinie über den elektronischen Geschäftsverkehr[256] das Herkunftslandprinzip eingeführt. Ein aus einem Mitgliedstaat herrührendes Gewinnspiel, das dort zulässig ist, muss danach von allen anderen Mitgliedstaaten als zulässig akzeptiert werden. Dieses Prinzip bringt Vor- und Nachteile: Zunächst führt das Herkunftslandprinzip zu einer Vereinfachung des grenzüberschreitenden Warenverkehrs und somit auch der grenzüberschreitenden Werbung im Online-Bereich. Diensteanbieter müssen sich lediglich nach den Zulässigkeitsvoraussetzungen in ihrem Niederlassungsland richten. Diensteanbieter in einem Mitgliedstaat mit niedrigem Standard haben jedoch erhebliche Standortvorteile gegenüber Anbietern in Ländern mit einem höheren Standard. Es besteht deshalb die Gefahr, dass Unternehmen auf diejenigen Mitgliedstaaten mit einem niedrigeren Standard ausweichen. Nicht alle Unternehmen, insbesondere kleine und mittelständische Unternehmen, sind jedoch so flexibel, ihren Standort zu wechseln. Für Mitgliedstaaten mit besonders strengen Regelungen entsteht somit ein Standortnachteil und eine Wettbewerbsverzerrung, da die ausländischen Wettbewerber entsprechenden Restriktionen nicht unterliegen[257]. Im Ergebnis

---

256 Richtlinie 2000/31/EG des Europäischen Parlaments und des Rates über bestimmte rechtliche Aspekte der Dienste der Informationsgesellschaft, insbesondere des elektronischen Geschäftsverkehrs, im Binnenmarkt („Richtlinie über den elektronischen Geschäftsverkehr"), im Folgenden abgekürzt: E-Commerce-Richtlinie.

257 Lange/Spätgens, Rabatte und Zugaben, S. 44.

liefert somit das Herkunftslandprinzip ein gewichtiges Argument für eine weitere Harmonisierung des Wettbewerbsrechts[258]. Darüber hinaus ist eine Angleichung mit dem Offline-Bereich dringend erforderlich.

Eine einheitliche europäische Regelung ist jedoch nicht nur für die Gewährleistung eines freien Waren- und Dienstleistungsverkehrs erforderlich. Dominierender Grund für eine Rechtsangleichung im Wettbewerbs- und Werberecht bleibt neben der Verwirklichung eines Binnenmarktes vor allem der Verbraucherschutz.

Dringender Handlungsbedarf besteht vor allem vor dem Hintergrund des erfolgten Beitritts der zehn neuen Mitgliedstaaten zum 1. Mai 2004 und der damit verbundenen weiteren Verstärkung grenzüberschreitender Konflikte: Erforderlich ist eine einheitliche europäische Regelung über Werbung im Allgemeinen und Preisausschreiben und Gewinnspiele im Besonderen. Die Größe der Europäischen Union mit nun 25 Mitgliedstaaten wird ganz sicher nicht zu einer Beschleunigung, sondern eher zu einer Verlangsamung des notwendigen Harmonisierungsprozesses führen.

Im folgenden werden die Eckpunkte für eine wettbewerbsrechtliche Beurteilung von zu Werbezwecken veranstalteten Preisausschreiben und Gewinnspielen dargestellt. Zu diesem Zweck wird zunächst das bisherige nationale Lauterkeitsrecht dargestellt. Im Anschluß daran werden die Bestimmungen des neuen UWG, soweit sie Preisausschreiben und Gewinnspiele betreffen, untersucht. Sodann wird die Rechtslage zu Preisausschreiben und Gewinnspielen in den einzelnen Mitgliedstaaten dargestellt.

III. Deutsches Recht

Mittlerweile sind sich Rechtsprechung und Literatur einig: Preisausschreiben und Gewinnspiele, die zu Werbezwecken erfolgen, sind nicht von vornherein und schlechthin wettbewerbswidrig, sondern im Allgemeinen wettbewerbsrechtlich zulässig[259]. Unzulässig werden Preisausschreiben und Gewinnspiele erst dann, wenn besondere Unlauterkeitsmerkmale vorliegen, die den Vorwurf der

---

258 Schricker/Henning-Bodewig, WRP 2001, 1367 (1370).

259 BGH WRP 2002, 1136 (1137) –Gewinnspiel im Radio–; BGH WRP 2000, 724 (725) –Space Fidelity Peep-Show–; BGH GRUR 1998, 735 (736) –Rubbelaktion–; Baumbach/Hefermehl/Köhler, Wettbewerbsrecht, 23. Auflage, § 4 Rn. 1.123; von Gamm, Wettbewerbsrecht, § 27 Rn. 1 (S. 523); Harte-Bavendamm/Henning-Bodewig, UWG, § 4 Rn. 44; Gloy, Handbuch des Wettbewerbsrechts, § 50 Rn. 130 (S. 900); Köhler/Piper, UWG, § 1 UWG Rn. 329.

Sittenwidrigkeit begründen[260]. § 1 UWG regelt als „große" Generalklausel das Recht der lauteren bzw. unlauteren Werbung. Damit hatte der Gesetzgeber es weitgehend der Rechtsprechung überlassen, die Grenzen der wettbewerbsrechtlich erlaubten Werbung abzustecken.

Preisausschreiben und Gewinnspiele sind keine Erscheinungsformen des modernen Wirtschaftslebens. Schon das Reichsgericht hatte sich mit derartigen Werbeformen zu befassen. Angesichts der Vielzahl von Preisausschreiben und Gewinnspielen ist es schwierig, einen einfachen, klaren Prüfungsmaßstab für deren wettbewerbsrechtliche Beurteilung zu entwickeln. Wie auch bei anderen Werbeformen hat sich daher auch für diese Werbeform eine umfassende Rechtsprechung entwickelt, die dem englischen „Case-Law" gleichkommt.

Im folgenden wird zunächst ein kurzer geschichtlicher Überblick über das alte, derzeit noch geltende UWG gegeben. Anschließend wird die Rechtsprechung des Reichsgerichts und des Bundesgerichtshofs zur wettbewerbsrechtlichen Beurteilung von Preisausschreiben und Gewinnspielen im Rahmen einer umfassenden Analyse dargestellt.

1. Entstehungsgeschichte des UWG

Die Einführung der Gewerbefreiheit in den siebziger Jahren des 19. Jahrhunderts machte den freien Wettbewerb und die gewerbliche Tätigkeit im damaligen deutschen Reich fast schrankenlos möglich. Erste wirtschaftliche Normen zum Schutz vor unlauterem Wettbewerb wie etwa das Markenschutzgesetz von 1874 waren als Grundlage für einen allgemeinen Schutz vor unlauterem Wettbewerb nicht geeignet. Das Reichsgericht ging sogar in einem Umkehrschluss zu den bestehenden Schutzgesetzen davon aus, dass alles erlaubt sein müsse, was nicht gesetzlich verboten sei[261]. Aus dem Vorhandensein des Markengesetzes zog das Reichsgericht den Schluss, dass ein über das Markenschutzgesetz hinaus gehender Schutz von Warenzeichen nicht gewährt werden kann.

Die vorgenannte Rechtsprechung des Reichsgerichts und die zunehmende Wettbewerbstätigkeit führte 1894 zum Gesetz zum Schutz von Warenbezeichnungen. Dieses bildete die Vorläuferregelung zum UWG von 1896, das ebenfalls keine abschließenden Regelungen enthielt. Mit Inkrafttreten des BGB im Jahre 1900 griff die Rechtsprechung deshalb zur Ausfüllung der verbliebenen Schutzlücken

---

260 BGH GRUR 1959, 138 (139) –Italienische Note–; BGH GRUR 1967, 202 (203) –Gratisverlosung–; BGH GRUR 1973, 418 –Das goldene A–; BGH GRUR 1973, 591 (593) –Schatzjagd–; BGH GRUR 1987, 243 (244) –Alles frisch–; BGH GRUR 1990, 611 –Werbung im Programm–.

261 RG 3, 67 (68) –Apollinaris–.

auf das BGB zurück, insbesondere auf § 823 und § 826 BGB. Zwar erkannte das Reichsgericht das Recht am eingerichteten und ausgeübten Gewerbebetrieb als „absolutes“ Recht im Sinne des § 823 I BGB an; dessen Schutzbereich wurde jedoch sehr eng gefasst[262]. § 823 I BGB erfasste unlautere Wettbewerbshandlungen daher nur in Ausnahmefällen. Auch § 826 BGB bot keinen ausreichenden Schutz, da der erforderliche Schädigungsvorsatz regelmäßig schwer nachzuweisen war.

So schuf der Gesetzgeber schließlich das UWG von 1909, das als gravierendste Änderung die Einführung der Generalklausel brachte und damit die bestehenden Lücken schließen sollte[263]. Trotz zahlreicher Änderungen gerade in jüngster Zeit hat das UWG noch bis heute Bestand. Die jetzige Neuschaffung des UWG bringt allerdings deutliche Veränderungen mit sich[264]. So hat sich der Gesetzgeber durch die Einführung von Beispielsfällen von den generalklauselartig formulierten Bestimmungen der §§ 1 und 3 UWG entfernt. Neu ist auch die Einführung von Definitionskatalogen. Dabei ist das neue UWG maßgeblich durch gemeinschaftsrechtliche Eingriffe motiviert[265] und erfolgt zu einem Zeitpunkt, zu dem die Kommission mit zwei Regelungswerken eine umfassende Harmonisierung des Lauterkeitsrechts anstrebt.

2. § 1 UWG als bisheriger Prüfungsmaßstab

Für die Beurteilung der Zulässigkeit von Preisausschreiben und Gewinnspielen diente bisher als wesentlicher Maßstab die Generalklausel des § 1 UWG. Wer im geschäftlichen Verkehr zu Zwecken des Wettbewerbs Handlungen vornahm, die gegen die „guten Sitten“ verstießen, konnte gemäß § 1 UWG auf Unterlassen, bei Verschulden auch auf Schadensersatz in Anspruch genommen werden.

Zentrale Frage des Wettbewerbsrechts war daher, was unter einem Verstoß gegen die „guten Sitten“ zu verstehen ist. Das neue UWG hat sich von dem Begriff der „guten Sitten“ verabschiedet. Stattdessen wird nun der Begriff der „Unlauterkeit“ verwendet[266]. Aufgrund dieser Änderung wird im Folgenden nur kurz auf den Begriff der „guten Sitten“ eingegangen.

---

262 RGZ 58, 24 (29); RGZ 60, 7.

263 Zur Vertiefung der geschichtlichen Entwicklung des UWG vgl.: Baumbach/Hefermehl, Wettbewerbsrecht, Einl. UWG, Rn. 16 f.; Veelken, Nationales Lauterkeitsrecht und europäisches Gemeinschaftsrecht, ZvglR Wiss 92 (1993), 241 f.; Emmerich, Unlauterer Wettbewerb, 1. Kapitel § 2 (S. 9 f.); ausführlich: Beater, Unlauterer Wettbewerb, § 3 (S. 69 f.).

264 Vgl. zum neuen UWG ausführlich unter: 6. Kapitel III. 4.

265 RegE UWG, BT-Drs. 15/1487, Begründung S. 12.

266 Zum Regelungsinhalt des neuen UWG vgl. unten 6. Kapitel III. 4.

a) Verstoß gegen die guten Sitten

Die wettbewerbsrechtliche Beurteilung von Preisausschreiben und Gewinnspielen erfolgte regelmäßig am Maßstab des § 1 UWG. Seinem Wortlaut nach verbietet § 1 UWG nicht per se die Werbung mit Preisausschreiben und Gewinnspielen bzw. deren Durchführung.

Nach der Rechtsprechung des Bundesgerichtshofs sind Preisausschreiben und Gewinnspiele wettbewerbswidrig, wenn Umstände vorliegen, die den Vorwurf der Sittenwidrigkeit begründen[267]. Erforderlich war daher eine Konkretisierung, was unter dem unbestimmten Rechtsbegriff der „guten Sitten" zu verstehen ist. Seit Bestehen der Generalklausel wurden verschiedene Versuche zur Bestimmung des Sittenwidrigkeitsbegriffs unternommen.

Zu diesem Zweck wurden zunächst zivilrechtliche Vorschriften herangezogen. Von „guten Sitten" sprechen die zivilrechtlichen Vorschriften der § 138 Abs. 1 und § 826 BGB. Der Begriff der „guten Sitten" in § 138 Abs. 1 und § 826 BGB hat jedoch nicht denselben Inhalt wie in § 1 UWG[268]. § 138 BGB steckt Grenzen für die Privatautonomie, wobei ein konkretes Rechtsgeschäft beurteilt wird. Ein Verstoß führt zur Nichtigkeit des Rechtsgeschäftes. § 826 BGB verlangt eine vorsätzliche Schadenszufügung, ohne dass ein Vertrag vorliegen muss. Ein Verstoß gegen § 826 BGB begründet eine Schadensersatzpflicht. § 1 UWG hingegen steuert das Wettbewerbsgeschehen, so dass von dem Inhalt der zivilrechtlichen Normen nicht auf wettbewerbsrechtliche Anforderungen geschlossen werden kann.

Nach der herkömmlichen „Anstandsformel" der Rechtsprechung soll es für die Beurteilung der Sittenwidrigkeit im Sinne des § 1 UWG auf das „Anstandsgefühl aller billig und gerecht Denkenden" ankommen[269]. Die sog. Anstandsformel ist auf die vom Reichsgericht zu § 826 BGB entwickelten Grundsätze zurückzuführen. Diese Vorschrift erwies sich aber aufgrund des Erfordernisses einer vorsätzlich sittenwidrigen Schädigung als zu eng. Nach Schaffung des UWG hat

---

267 BGH WRP 2000, 725 –Space Fidelity Peep-Show–; BGH GRUR 1998, 735 (736) –Rubbelaktion–; BGH WRP 1995, 591 (593) –Gewinnspiel II–.

268 Beater, Unlauterer Wettbewerb, § 12 Rn. 16 (S. 329); Baumbach/Hefermehl, Wettbewerbsrecht, Einl UWG Rn. 70; a. A.: Sack, WRP 1985, 1 (10).

269 RG 48, 114 (124); BGH 10, 228 (232); ähnlich zuletzt bei: BGH GRUR 1995, 592, (593/594) –Busengrapscher–. Danach sei ein solches Wettbewerbsverhalten sittenwidrig (bzw. wettbewerbswidrig), das dem Anstandsgefühl der beteiligten Verkehrskreise widerspricht oder von der Allgemeinheit missbilligt und für untragbar angesehen wird. Die damit vorausgesetzte sittlich-rechtliche Wertung sei mit Blick auf die Funktion des § 1 UWG im Wettbewerb vorzunehmen.

das Reichsgericht die Anstandsformel auf § 1 UWG übertragen[270]. Dieser Rechtsprechung folgte der Bundesgerichtshof zunächst. An die Stelle aller billig und gerecht Denkenden trat allerdings immer häufiger das Anstandsgefühl der beteiligten Verkehrskreise, insbesondere der Durchschnittsgewerbetreibenden[271]. Da häufig die Interessen der Allgemeinheit durch eine Werbemaßnahme betroffen sind, stellt der Bundesgerichtshof mittlerweile daneben auch darauf ab, ob die fragliche Maßnahme von der Allgemeinheit missbilligt und für untragbar angesehen wird[272]. In seiner neueren Praxis versteht also auch der Bundesgerichtshof den Begriff der „guten Sitten" anders als in § 138 BGB.

Man könnte annehmen, dass das Anstandsgefühl der maßgeblichen Kreise bereits vielfach durch Veranlassung der Gerichte in Umfragen erhoben worden ist. Tatsächlich aber haben die Gerichte bis auf wenige Ausnahmen auf derartige Erhebungen verzichtet. Das normative Element des Begriffs der „guten Sitten" lasse es nach Ansicht des Bundesgerichtshofs nicht zu, die Auslegung des Begriffs dem Ergebnis einer Verkehrsbefragung zu überlassen[273]. Stattdessen legt das Gericht den Begriff der guten Sitten unter Berücksichtigung vorhandener Sozialnormen aufgrund der Rechtsordnung selbst aus.

Die Literatur hält den Ansatz des Bundesgerichtshofs für eine Leerformel[274]. Die „Wunderformel" locke den Rechtsanwender und erst recht den Studenten in die Irre. Lösungen, die unter Anwendung dieser Formel gefunden werden, könnten doch nur richtig sein, denn sie würden von „allen" getragen, entsprächen dem „Anstandsgefühl" ebenso wie dem „Denken" und seien überdies „billig und gerecht"[275]. Der Rechtsprechungspraxis wird darüber hinaus vorgeworfen, dass sie ihre eigene Formel letztlich selbst nicht ernst genommen hat[276]. Tatsächlich ist die Formel des Bundesgerichtshofs aus den genannten Gründen eine „Leerfor-

---

270 RG 80, 219 (221).

271 BGH GRUR 1955, 541 –Bestattungswerbung–, BGH NJW 1957, 949.

272 BGH GRUR 1995, 592, 593/594 –Busengrapscher–; vgl. auch BGH GRUR 1968, 648 –Farbbildangebot–; BGH WRP 1970, 305 –Telefonwerbung-.

273 BGH GRUR 1995, 600 (601) –H.I.V. POSITIVE–; anders noch: BGH GRUR 1960, 558 (560) –Eintritt in Kundenbestellung–.

274 Baumbach/Hefermehl, Wettbewerbsrecht, Einl. UWG Rn. 71; Beater, Unlauterer Wettbewerb, § 12 Rn. 14 (S. 328).

275 Beater, Unlauterer Wettbewerb, § 12 Rn. 16 (S. 329). In der Literatur wird vereinzelt versucht, den Begriff der „guten Sitten" durch den im internationalen Privatrecht gebräuchlichen Begriff des „ordre public" zu ersetzen. Andere wollen die „guten Sitten" bei einem funktionalen Verständnis durch eine Interessenabwägung bestimmen, Henning-Bodewig, WRP 1992, 533 (534); vgl. zu den verschiedenen Ansätzen in der Literatur die ausführliche Darstellung bei Emmerich, Unlauterer Wettbewerb, 1. Kapitel, § 5 (S. 43 f.); Baumbach/Hefermehl, Wettbewerbsrecht, Einl. UWG, Rn. 66 f.

276 Emmerich, Unlauterer Wettbewerb, 1. Kapitel § 5 1. b), (S. 38).

mel" und eignet sich nicht zur Konkretisierung. Die Literatur hat selbst zahlreiche Lösungsmodelle entwickelt; sie belegen die Schwierigkeiten bei der Bestimmung der Sittenwidrigkeit[277].

Auf die Anstandsformel oder eine nähere Bestimmung des Begriffs der Sittenwidrigkeit ist der Bundesgerichtshof in jüngster Zeit allerdings nicht mehr eingegangen. Konkretisiert wurde der unbestimmte Rechtsbegriff der guten Sitten deshalb vielmehr durch die Vielzahl von Einzelentscheidungen, aus denen sich verschiedene Fallgruppen herausgebildet haben. Es ist davon auszugehen, dass sich an diesen Fallgruppen durch die Neuformulierung der Generalklausel in § 3 RegE UWG nichts ändern wird. Entscheidend sind auch weiterhin die Vorgaben der Rechtsordnung sowie marktwirtschaftliche Prinzipien. Die von der Rechtsprechung entwickelten Fallgruppen werden üblicherweise in die Kategorien Kundenfang, Behinderung, Ausbeutung, Rechtsbruch und Marktstörung unterteilt[278]. Die Fallgruppe des Kundenfangs umfasst insbesondere Fälle der Täuschung, den physischen und psychischen Zwang, die Belästigung, übermäßiges Anlocken und die gefühlsbetonte Werbung. Zum wettbewerbswidrigen Kundenfang werden diese Fallgruppen dadurch, dass der Kunde durch Werbemaßnahmen derart beeinflusst werden soll, dass seine freie Willensentschließung beeinträchtigt bzw. ganz ausgeschaltet wird[279].

Die für Preisausschreiben und Gewinnspiele entwickelten Fallgruppen werden überwiegend von der Fallgruppe des Kundenfangs erfasst: Die Besonderheit bei Preisausschreiben und Gewinnspielen besteht darin, dass sie als Mittel der Wertreklame produktfremde Werbung darstellen. Die Aufmerksamkeit der Verbraucher soll nicht aufgrund eines Leistungswettbewerbs um die Güte und Preiswürdigkeit eines Produktes erlangt werden sondern in erster Linie durch produktfremde Mittel. Als Mittel der Wertreklame unterliegen Preisausschreiben und Gewinnspiele daher grundsätzlich (jedenfalls derzeit noch) einer strengeren

277 Nach der Lehre von den Sozialnormen bilden nicht sittlich-moralische Forderungen an das innere Verhalten sondern die Regeln der äußeren zwischenmenschlichen Beziehungen die Grundlage für die Bestimmung, was den guten Sitten entspricht. Ein anderer Ansatz will das Merkmal der guten Sitten durch den Begriff des ordre public ersetzen, definiert als Grundprinzipien der gesellschaftlichen Ordnung, die durch Gesetze und von Rechtsprechung und Lehre entwickelten Regeln konstituiert ist. Andere sprechen sich für ein funktionales Verständnis aus. Nach anderer Ansicht entspricht der Leistungswettbewerb, wonach ausschließlich die bessere Leistung entscheiden soll, am ehesten dem Gerechtigkeitsgedanken. Ein anderer Ansatz will den Begriff der guten Sitten durch eine Interessenabwägung bestimmen, vgl. hierzu die ausführliche Darstellung bei: Emmerich, Unlauterer Wettbewerb, 1. Kapitel § 5.

278 Vgl. Baumbach/Hefermehl, Wettbewerbsrecht, Inhaltsverzeichnis zu § 1 UWG, S. XI, XII.

279 Baumbach/Hefermehl, Wettbewerbsrecht, § 1 UWG Rn. 4.

wettbewerbsrechtlichen Beurteilung als die übliche Werbung durch Wort und Bild[280]. Nach der Rechtsprechung des Bundesgerichtshofs verstoßen Preisausschreiben und Gewinnspiele gegen die guten Sitten, wenn besondere Umstände vorliegen[281]. Derartige Umstände sehen die Gerichte häufig darin, dass Preisausschreiben und Gewinnspiele in unzulässiger Weise mit dem Warenabsatz verknüpft sind oder einen faktischen oder psychischen Kaufzwang auf den Kunden ausüben. Eine weitere wichtige Fallgruppe ist die Irreführung für die Beurteilung der Wettbewerbswidrigkeit von Preisausschreiben und Gewinnspielen. Trotz Wegfall von Rabattgesetz und Zugabeverordnung nimmt auch die Fallgruppe des übertriebenen Anlockens nach wie vor eine wichtige Rolle bei der wettbewerbsrechtlichen Beurteilung von Preisausschreiben und Gewinnspielen ein[282]. Häufig überschneiden sich auch die einzelnen Fallgruppen, wie die zahlreich zu Preisausschreiben und Gewinnspielen ergangenen Entscheidungen veranschaulichen.

b) Handeln im geschäftlichen Verkehr zu Zwecken des Wettbewerbs

§ 1 UWG findet nur Anwendung, wenn ein Handeln im geschäftlichen Verkehr zu Zwecken des Wettbewerbs vorgelegen hat. Im Zusammenhang mit der Werbung und Durchführung von Preisausschreiben und Gewinnspielen sind diese Voraussetzungen unproblematisch. Deshalb soll hierauf nur kurz eingegangen werden.

aa) Handeln im geschäftlichen Verkehr

Der Begriff des Handelns im geschäftlichen Verkehr ist von der Rechtsprechung und der Literatur weit ausgelegt worden[283]. Im Wesentlichen sollte damit jede selbständige, wirtschaftliche Zwecke verfolgende Tätigkeit erfasst werden, mit der eine Auswirkung auf mögliche Mitbewerber erzielt werden kann.

bb) Handeln zu Zwecken des Wettbewerbs

Nach ständiger Rechtsprechung setzt ein Handeln zu Zwecken des Wettbewerbs objektive und subjektive Elemente voraus[284]. Eine Handlung muss zunächst ob-

---

280 Baumbach/Hefermehl, Wettbewerbsrecht, § 1 UWG Rn. 86.

281 Ständige Rechtsprechung seit BGH GRUR 1959, 138 –Italienische Note–; vgl. zuletzt zu Gewinnspielen: BGH WRP 2002, 1136 –Gewinnspiel im Radio–.

282 Andere wettbewerbsrechtliche Gesichtspunkte, wie die sittenwidrige Behinderung von Konkurrenten bei besonders breit angelegten Anktionen, haben in der Praxis eine nur geringe Bedeutung; vgl. z. B. BGH NJW 1990, 3199 –ZDF–.

283 Beater, Unlauterer Wettbewerb, § 11 Rn. 5 (S. 300).

284 BGH GRUR 1953, 293 –Fleischbezug–; BGH GRUR 1960, 384 –Golfrasenmäher–; BGH GRUR 1981, 658 –Preisvergleich–.

jektiv geeignet sein, den eigenen oder fremden Absatz auf Kosten eines anderen Gewerbetreibenden zu fördern, zu dem der Handelnde in einem Wettbewerbsverhältnis steht. Subjektiv muss die fragliche Handlung von der Absicht getragen sein, den eigenen oder einen fremden Wettbewerb zu fördern. Die Annahme einer Wettbewerbshandlung scheidet aus, wenn die Wettbewerbsabsicht gegenüber anderen Beweggründen völlig in den Hintergrund tritt[285]. Gerade auch bei Preisausschreiben und Gewinnspielen, die möglicherweise vordergründig nur zur Unterhaltung durchgeführt werden, wird es nicht immer einfach sein, eine derartige Absicht nachzuweisen. Wegen dieser Beweisschwierigkeiten haben die Gerichte bei Vorliegen einer objektiven Wettbewerbshandlung regelmäßig vermutet, dass diese Handlung auch mit Wettbewerbsabsicht erfolgte[286].

3. Die Entwicklung der Rechtsprechung

Heute entspricht es ständiger Rechtsprechung, dass zu Werbezwecken veranstaltete Preisausschreiben und Gewinnspiele grundsätzlich zulässig sind und erst durch das Hinzutreten besonderer Umstände unlauter werden[287]. Dies gilt unabhängig davon, ob sich die Veranstaltungen an Letztverbraucher oder nur an Einzelhändler richten. Nach Inkrafttreten des UWG im Jahre 1909 dauerte es allerdings immerhin fast 50 Jahre, bis diese grundsätzliche Bewertung durch den Bundesgerichtshof festgestellt wurde und allgemein Zustimmung fand.

a) Reichsgericht

Das Reichsgericht hat sich im Wesentlichen in drei Entscheidungen zu der Frage einer Wettbewerbswidrigkeit von Preisausschreiben und Gewinnspielen zu Werbezwecken geäußert.

Eine Veranstaltung, bei der in einzelne Nähseideröllchen Geldgutscheine versteckt waren, erklärte das Reichsgericht 1928 wegen Verstoßes gegen die guten Sitten für unzulässig[288]. Ein Reklamemittel, das sich der Spielleidenschaft des Publikums bediene und seiner Neigung, die ihm nicht klar vor Augen geführten Gewinnaussichten zu überschätzen, werde von dem ehrbaren Kaufmann abgelehnt. Die Zulassung derartiger Reklamemittel führe notwendig zu ähnlichen Gegenmaßnahmen der Wettbewerber und damit zu einer Verwilderung der Sit-

285 Emmerich, Unlauterer Wettbewerb, § 4, 3.(S. 23).
286 BGH NJW 1952, 660 –Constanze–, BGH NJW 1997, 3302 –Kaffeebohne–.
287 Zuletzt BGH WRP 2002, 1136 (1137) –Gewinnspiel im Radio–; BGH WRP 2000, 724 –Space Fidelity Peep-Show–; BGH GRUR 1998, 735 (736) –Rubbelaktion–.
288 RG JW 1928, 1210 –Gütermanns Nähseide–.

ten im Wettbewerbskampf. Sittenwidrig sei auch, dass die Teilnehmer zu unwirtschaftlichen Käufen veranlasst werden, zum Ankauf von Ware, die sie eigentlich gar nicht benötigten. Die Prüfung der Sittenwidrigkeit erfolgte hier noch anhand §§ 823 Abs. 2, 826 BGB, obwohl mit § 1 UWG bereits ein geeigneter Prüfungsmaßstab für die wettbewerbsrechtliche Beurteilung vorhanden war.

Sehr liberal waren zwei Entscheidungen des Reichsgerichts aus dem Jahre 1930. In einem Fall mussten die Teilnehmer die Geschäftsräume des Veranstalters aufsuchen, um dort Lose zu entnehmen. Ein Kauf war hier ausdrücklich nicht von der Teilnahme abhängig gemacht worden. Das Reichsgericht sah hierin keine Ausübung eines unmoralischen Kaufzwangs[289]. Ein derartiger sog. Gewissenszwang, in den die Losentnehmer durch das Aufsuchen der Geschäftsräume versetzt werden, habe für die wettbewerbsrechtliche Beurteilung keine entscheidende Bedeutung. Das breite Publikum sei an Überraschungen gewöhnt und nehme etwaige Vorteile ohne besondere Scheu entgegen. Auch andere wettbewerbswidrige Gesichtspunkte, etwa eine „anreißerische“ Wirkung oder ein Anreizen der Spielleidenschaft des kaufenden Publikums, konnte das Reichsgericht nicht erkennen.

Kaum drei Monate später bekräftigte das Reichsgericht diese Entscheidung in seinem „Kinder-Mal-Wettbewerb“- Urteil[290]. Eltern, deren Kinder an einem Malwettbewerb teilnahmen, waren in dem Fall mehrfach gezwungen, das Geschäftslokal mit ihren Kindern zu betreten; der Kontakt zum Geschäft erfolgte zur Entnahme der Teilnahmeunterlagen, bei der Ablieferung und schließlich im Falle eines Gewinns bei der Gewinnzuteilung. Diese Umstände machten nach Ansicht des Reichsgerichts die Veranstaltung nicht wettbewerbswidrig. Das Gericht stellte erstmals den Grundsatz auf, dass ein zu Wettbewerbszwecken veranstaltetes Preisausschreiben nicht per se unlauter sei. Es müsse erst ein „besonderes Merkmal“ hinzukommen, wenn ein Preisausschreiben als nicht mit dem Geschäftsgebaren eines Kaufmanns vereinbar erscheinen soll[291]. Ebenso wenig beanstandete das Reichsgericht, dass 100 Preisträger unentgeltlich in den Geschäftsräumen mit Kaffee und Kuchen bewirtet wurden – inklusive Drehorgelmusik. Das Reichsgericht sah auch hier keinen sog. Gewissenszwang und verwies auf seine Entscheidung vom September desselben Jahres.

Bemerkenswert an diesen beiden liberalen Entscheidungen ist insbesondere, dass das Aufsuchen von Geschäftsräumen nicht als unlauterer sog. Gewissenszwang angesehen wurde, auch wenn es die einzige Möglichkeit der Teilnahme

289 RG GRUR 1930, 1204 (1206).
290 RG GRUR 1931, 278 –Kinder-Mal-Wettbewerb–.
291 RG GRUR 1931, 278 (279) –Kinder-Mal-Wettbewerb–.

darstellte. Diese Fälle hat später der Bundesgerichtshof unter dem Gesichtspunkt des psychischen Kaufzwangs als unzulässig eingestuft[292]. Ein Kontakt mit den Geschäftsräumen sollte in jedem Fall vermieden werden. Das Reichsgericht dagegen hat schon dem damaligen Käuferpublikum einen selbstbewussten Umgang mit derartigen Reklamemitteln bescheinigt.

b) Stellungnahmen von Wirtschaftsorganisationen

Die Grundsatzentscheidung des Reichsgerichts aus dem Jahre 1930 konnte sich zunächst nicht durchsetzen. Die Folgezeit war geprägt durch eine Vielzahl gegensätzlicher Entscheidungen der Obergerichte. Grundlage für diese Entscheidungen bildeten nicht selten herangezogene Gutachten von Wirtschaftsorganisationen, die in die wettbewerbsrechtliche Prüfung mit einbezogen wurden. Die meisten dieser Gutachten stuften zu Werbezwecken veranstaltete Preisausschreiben und Gewinnspiele als sittenwidrig ein. Nach dem Gutachten der Handelskammer Leipzig etwa verstießen ausspielungsähnliche Veranstaltungen als ungewöhnliche Wettbewerbshandlungen gegen das Anstandsgefühl des ehrbaren Kaufmanns und damit gegen die guten Sitten im Geschäftsverkehr[293]. Die IHK Berlin erklärte in ihrer Stellungnahme aus dem Jahre 1933, Preisausschreiben zum Zwecke des Wettbewerbs seien sittenwidrig, „wenn sie den Zweck verfolgen, dem Veranstalter einen mühelosen Reklameerfolg zu verschaffen“[294]. Ebenfalls ablehnend äußerte sich ein Gutachten, das der Sonderausschuss zur Regelung von Wettbewerbsfragen im Einzelhandel im Jahre 1936 erstattete[295]: „Nach strengen kaufmännischen Grundsätzen“ sei „die Veranstaltung von Preisausschreiben, die sich an letzte Verbraucher wenden, zu Zwecken des geschäftlichen Wettbewerbs in der Regel abzulehnen“. Ablehnend äußerten sich auch immerhin vierzehn von achtundvierzig Handelskammern aus Anlass einer Befragung des Kammergerichts im Jahre 1930[296]. Acht berichteten über geteilte Meinungen innerhalb ihres Bezirkes, dreizehn beanstandeten nur einzelne Teile der Durchführung; und lediglich dreizehn Kammern hielten die konkrete Werbeveranstaltung für zulässig.

Eine striktere Handhabung von Lotterien und Ausspielungen erfolgte dann durch die nationalsozialistische Regierung, die mit der Lotterieverordnung vom 6. März 1937 die Veranstaltung von Lotterien und Ausspielungen unter einen

---

292 BGH WM 1975, 702 (703) –Bauhaus-Verlosung–; vgl. allerdings zur inzwischen wesentlich großzügigeren Handhabung auch durch den BGH unten: 6. Kapitel III. 3. d) bb).

293 Gutachten der Handelskammer Leipzig, abgedruckt in: GRUR 1929, 889.

294 GRUR 1933, 795.

295 JW 1936, 3363.

296 Vgl. KG GRUR 1930, 1121 (1122).

strengen Genehmigungsvorbehalt stellte. Auch die Veranstaltungen von „Gratisverlosungen“ bedurften grundsätzlich einer Genehmigung[297].

Mit der wieder gewonnenen Gewerbefreiheit in der Nachkriegszeit äußerte die Wirtschaft zunächst wiederum überwiegend starke Vorbehalte gegen Preisausschreiben und Gewinnspiele. Der beim Deutschen Industrie- und Handelstag und der Hauptgemeinschaft für den Einzelhandel eingerichtete Ausschuss für Wettbewerbsfragen bezeichnete in seinem Gutachten Nr. 3 aus dem Jahre 1950 den Einsatz von Preisausschreiben und Preisrätseln als grundsätzlich mit guter kaufmännischer Sitte nicht vereinbar, und zwar ohne Rücksicht darauf, ob ein Einsatz gefordert werde oder nicht[298]. Das Einigungsamt für Wettbewerbsstreitigkeiten bei der IHK Bochum führte in seinem Gutachten vom 22.12.1953 ebenfalls zurückhaltend aus: „Preisausschreiben bedeuten stets eine Anlockung, die den Beweggrund, die Ware zu erhalten, völlig in den Hintergrund treten lässt“[299].

c) Rechtsprechung der Ober- und Untergerichte

Als eines der ersten Gerichte hat das OLG Dresden zu Werbezwecken veranstaltete Gewinnspiele ausschließlich nach wettbewerbsrechtlichen Maßstäben beurteilt[300]. In der Sache ging es um ein „Preisausschreiben zugunsten Kriegsverletzter“, das sich jedoch tatsächlich nicht in der angegebenen Weise als zugunsten Kriegsverletzter entpuppte. Das OLG Dresden hat daher wegen „trügerischer Reklame“ einen Verstoß gegen § 1 UWG angenommen und den Erlaß einer einstweiligen Verfügung gegen den Veranstalter bestätigt.

Bereits unter dem Einfluss der nationalsozialistischen Regierung hat 1937 das Kammergericht die liberale Rechtsprechung des Reichsgerichts ausdrücklich abgelehnt[301]. Die Entscheidung „Kinder-Mal-Wettbewerb“ vom 30. September

---

297 Abgedruckt in: GRUR 1937, 281; vgl. auch den Runderlaß des Reichsministeriums des Innern vom 26.9.1938 betreffend den Vollzug der Lotterieverordnung, GRUR 1938, 966. Nach dem Wortlaut des Runderlasses sei die wettbewerbsrechtliche Handhabung von Verlosungen zu Werbezwecken nicht berührt, sondern obliege dem Werberat der deutschen Wirtschaft. Allerdings hat der Runderlass klar zum Ausdruck gebracht, dass sog. Gratisverlosungen in der Regel der Genehmigungspflicht unterliegen und daher zu versagen sind. Damit hat der Erlass letztlich auch für die wettbewerbsrechtliche Beurteilung deutliche Vorgaben gesteckt, vgl. GRUR 1938, 966 (967).

298 Zitiert nach OLG Düsseldorf GRUR 1951, 463 (465).

299 WRP 1955, 190; vgl. auch folgende strenge Stellungnahmen: Einigungsamt der IHK Osnabrück vom 21. August 1951, WRP 1955, 77; Einigungsamt der IHK Hamburg vom 13. April 1954, WRP 1955, 93.

300 OLG Dresden JW 1919, 255.

301 KG GRUR 1937, 950.

1930 gelte „jedenfalls nicht mehr für die heutige Zeit". Die Anforderungen an die lautere Werbung seien „seit dem nationalsozialistischen Umbruch im Jahre 1933 immer strenger geworden". Auch wenn nur eine geringe Anzahl von Gegenständen verschenkt werde und diese nur einen geringen Wert hätten, ändere dies nichts an der Unzulässigkeit. Die „Entartung bei solchen Werbemitteln" pflege sich erst allmählich zu entwickeln.

Nach dem Krieg haben die Gerichte zunächst uneinheitlich entschieden. Insgesamt tendierten sie zu einer liberalen Handhabung. Nur einige Landgerichte hielten jede Werbehandlung für unzulässig, bei der die Gewinnverteilung vom Zufall abhängt[302]. Eine besonders strenge Linie verfolgte das OLG Düsseldorf[303]: Unter Beachtung der Auffassung maßgebender Kreise des Handels[304] sei an Preisausschreiben ein denkbar strenger Maßstab anzulegen, der in aller Regel dazu führen werde, einen Verstoß gegen die guten Sitten im Sinne des § 1 UWG anzunehmen.

Dagegen wollte das OLG Frankfurt eine Ausnutzung der Spielleidenschaft nur dann feststellen, wenn die Teilnehmer in irgendeiner Form einen Einsatz leisten[305]. Auch das OLG Stuttgart[306] hat Preisausschreiben für zulässig gehalten, wenn der Spieltrieb zwar angesprochen, nicht aber in sittenwidriger Weise ausgenutzt wurde. In einer anderen Entscheidung hat das OLG Stuttgart das Bestehen eines psychischen Kaufzwangs mit der Begründung abgelehnt, „der Durchschnittsangehörige des heutigen Publikums ist nicht mehr so zart besaitet, dass er sich auf Grund eines auf ihn fallenden Gewinnes anstandshalber verpflichtet fühlen würde, bei der preisausschreibenden Firma auch etwas zu kaufen. Feingefühl in solchem Grade gehört, im Durchschnitt angesehen, nach den Verhältnissen der Kriegs- und Nachkriegszeit der Vergangenheit an"[307].

d) Rechtsprechung des Bundesgerichtshofs

Eine endgültige Klärung, ob zu Werbezwecken veranstaltete Preisausschreiben oder Gewinnspiele mit dem Wettbewerbsrecht zu vereinbaren sind, brachte die

302 LG Osnabrück Der Wettbewerb 1951, Nr. 10; LG Kleve GRUR 1954, 209.
303 OLG Düsseldorf GRUR 1951, 463.
304 Das OLG Düsseldorf bezog sich dabei auf das Gutachten des beim Industrie- und Handelstag und der Hauptgemeinschaft für den Einzelhandel eingerichteten Ausschusses für Wettbewerbsfragen, der in seinem Gutachten die Werbung mit Preisausschreiben und Preisrätseln als grundsätzlich mit guter kaufmännischer Sitte nicht vereinbar bezeichnet hatte.
305 OLG Frankfurt Der Wettbewerb 1951 Nr. 9.
306 OLG Stuttgart, vgl. Rechtsprechungsbericht, BB 1954, 394.
307 OLG Stuttgart, Der Wettbewerb 1951 Nr. 9.

Entscheidung des Bundesgerichtshofes aus dem Jahre 1958[308]. Darin lehnte der Bundesgerichtshof die Ansicht des OLG Düsseldorf[309], dass Preisausschreiben in „aller Regel" wettbewerbswidrig seien, ausdrücklich ab. Es könne nicht schlechthin jede Werbung, die mit anderen Mitteln auf den Kaufentschluss des Kunden Einfluss nehme, als unlauter bezeichnet werden, und zwar auch dann nicht, wenn diese Mittel nicht üblich oder sogar für den Mitbewerber unbequem oder sogar schädlich seien. Es sei davon auszugehen, dass Preisausschreiben, die zu Zwecken des Wettbewerbs veranstaltet werden, nicht an sich wettbewerbswidrig seien, sondern vielmehr zulässig. Erst das Hinzukommen besonders erschwerender Umstände lasse den Einsatz dieses Werbemittels als unlauter erscheinen[310]. Der Bundesgerichtshof entschied sich damit für die grundsätzliche Zulässigkeit von Preisausschreiben und Gewinnspielen, unabhängig davon, ob der Gewinn ausschließlich vom Zufall oder aber von Fähigkeiten der Teilnehmer abhängt.

Kernfrage jeder wettbewerbsrechtlichen Beurteilung von Preisausschreiben und Gewinnspielen ist seitdem, ob derartige „besonders erschwerende Umstände" vorliegen oder nicht. Hierzu hat die Rechtsprechung verschiedene Beurteilungskriterien herangezogen. Besonders erschwerende Umstände liegen insbesondere in der Kopplung des Warenabsatzes mit der Teilnahme an dem Gewinnspiel, in einem psychischen Kaufzwang, in einer Irreführung des Publikums über die Gewinnchancen sowie in einem übertriebenen Anlocken[311]. Im Mittelpunkt der Rechtsprechung standen dabei vor allem der psychische Kaufzwang sowie das übertriebene Anlocken[312]. Insgesamt weist die Entwicklung der Rechtsprechung des Bundesgerichtshofs zu den einzelnen Fallgruppen jedenfalls in jüngster Zeit eine zunehmend liberale Tendenz auf. Im folgenden werden die einzelnen von der Rechtsprechung entwickelten Fallgruppen kurz vorgestellt und ihre Besonderheiten im Zusammenhang mit der Beurteilung von Preisausschreiben und Gewinnspielen erörtert.

---

308 BGH GRUR 1959, 138 –Italienische Note–.

309 OLG Düsseldorf GRUR 1951, 463.

310 BGH GRUR 1959, 138 (139) –Italienische Note–; BGH GRUR 1967, 202 (203) –Gratisverlosung–; BGH GRUR 1973, 418 –Das goldene A–; BGH GRUR 1973, 591 (593) –Schatzjagd–; BGH GRUR 1987, 243 (244) –Alles frisch–; BGH GRUR 1990, 611 –Werbung im Programm–.

311 BGH GRUR 2002, 1136 (1137) –Gewinnspiel im Radio–.

312 Vgl. BGH WRP 2000, 724 –Space Fidelity Peep-Show–; BGH GRUR 1998, 735 –Rubbelaktion–; BGH GRUR 1989, 757 –McBacon–; BGH GRUR 1987, 243 (244) –Alles frisch–; BGH GRUR 1973, 591 (593) –Schatzjagd–.

aa) Kopplung der Teilnahme mit dem Warenabsatz oder einer Dienstleistung

Schon immer als unzulässig sah es der Bundesgerichtshof an, die Teilnahme an Preisausschreiben und Gewinnspielen mit dem Warenabsatz zu koppeln. Gerade bei der Fallgruppe der Kopplung zeigt sich das Dilemma des Werbenden. Für den Veranstalter ist ein Preisausschreiben oder Gewinnspiel kein Selbstzweck. Er möchte mit der Veranstaltung mittelbar oder unmittelbar neue Kunden gewinnen und so seinen Absatz steigern. Der Teilnehmer soll eigentlich etwas kaufen, aber genau das verbietet die Fallgruppe der unzulässigen Kopplung.

Über Fälle einer unzulässigen Kopplung hat der Bundesgerichtshof allerdings eher selten entschieden[313]. Auf den ersten Blick verwundert daher die besonders starke Beachtung gerade dieser Fallgruppe, die sich insbesondere in den neuen Bestimmungen des neuen UWG zu Preisausschreiben und Gewinnspielen widerspiegelt, vgl. insbesondere § 4 Ziffer 6 RegE UWG[314]. Die Fallgruppe der unzulässigen Kopplung mit dem Warenabsatz oder mit einer Dienstleistung zeichnet sich – im Unterschied zu den anderen Fallgruppen – durch eine relativ gleichbleibende Rechtsprechungspraxis des Bundesgerichtshofs aus.

Eine unzulässige Kopplung der Teilnahme mit dem Warenabsatz kann während des Ablaufs eines Gewinnspiels an verschiedenen Punkten erfolgen: Zunächst einmal kann der Kauf Voraussetzung sein, um eine gestellte Aufgabe zu lösen oder um überhaupt an dem Gewinnspiel teilzunehmen. Schließlich kann bei der Realisierung des Gewinns gekoppelt werden. Bei der Frage, ob eine Kopplung vorliegt, geht es in erster Linie um die Feststellung eines tatsächlichen Umstandes. Entweder ist für die Teilnahme an einem Gewinnspiel ein Warenkauf objektiv erforderlich oder nicht. Liegt eine Kopplung vor, so soll sie nach der Rechtsprechung regelmäßig auch geeignet sein, die angesprochenen Personen zu sachfremden Entschließungen zu verleiten[315].

Immer dann, wenn die Teilnahme an einem Gewinnspiel in irgendeiner Weise an den Warenabsatz gekoppelt wird, – sei es, dass eine Teilnahme ohne Warenkauf unmöglich, zumindest aber erschwert oder mühsamer wird – spricht man von einer unzulässigen Koppelung oder Verknüpfung der Teilnahme mit einem

---

313 BGH WRP 1976, 100 (101) –Mars-Gewinnspiel–; BGH WRP 1976, 172 (172) –Versandhandels-Preisausschreiben–.

314 Diese Beachtung erklärt sich jedoch bei einem Bick auf die europäischen Vorgaben und der Rechtslage in den anderen Mitgliedstaaten, vgl. hierzu unten: 6. Kapitel III. 3. d) aa) und IV.

315 BGH WRP 1876, 100 (101) –Mars-Gewinnspiel–; BGH WM 1975, 702 (703) –Bauhaus-Verlosung–; BGH GRUR 1989, 434 (436) –Gewinnspiel I–.

Warenabsatz. Diese Fälle werden auch als rechtlicher[316], faktischer[317], unmittelbarer bzw. mittelbarer[318] oder praktischer[319] Kaufzwang bezeichnet[320]. In der Rechtsprechung des Bundesgerichtshofs haben sich diese Bezeichnungen jedoch nicht durchgesetzt[321].

Entscheidend ist, dass der angesprochene Personenkreis seine Entschließung nicht aus sachfremden Erwägungen trifft. Es kommt darauf an, ob die Verkopplung geeignet ist, eine solche Entschließung zu bewirken. Unzulässig ist es, wenn der Teilnahmeschein an einem Gewinnspiel mit einem Bestellvordruck verbunden wird oder mit ihm identisch ist[322]. Unzulässig ist ferner das Gewinnspiel eines Versandhändlers, der an die Gewinner Warengutscheine verteilt, bei deren Einlösung man die Porto- und Versandkosten aber nur sparen kann, wenn man gleichzeitig noch Waren über einen bestimmten Mindestbetrag bestellt[323].

Eine Kopplung wird dadurch aufgehoben, dass der Veranstalter eine gleichwertige Teilnahmealternative zum Kauf zur Verfügung stellt[324]. Ist die angebotene Alternative zu umständlich oder kommt sie gegenüber dem näherliegenden Erwerb der Ware nicht ernsthaft in Betracht, bleibt es bei einer wettbewerbswidrigen Kopplung. Es genügt bereits, dass ein nicht unerheblicher Teil der Einsender sich zunächst zum Warenerwerb verleiten lässt[325]. In diesem Fall ist eine vorhandene Teilnahmealternative nicht gleichwertig.

---

316 Unter rechtlichem Kaufzwang versteht man den aus Rechtsgründen zwingenden Erwerb von Waren oder Leistungen, entweder für die Teilnahme am Gewinnspiel oder den Erhalt des vollständigen Gewinns, vgl. Zweng, Werbung mit Gewinnspielen, S. 107.

317 Faktischer Kaufzwang bedeutet die Erschwerung und Behinderung der Teilnahme des Interessenten aus tatsächlichen Gründen ohne Warenerwerb, vgl. Heil, WRP 1989, 647.

318 Löffler, BT Gewinnspiele Rn. 15 (S. 1190) und Rn. 21 (S. 1192).

319 OLG Hamburg ZUM 1989, 362 –Super-Chance-; vgl. hierzu ausführlich: Paefgen, WRP 1990, 85 (90).

320 Vgl. die sehr differenzierte Darstellung verschiedener Formen des Kaufzwangs bei Zweng, Werbung mit Gewinnspielen, S. 104f.

321 Der BGH spricht von einer Kopplung der Teilnahme am Gewinnspiel mit einer Warenbestellung; vgl. zuletzt BGH WRP 2001, 1073(1075) –Gewinn-Zertifikat–.

322 BGH WRP 1973, 152 –Preisausschreiben–.

323 BGH GRUR 1989, 434 –Gewinnspiel I–.

324 Gloy, Handbuch des Wettbewerbsrechts, § 50 Rn. 133 (S. 902); vgl. zu den Möglichkeiten der Entkopplung im Einzelnen bei Teilnahme per Postkarte, Telefon oder über das Internet: Harte-Bavendamm/Henning-Bodewig/Bruhn, UWG, § 4 Rn. 17 – 26.

325 BGH WRP 1976, 100 –Mars-Preisausschreiben–.

Eine unzulässige Kaufkopplung liegt auch dann vor, wenn ein Gewinn etwa bei Wertgutscheinen nur mit einer Zuzahlung realisiert werden kann. Nach der Rechtsprechung des Bundesgerichtshofs darf die Teilnahme nicht mit dem Warenabsatz gekoppelt werden, wenn hierdurch die Gefahr besteht, dass die angesprochenen Personen ihre „wirtschaftlichen Entschließungen nicht im Blick auf die Eigenschaften und den Preis der in dem Katalog angebotenen Ware treffen sondern wegen des sachfremden Motivs, die ihnen gebotene Gewinnchance wirtschaftlich auswerten zu wollen"[326]. In diesen Fällen wird der Gewinner regelmäßig aus sachfremden Gründen, nämlich um den angekündigten Gewinn realisieren zu können, zu einer Bestellung verleitet[327].

bb) Psychischer Kaufzwang

Die Veranstaltungen von Preisausschreiben und Gewinnspielen bilden in jüngerer Zeit neben der Wertreklame[328] Hauptanwendungsfälle für die Fallgruppe des psychologischen oder psychischen Kaufzwanges[329] in der Rechtsprechung des Bundesgerichtshofs.[330]. Psychische Beeinflussung allein macht ein Preisausschreiben oder Gewinnspiel nicht wettbewerbswidrig. Ein psychischer Kaufzwang liegt erst dann vor, wenn auf die Willensentschließung des Umworbenen in einem Ausmaß eingewirkt wird, dass dieser nicht umhin kann, auf das Angebot einzugehen[331]. Nach der Rechtsprechung des Bundesgerichtshofs erfolgt diese Einwirkung dadurch, dass der Interessent von dem Veranstalter in eine Lage gebracht wird, in der er sich aus Befangenheit oder Dankbarkeit für eine Gewinnchance oder einen Gewinn verpflichtet fühlt, etwas bei dem Veranstalter zu kaufen.

---

326 BGH GRUR 1989, 434 (436) –Gewinnspiel–.

327 BGH GRUR 1989, 434 (436) –Gewinnspiel–.

328 Vgl. z. B. BGH WRP 1998, 727 (728) –Schmuck-Set–; BGH WRP 1998, 162 (163) –Erstcoloration–.

329 Der BGH spricht in seinen jüngsten Entscheidungen in Abkehr zu früher ohne nähere Begründung von einem „psychischen" Kaufzwang, vgl. WRP 2000, 726 –Space Fidelity Peep-Show–; GRUR 1998, 735 (736) –Rubbelaktion–. In seiner Entscheidung, GRUR 1989, 757 –McBacon– verwendet der BGH noch den Begriff „psychologischer" Kaufzwang; vgl. zu der Kritik an der Bezeichnung „psychologischer Kaufzwang" näher: Heil, WRP 1998, 839; ders. WRP 1989, 647; Borck, WRP 1989, 311 (313); Bülow, GRUR 1971, 64 Fn. 3; ders. GRUR 1974, 254 Fn.1; vgl. zur geschichtlichen Entwicklung des Begriffs „psychologischen" Kaufzwang: Paefgen, WRP 1990, 85 (86 f.).

330 Vgl. z. B. BGH WRP 2000, 724 –Space Fidelity Peep-Show–; BGH GRUR 1998, 735 –Rubbelaktion–; BGH GRUR 1989, 757 –McBacon–; BGH GRUR 1987, 243 –Alles frisch–; BGH GRUR 1974, 156 –Geld-Gewinnspiel–; BGH GRUR 1973, 591 –Schatzjagd–; BGH GRUR 1973, 418 –Das goldene A–; BGH GRUR 1971, 223 –clix-Mann–.

331 BGH GRUR 1989, 757 –McBacon–.

Zunächst stellte der Bundesgerichtshof recht hohe Anforderungen an das Vorliegen eines psychischen Kaufzwangs. Nicht erfüllt seien die Voraussetzungen bei Abholen einer kostenlosen Eintrittskarte in den Geschäftsräumen für eine Modenschau sowie bei Betreten der Geschäftsräume am eigentlichen Veranstaltungstag der Modenschau; auch ein möglicherweise drittes Mal Betreten zum Zwecke des Abholens der Gewinne begründe nicht das Vorliegen eines psychischen Kaufzwangs[332]. Es sei nicht ersichtlich, inwiefern sich die Preisträger in der Zwangssituation befunden haben sollen, bei dem Veranstalter Einkäufe zu machen.

In der Folgezeit nahm der Bundesgerichtshof dann allerdings recht schnell einen unzulässigen psychischen Kaufzwang gegenüber dem Gewinnspiel-Teilnehmer an[333]. Zumeist hat das Gericht als Aufhänger für den psychischen Kaufzwang das Gefühl der Peinlichkeit herangezogen[334]. Ein derartiges Gefühl verursacht insbesondere das Betreten eines Geschäftslokals, das für die Durchführung des Preisausschreibens oder Gewinnspiels erforderlich sein kann, um an dem Gewinnspiel teilzunehmen oder einen etwaigen Gewinn abzuholen. Hier rechnet der Interessent damit, von dem Verkaufspersonal zunächst als Kaufinteressent angesehen zu werden und als solcher geschätzt zu werden. Diese Erwartungshaltung enttäuscht der Kaufinteressent, wenn er sich nur als Gewinnspiel-Teilnehmer zu erkennen gibt, ohne etwas kaufen zu wollen. Kauft er nichts, empfindet er ein Gefühl der Peinlichkeit. Aus diesem Gefühl der Peinlichkeit heraus wird ein nicht unerheblicher Teil dazu veranlasst, wenigstens eine Kleinigkeit zu kaufen.

Der Kunde geht also davon aus, der Veranstalter sei nur an Käufern und nicht an Gewinnspiel-Teilnehmern interessiert. Diese Erwägung hat der Bundesgerichtshof auch auf den Versandhandel übertragen, bei dem mangels persönlicher Begegnung kein Gefühl der Peinlichkeit entstehen kann[335]. Aber auch hier sei der Veranstalter nur an Käufern interessiert. Dieser Gedanke führe bei den Spielinteressenten eines Versandhandels-Preisausschreiben dazu, dass sie eine Bestellung aufgeben, weil sie sich hierdurch eine bessere Gewinnchance versprechen. Hierdurch werde die Veranstaltung unlauter. Der Bundesgerichtshof hat allerdings klargestellt, dass in aller Regel bei Distanzkäufen in Ermangelung eines

332 BGH GRUR 1959, 544 (546) –Modenschau–.
333 Vgl. z. B. BGH GRUR 1987, 243 –Alles frisch–.
334 BGH GRUR 1971, 223 –Clix-Mann–; BGH GRUR 1973, 418 –Das goldene A–; BGH WM 1975, 702 –Bauhausverlosung–; BGH GRUR 1977, 727 –Kaffee-Verlosung I–; BGH GRUR 1987, 243 –Alles frisch–; BGH GRUR 1998, 735 (736) –Rubbelaktion–; zuletzt BGH WRP 2000, 724 (726) –Space Fidelity Peep-Show–.
335 BGH WRP 1976, 172 (174) –Versandhandels-Preisausschreiben–.

persönlichen Kontaktes zwischen Teilnehmer und Veranstalter bzw. dessen Personal kein psychischer Kaufzwang entstehen könne[336].

Der Bundesgerichtshof geht davon aus, dass ein psychischer Kaufzwang immer dann zu verneinen ist, wenn der Veranstalter ausreichende und gleichwertige Teilnahmealternativen zur Verfügung stellt, die keinen persönlichen Kontakt mit dem Veranstalter erfordern[337]. In diesen Fällen kann ein Gefühl der persönlichen Verpflichtung nicht entstehen. Ein Hinweis mit der Aufschrift „Kein Kaufzwang“ beseitigt den psychischen Kaufzwang allerdings nicht[338].

Als nicht gleichwertig hat der Bundesgerichtshof 1973 den Postbezug für seinerzeit 0,30 DM angesehen[339]. Die Möglichkeit, durch einen Streichhölzer-Kauf im Geschäft teilnehmen zu können, müsse gegenüber dem Postbezug als wirtschaftlich vernünftiger angesehen werden. Der Fall war allerdings so gelagert, dass man für eine realistische Aussicht auf den Gewinn drei bis sechs Gewinnlose benötigte, aber je Postbezug nur ein Los erhielt. Zur Alternative des Postbezugs hat sich der Bundesgerichtshof seitdem nicht mehr geäußert. Ebenfalls als nicht gleichwertig wurde die Alternative eingestuft, statt 10 Verpackungshüllen des Schokoladenriegels Mars einzusenden, zehnmal das Wort „Mars“ in roten Blockbuchstaben auf Papier zu schreiben[340]. Der Bundesgerichtshof war der Meinung, dass die Teilnehmer diese Alternative entweder nicht ernst nehmen oder sie als Zumutung ansehen[341].

Geld-Gewinnspiele „in Geschäften mit einem breiten Sortiment an Waren des täglichen Bedarfs“ seien auch dann wettbewerbswidrig, wenn die Teilnahme nur ein einmaliges Betreten des Ladenlokals erfordere[342]. Müssten Interessenten eine Filiale betreten und dort an die Verkaufstheke treten, einen Teilnahmeschein

---

336 BGH WRP 1992, 446 –Glücksball-Festival–.
337 BGH GRUR 1973, 591 (593) –Schatzjagd–.
338 BGH GRUR 1973, 592 (593) –Schatzjagd–.
339 BGH GRUR 1973, 592 (593) –Schatzjagd–.
340 BGH WRP 1976, 100 (101) –Mars-Gewinnspiel–.
341 Der BGH hat sein Urteil in der Mars-Gewinnspiel-Entscheidung anders als das Berufungsgericht in der Vorinstanz allerdings nicht ausdrücklich auf den Gesichtspunkt des psychischen Kaufzwanges gestützt. Es hat stattdessen allgemein festgestellt, dass die Unlauterkeit in der Art der zur Wahl gestellten Teilnahmemöglichkeiten und der Form, wie diese Möglichkeiten angekündigt werden, zu sehen seien; vgl. BGH WRP 1976,100 (101) –Mars-Gewinnspiel–; vereinzelt hat der BGH aber auch offen gelassen, auf welchem Unlauterkeitskriterium seine Entscheidung beruht; so in BGH GRUR 1973, 474 –Preisausschreiben–.
342 BGH GRUR 1974, 156 (157) –Geld-Gewinnspiel–.

einem Kästchen entnehmen oder diesen sogar vom Verkaufspersonal erbitten, dann tue das in der Regel niemand ganz unbefangen und unbelastet[343].

Mit ähnlicher Begründung hat der Bundesgerichtshof in seiner Entscheidung „Alles frisch" einen psychischen Kaufzwang angenommen[344]. Wer ein kleines Ladenlokal betrete, rechne damit, in unmittelbaren Kontakt mit dem Verkaufspersonal zu kommen, und wisse, dass dieses ihn zunächst als Kaufinteressent ansehen und als solchen schätzen werde. Diese Wertschätzung werde ihm nicht mehr entgegengebracht, wenn er sich lediglich als Interessent für ein Gratislos zu erkennen gebe. Das dadurch begründete Gefühl der Peinlichkeit werde zumindest einen nicht unerheblichen Teil dazu bewegen, eine Kleinigkeit zu kaufen. Bemerkenswert ist die Klarstellung des Bundesgerichtshofs noch im Jahre 1987, dass trotz einer steigenden Anzahl von Gewinnspielen dieser Art, eine Gewöhnung oder Abstumpfung des Verkehrs an diese Peinlichkeit nicht zu erkennen sei[345].

Auch bei der Übergabe der Gewinne kann ein psychischer Kaufzwang vorliegen. Unzulässig ist es, wenn die Gewinner eines Spiels durch Verkaufsvertreter aufgesucht werden und die Preisüberreichung zu einem Verkaufsgespräch genutzt wird, das den Gewinner dazu veranlassen soll, eine Bestellung unter Anrechnung des Gewinns auf den Kaufpreis aufzugeben[346].

Unklar blieb nach der Rechtsprechung des Bundesgerichtshofs lange Zeit, wie Situationen zu beurteilen waren, in denen der Kunde ein größeres Geschäft, beispielsweise ein Kaufhaus oder einen Supermarkt, betreten musste. Hierzu nahm der Bundesgerichtshof in seiner Entscheidung „McBacon" aus dem Jahre 1989 Stellung; diese Entscheidung läutete zugleich eine Kehrtwende hin zu einer liberaleren Rechtsprechung des Bundesgerichtshofs ein[347]. Ein Schnellrestaurant loste für einen Zeitraum von 4 Wochen eine Vielzahl sog. „McBacon-Menüs" aus. Dabei verteilte der Veranstalter an das Publikum Handzettel mit abtrennbaren „Glück-Coupons", die verschiedene Zahlen und Symbole enthielten. Jede Woche gewann ein bestimmtes Symbol oder eine bestimmte Zahl, was in jedem Restaurant des Veranstalters im Schaufenster bekannt gegeben wurde. Die Gewinner mussten nur noch ihren Gewinncoupon gegen ein „McBacon-Menü" im Wert von damals 6,00 DM im Geschäftslokal einlösen. Der Bundesgerichtshof verneinte das Vorliegen eines psychischen Kaufzwangs. Besonderes Gewicht hat der Bundesgerichtshof bei seiner Beurteilung auf den Gesichtspunkt der A-

343 BGH GRUR 1977, 727 (728) –Kaffee-Verlosung I–.
344 BGH GRUR 1987, 243 (244) –Alles frisch–.
345 BGH GRUR 1987, 243 (244) –Alles frisch–.
346 BGH GRUR 1973, 81 –Gewinnübermittlung–.
347 BGH GRUR 1989, 757 –McBacon–.

nonymität gelegt. Die Selbstbedienungs-Restaurants des Veranstalters wiesen eine „Atmosphäre der Anonymität" auf. Der Kunde erwarte von dem „für eine individuelle Bedienung nicht vorgesehenen und hierauf auch nicht eingerichteten Personal" nicht, dass dieses sich Gedanken über das Kaufverhalten der Besucher mache. Dazu kam, dass auch der Veranstalter selbst aufgrund der Bezeichnung „Menü" keine Zukäufe durch die Gewinner erwarte.

In der Literatur wird darauf hingewiesen, dass in dem konkreten Fall dieser letztgenannte Gesichtspunkt allein gereicht hätte, um das Vorliegen eines psychischen Kaufzwangs zu verneinen[348]. Das kann jedenfalls nicht für die Fälle gelten, in denen der Gewinner in Begleitung einer weiteren Person seinen Gutschein einlöst. Denn auch hier könnte sich der Gewinner verpflichtet fühlen, wenigstens für seine Begleitung etwas aus Dankbarkeit oder Peinlichkeit zu kaufen. Entscheidend ist deshalb vor allem der Gesichtspunkt, dass nach Ansicht des Bundesgerichtshofs trotz eines persönlichen Kontakts mit dem Verkaufspersonal die Anonymität des Gewinners gewahrt bleibt. Für alle darauffolgenden Entscheidungen ist der Gesichtspunkt der Anonymität für den Bundesgerichtshof zum wesentlichen Maßstab der Beurteilung eines psychischen Kaufzwangs geworden. Damit wird deutlich, dass letztlich die Gestaltung des konkreten Einzelfalls entscheidend ist. Denn auch in einem großen Warenhaus wird man sich Situationen vorstellen können, in denen der Interessent aus seiner Anonymität heraustreten muss, etwa wenn er mit dem Verkaufspersonal Kontakt aufnehmen muss, um Teilnahmeunterlagen, Informationen zum Gewinnspiel etc. zu erhalten. Insgesamt ist aber festzuhalten, dass der Bundesgerichtshof mit der Bejahung eines psychischen Kaufzwangs in jüngster Zeit deutlich zurückhaltender geworden ist[349].

Eine weitere erhebliche Lockerung der Rechtsprechung zur Fallgruppe des psychischen Kaufzwanges hat die Entscheidung des Bundesgerichtshofs „Space Fidelity Peep-Show" gebracht[350]. Der Entscheidung lag eine Ankündigung eines Gewinnspiels mit ungewöhnlichen, weitgehend nichtssagenden Wendungen („spacigen Sofortgewinne") von erkennbar reißerischem und übertriebenem Charakter zugrunde. Aufgrund der Art der Ankündigung ohne weitere Angaben mussten sich die Kunden in die Geschäftsräume begeben, wenn sie nähere Informationen über die Gewinne erhalten wollten. Der Bundesgerichtshof hat eine Beanstandung unter dem Gesichtspunkt des psychischen Kaufzwangs verneint. Allein der Umstand, dass sich Gewinnspiel-Teilnehmer zu einem „Gelegenheits-

---

348 Heil, WRP 1989, 801 (Anmerkungen zur BGH-Entscheidung WRP 1989, 799 – McBacon–).

349 BGH WRP 2000, 724 (726) –Space Fidelity Peep-Show–; BGH GRUR 1998, 735 –Rubbelaktion–; BGH GRUR 1989, 757 (758) –McBacon–.

350 BGH WRP 2000, 724 –Space-Fidelity Peep-Show–.

oder Verlegenheitskauf" veranlasst sehen, begründe nicht bereits den Vorwurf unlauterer Werbung[351]. Denn ein solcher Kauf könne ebenso gut unterbleiben, er wirke gerade nicht derart auf die Willensentschließung des Interessenten ein, dass dieser nicht umhin könne, auf das Angebot einzugehen. Angesichts der großen Verkaufsfläche und des zurückhaltenden Verkaufspersonal müsse der Verbraucher nicht aus seiner Anonymität heraustreten, um an dem Gewinnspiel teilzunehmen. Es könne bei dieser Sachlage nicht davon ausgegangen werden, Kunden könnten sich gegenüber dem Verkaufspersonal verpflichtet fühlen, etwas zu kaufen.

Die Entscheidung des Bundesgerichthofs lässt sich so deuten, dass nicht jedes Gefühl der Peinlichkeit ausreichen soll, um einen psychischen Kaufzwang zu begründen. Bei einem „Verlegenheitskauf" ist der Kunde „verlegen". Auch hier empfindet er ein Gefühl der Befangenheit oder Peinlichkeit, die ihn zum Kauf veranlassen könnte. Dieses Maß an Verlegenheit ist offensichtlich derart gering, dass es nach Auffassung des Bundesgerichtshofs nicht geeignet ist, derart auf die Willensentscheidung des Umworbenen einzuwirken, dass dieser nicht umhin kann, auf das Angebot einzugehen.

Maßgeblich ist somit nach dieser Entscheidung des Bundesgerichtshofs die Intensität der Einwirkung auf die Willensentschließung des Umworbenen und damit die Intensität des verursachten Peinlichkeitsgefühls. An beide Gesichtspunkte sind danach heutzutage wesentlich höhere Anforderungen zu stellen.

Diese zunehmend liberale Entscheidungspraxis rührt vor allem daher, dass die Rechtsprechung früher noch durchgehend den „uninformierten, unbedarften Kunden" als Maßstab für seine Beurteilung wettbewerbswidriger Handlungen zugrundelegte[352]. In seinen jüngsten Entscheidungen stellt der Bundesgerichtshof dagegen – entsprechend der Rechtsprechung des EuGH – auf den durchschnittlich informierten und verständigen Verbraucher ab[353] – dies gilt jedenfalls im Ansatz mittlerweile auch für die wettbewerbsrechtliche Beurteilung von Preisausschreiben und Gewinnspielen[354]. Während der Bundesgerichtshof früher eine Abstumpfung gegenüber dem Gefühl der Peinlichkeit beim Durchschnittskunden nicht erkennen konnte[355], nähert sich die jüngste Rechtsprechung dem maßgeblichen Verbraucherleitbild nach europäischem Maßstab.

351 BGH WRP 2000, 724 (726) –Space Fidelity Peep-Show–.
352 BGH GRUR 1970, 425 (426) –Melitta-Kaffee–; GRUR 1982, 563 (564) –Betonklinker–; BGH NJW 1995, 871 (873) –Markenverunglimpfung II–.
353 BGH WRP 2000, 517 –Orient-Teppichmuster–.
354 BGH WRP 2000, 724 (726) –Space Fidelity Peep-Show–.
355 BGH GRUR 1987, 243 (244) –Alles frisch–.

Mit der zunehmenden Liberalisierung des Lauterkeitsrechts ist also eine deutlich großzügigere Handhabung des Merkmals des psychischen Kaufzwangs zu beobachten. Angesichts der starken Kritik im Schrifttum gegenüber dieser Fallgruppe[356], einer zunehmenden Liberalisierung des Lauterkeitsrechts und der Annäherung der Rechtsprechung bezüglich des maßgeblichen Verbraucherleitbildes an den europäischen Maßstab stellt sich deshalb die Frage, ob der Fallgruppe des „psychischen Kaufzwangs" in Zukunft noch eigenständige Berechtigung zukommen kann[357]. Legt man den aufmerksamen verständigen Durchschnittsverbraucher zugrunde, so wird es das vom Bundesgerichtshof definierte und vom Bundesgerichtshof in seinen Anforderungen selbst aufgeweichte Gefühl der Peinlichkeit kaum mehr geben[358].

cc) Übertriebenes Anlocken

Die Fallgruppe des übertriebenen Anlockens ist eine weitere wichtige Fallgruppe für die wettbewerbsrechtliche Beurteilung von Preisausschreiben und Gewinnspielen. Von einem übertriebenen Anlocken spricht man, wenn der Verbraucher seine Kaufentscheidung nicht mehr im Hinblick auf die Güte und Preiswürdigkeit der beworbenen Ware trifft sondern in erster Linie zur Erlangung des beworbenen Vorteils[359]. Damit wird die Entschließungsfreiheit des Kunden unsachlich beeinflusst. Wie auch bei anderen Mitteln der Wertreklame versucht der Veranstalter durch die Veranstaltung von Preisausschreiben und Gewinnspielen die Aufmerksamkeit der Verbraucher auf seine Produkte bzw. Dienstleistungen in besonderem Maße zu wecken.

Die Rechtsprechung des Bundesgerichtshofs hat schon vor der Aufhebung des Rabattgesetzes und der Zugabeverordnung im Juli 2001 diese Fallgruppe erheblich gelockert[360]. Im Gegensatz zur älteren Rechtsprechung geht die Tendenz der neueren Rechtsprechung eindeutig dazu, ein übertriebenes Anlocken bei der Werbung mit Preisausschreiben und Gewinnspielen zu verneinen[361]. Die Anlockwirkung, die von einem attraktiven Angebot ausgehe, sei gewollte Folge des

356 Weiler, WRP 2002, 871; Gaedertz, WRP 1970, 287; Lehmann, Vertragsanbahnung durch Werbung, S. 151 f.

357 Vgl. dazu die Stellungnahme unten: 6. Kapitel III. 3. d) ff).

358 Vgl. hierzu Baumbach/Hefermehl/Köhler, Wettbewerbsrecht, 23. Auflage, § 4 Rn. 6.12, wonach besondere Umstände vorliegen müssen, die die Annahme eines psychischen Kaufzwanges rechtfertigen.

359 BGH GRUR 1959, 544 (546) –Modenschau– ; BGH GRUR 1967, 254 (255) –Waschkugel–; BGH GRUR 1971, 162 (163) –Diagnose-Zentrum–; BGH GRUR 1974, 156 (157) –Geld-Gewinnspiel–.

360 Vgl. z. B. BGH WRP 1999, 94 –Handy-Endpreis–; BGH WRP 1999, 517 –Am Telefon nicht süß sein?–; BGH WRP 1999, 505 –Nur 1 Pfennig–.

361 Baumbach/Hefermehl/Köhler, Wettbewerbsrecht, 23. Auflage, § 4 Rn. 1.125.

Leistungswettbewerbs. Dies gilt in noch stärkerem Maße seit Wegfall der beiden Gesetze.

Der Bundesgerichtshof hat wiederholt darauf hingewiesen, dass die Fallgruppe „übertriebenes Anlocken“ keine selbständige Bedeutung hat und die Unzulässigkeit eines Gewinnspiels nie alleine aus der Anlockwirkung der in Aussicht gestellten Gewinne gefolgert werden kann[362]. Der Gesichtspunkt des übertriebenen Anlockens tritt in aller Regel neben eine andere Fallgruppe, aus der sich weitere erschwerende Umstände ergeben und welche die Wettbewerbswidrigkeit begründen[363]. Häufig wurde zusätzlich auf eine Irreführung über die Gewinnchancen abgestellt[364]. In anderen Fällen trat zu der Anlockwirkung, die von dem Gewinnspiel ausging, eine verschleierte Kopplung mit dem Warenabsatz[365]. In einem Einzelfall hat der Bundesgerichtshof derartige Umstände in einer Behinderung kleinerer Mitbewerber gesehen[366].

Regelmäßig wird insbesondere durch übermäßig hohe und besonders wertvolle Preise übertrieben angelockt[367]. Hohe Preise sind heute fast Standard eines jeden Preisausschreibens und Gewinnspiels; sie machen die Attraktivität eines Preisausschreibens bzw. Gewinnspiels erst aus[368]. Der Verbraucher hat sich mittlerweile an Gewinnspiele mit stetig steigenden Gewinnen gewöhnt. Schon früh hat deshalb der Bundesgerichtshof hohe und wertvolle Preise allein grundsätzlich nicht ausreichen lassen, um das Gewinnspiel oder Preisausschreiben als sittenwidrig einzustufen. Der Bundesgerichtshof hat beispielsweise fünf Fernreisen oder alternativ von damals je DM 10.000,-- in bar nicht als so starkes Lockmittel angesehen, dass sich allein hieraus eine Wettbewerbswidrigkeit ergebe[369]. Weder eine Kreuzfahrt für zwei Personen als Hauptgewinn noch ein PKW reichten aus, um das Preisausschreiben oder das Gewinnspiel als sittenwidrig einzustufen[370].

---

362 BGH WRP 2000, 724 (725) –Space Fidelity Peep-Show–.

363 BGH WRP 2000, 724 (726) –Space Fidelity Peep-Show–; BGH GRUR 1998, 735 (736) –Rubbelaktion–.

364 BGH WRP 1995, 591 (593) –Gewinnspiel II–; BGH GRUR 1989, 434 (435) – aGewinnspiel I–; BGH GRUR 1974, 729 (731) –Sweepstake–; BGH GRUR 1973, 591 (593) –Schatzjagd–.

365 BGH GRUR 1989, 434 (436) –Gewinnspiel I–; BGH WRP 1976, 100 (101) – Mars-Gewinnspiel–.

366 BGH GRUR 1974, 156 (157) –Geld-Gewinnspiel–.

367 Vgl. BGH WRP 1976, 100 (101) –Mars-Gewinnspiel–.

368 Vgl. oben: 3. Kapitel III.

369 Vgl. BGH WRP 1976, 100 (101) –Mars-Gewinnspiel–.

370 BGH GRUR 1987, 243 (244) –Alles frisch–.

Eine konsequente Fortsetzung seiner Rechtsprechung stellt die Entscheidung des Bundesgerichtshofs „Rubbelaktion" dar[371]. Der Veranstalter hatte hier für einen längeren Zeitraum sehr attraktive Preise ausgelobt. Der Bundesgerichtshof sah sich zunächst zu dem Hinweis veranlasst, dass sich ein „übertriebenes Anlocken" nicht allein aus der Anlockwirkung, sondern auf Grund weiterer Umstände ergebe. Derartige Umstände seien eine Irreführung über die Gewinnchancen[372] oder eine verschleierte Kopplung mit dem Warenabsatz[373]. Der Bundesgerichtshof betonte, die Attraktivität der ausgelobten Preise könne nicht die Unzulässigkeit des konkreten Gewinnspiels begründen. Selbst wenn der Veranstalter aufgrund des Gewinnspiels die Nachfrage nach den von ihm angebotenen Waren und Leistungen deutlich hätte steigern können, könnte nicht von einem übertriebenen Anlocken ausgegangen werden.

Eine weitere Lockerung der Fallgruppe „übertriebenes Anlocken" brachte die Entscheidung „Space Fidelity Peep-Show". Der Anlockeffekt müsse so stark sein, dass das Publikum von einer sachgerechten Prüfung des Warenangebots abgelenkt und seine Entschließung maßgeblich von der Erwägung bestimmt werde, den in Aussicht gestellten Gewinn zu erlangen[374]. Erst wenn diese Voraussetzungen erfüllt seien, könne die Werbung mit einem Gewinnspiel unter dem Gesichtspunkt des übertriebenen Anlockens als wettbewerbswidrig angesehen werden. Die Attraktivität der ausgelobten Preise allein könne im allgemeinen nicht ausreichen, um die Wettbewerbswidrigkeit der Ankündigung eines Gewinnspiels zu begründen. Schon wegen der Häufigkeit derartiger Gewinnspiele und des damit einhergehenden Gewöhnungseffektes könne nicht angenommen werden, dass sich die Verbraucher aufgrund eines aus ihrer Sicht attraktiven Gewinnspiels dazu verleiten ließen, von einem Warenangebot unkritisch Gebrauch zu machen[375]. Die Werbung mit einem Gewinnspiel sei grundsätzlich nicht zu beanstanden; die von der Ankündigung eines Gewinnspiels notwendig ausgehende Anlockwirkung reiche daher regelmäßig nicht alleine aus, um der Werbung den Charakter einer unbedenklichen Aufmerksamkeitswerbung abzusprechen[376]. Ein übertriebenes Anlocken liege auch nicht schon deshalb vor, dass eine Werbung eine äußerst anregende Darbietung von besonderem Ausmaß und mit ungewöhnlichen Sofortgewinnen erwarten ließe und

371 BGH GRUR 1998, 735 –Rubbelaktion–.
372 BGH GRUR 1973, 591 (593) –Schatzjagd–; BGH GRUR 1974, 729 (731) –Sweepstake–; BGH GRUR 1989, 434 (435) –Gewinnspiel I–; BGH WRP 1995, 591 (593) –Gewinnspiel II–.
373 BGH WRP 1976, 100 (101) –Mars-Gewinnspiel–; BGH GRUR 1989, 434 (436) –Gewinnspiel I–.
374 BGH WRP 2000, 724 (725) –Space Fidelity Peep-Show–.
375 BGH WRP 2000, 724 (725) –Space Fidelity Peep-Show–; BGH GRUR 1998, 735 (736) –Rubbelaktion–.
376 BGH WRP 2000, 724 (725) –Space Fidelity Peep-Show–.

darüber hinaus den Eindruck erweckte, es seien nicht gerade billige Markenartikel größeren Ausmaßes zu gewinnen. Damit hat sich der Bundesgerichtshof für die grundsätzliche Zulässigkeit dieser Form der Wertreklame ausgesprochen und seine frühere Rechtsprechung, wonach Preisausschreiben und Gewinnspiele einer strengeren Beurteilung unterliegen als die übliche Werbung durch Wort und Bild[377], letztlich aufgegeben.

Die Ankündigung einer „Space Fidelity Peep-Show und spacigen Sofortgewinnen" werde bei dem durchschnittlich informierten und verständigen Leser möglicherweise eine gewisse Neugier, jedoch regelmäßig keine bestimmten Erwartungen wecken. Von einem übertriebenen Anlocken könne ferner nicht schon dann ausgegangen werden, wenn Kunden anlässlich der Teilnahme an einem Gewinnspiel Waren kaufen sondern erst dann, wenn diese Kunden durch die mit dem Gewinnspiel verbundenen sachfremden Beeinflussungen davon abgehalten werden, die Güte und Preiswürdigkeit dieser Waren zu prüfen[378].

Konsequenterweise hat der Bundesgerichtshof in seiner ersten Entscheidung zur Zulässigkeit von Preisausschreiben und Gewinnspielen nach Wegfall von Rabattgesetz und Zugabeverordnung im Juli 2001 diese liberale Tendenz weiter gefestigt. Gegenstand der Entscheidung war ein im Radio veranstaltetes Gewinnspiel[379]. Der Bundesgerichtshof brachte hier bei der wettbewerbsrechtlichen Beurteilung von Preisausschreiben und Gewinnspielen einen weiteren Aspekt ein. Er stellte klar, dass im konkreten Fall die Rundfunkfreiheit nach Art. 5 Abs. 1 Satz 2 GG in die wettbewerbsrechtliche Beurteilung mit einzubeziehen sei. Gehöre das Gewinnspiel zum Inhalt des Hörfunkprogramms und bilde es damit als Programmbestandteil eine Leistung des Veranstalters, so könne von einer Ablenkung vom Leistungsangebot des Veranstalters nicht gesprochen werden. Entscheidend sei, dass das Gewinnspiel von der abzusetzenden Ware oder Dienstleistung nicht verschieden sei. Das Gewinnspiel sei selbst Bestandteil des Leistungswettbewerbs und bestimme damit die Attraktivität des Programms. Das Gericht verneinte daher ein übertriebenes Anlocken.

Diese Argumentation des Bundesgerichtshofs muss konsequenterweise auf alle Veranstalter übertragbar sein, die Gewinnspiele als Bestandteil von Unterhaltung im weitesten Sinne anbieten, also auf Gewinnspiel-Veranstalter im Fernsehen, Internet und in den Printmedien. So hat auch das OLG München für Internet-Gewinnspiele maßgeblich darauf abgestellt, dass das Gewinnspiel im kon-

---

377 BGH WRP 1976, 172 (173) –Versandhandels-Preisausschreiben–.
378 BGH WRP 2000, 724 (726) –Space Fidelity Peep-Show–.
379 BGH WRP 2002, 1136 –Gewinnspiel im Radio–.

kreten Fall ein Bestandteil der Leistung darstelle, und im Ergebnis eine Wettbewerbswidrigkeit verneint[380].

Nimmt man die Fallgruppe des übertriebenen Anlockens ernst, wird man derartige Fälle, in denen Gewinnspiele als Unterhaltung in Medien angeboten werden, nicht der Fallgruppe des übertriebenen Anlockens zuordnen können. Entscheidendes Unlauterkeitskriterium ist in diesen Fällen stattdessen, ob die Hauptleistung, nämlich der Unterhaltungsdienst, mit einem Gewinnspiel gekoppelt werden darf[381]. Die richtige Fallgruppe wäre demnach die des Kopplungsverbots für Preisausschreiben und Gewinnspiele. Dass der Bundesgerichtshof dennoch auf die Fallgruppe des übertriebenen Anlockens zurückgreift, zeigt, dass diese Fallgruppe für den Bundesgerichtshof zunehmend als Auffangtatbestand eine wichtige Rolle einnimmt.

In seinen Entscheidungen „Koppelungsangebot I" und „Koppelungsangebot II" hat der Bundesgerichtshof jüngst wieder bestätigt, dass im Allgemeinen davon auszugehen sei, dass der verständige Verbraucher mit den Marktgegebenheiten vertraut ist und sich nicht vorschnell durch das Angebot einer besonderen Vergünstigung zum Vertragsschluss verleiten lässt[382]. Dies entspricht dem aktuellen Verbraucherleitbild des Bundesgerichtshofs, wonach auf den durchschnittlich informierten und verständigen Verbraucher abzustellen ist[383]. Es sei nicht zu befürchten, dass ein verständiger Verbraucher sich zum Abschluss eines Geschäfts bewegen lasse und dabei – blind für die mit dem Geschäft möglicherweise verbundenen Belastungen – allein von dem Wunsch beherrscht sei, in den Genuss der versprochenen Vergünstigung zu gelangen. Nach Ansicht des Gerichts besteht diese Gefahr nur im Falle einer auf besonders schutzbedürftige Verbraucherkreise gerichtete Werbung.

In seiner Entscheidung über die Zulässigkeit von Kopplungsangeboten nach Wegfall von Zugabeverordnung und Rabattgesetz machte sich der Bundesgerichtshof nicht mehr die Mühe, kombinierte Warenangebote in die von ihm selbst gebildeten Kategorien von offenen und verdeckten Kopplungsangeboten einzuordnen. An die Stelle dieser hergebrachten Abgrenzung tritt stattdessen für sämtliche Kopplungsangebote einschließlich Zugaben nun eine Art

380 OLG München GRUR-RR 2003, 222 (224) –Internetradio–.

381 Das Berufungsgericht hatte in der Vorinstanz ein übertriebenes Anlocken bejaht und dies aus einer Verbindung der als spektakulär empfundenen Gewinne mit der Notwendigkeit abgeleitet, die Rundfunksendung über längere Zeit zu verfolgen, um an dem Gewinnspiel teilzunehmen. Diesen Ansatz hat der BGH offensichtlich aufgegriffen, obwohl er richtigerweise darauf hätte abstellen müssen, ob eine unzulässige Kopplung mit der angebotenen Leistung vorliegt.

382 BGH GRUR 2002, 976 (979) –Koppelungsangebot I–.

383 BGH WRP 2000, 517 –Orient-Teppichmuster–.

Mißbrauchskontrolle[384]. Die Anforderungen, die das Wettbewerbsrecht an die Zulässigkeit von Kopplungsangeboten stellt, müssten sich an den Gefahren orientieren, die von derartigen Geschäften für die Verbraucher ausgehen. Der Bundesgerichtshof sieht die Gefahr für Verbraucher bei Kopplungsangeboten – wie häufig bei den an ein Absatzgeschäft gekoppelten Gewinnspielen – insbesondere in unzureichender Information verbunden mit einer hohen Anlockwirkung.

Vor diesem Hintergrund stellt sich dringender denn je die Frage, ob man die Fallgruppe des übertriebenen Anlockens überhaupt noch benötigt. Die Frage ist zu verneinen. Richtigerweise sind diese Fälle über die Fallgruppe der Irreführung zu entscheiden. Der Bundesgerichtshof hat selbst wiederholt ausgeführt, dass eine hohe Anlockwirkung allein keine Wettbewerbswidrigkeit begründet. Andererseits wird eine irreführende Werbung nicht dadurch rechtmäßig, dass der Veranstalter eine nur geringe Anlockwirkung ausübt. Es kann somit ohne weiteres auf die Fallgruppe des übertriebenen Anlockens verzichtet werden. Die gegenüber anderen Werbeformen bei Preisausschreiben und Gewinnspielen als Mittel der Wertreklame strengere rechtliche Beurteilung rechtfertigt sich heute nur noch aufgrund einer etwaigen Gefahr bei fehlender Transparenz der tatsächlich gewährten Vorteile.

dd) Irreführung

Schließlich ist die Irreführung zu nennen. Werbung darf, wenn sie nicht wettbewerbswidrig sein soll, den Verbraucher nicht in die Irre führen. Dies gilt auch für die Angaben bei Preisausschreiben und Gewinnspiele, für die insoweit keine Besonderheiten gelten[385]. Die Irreführung besitzt somit – anders als etwa das Kopplungsverbot oder der psychische Kaufzwang – für Preisausschreiben und Gewinnspiele keine besondere Bedeutung. Allerdings gibt es Gesichtspunkte, die bei der Frage, ob im Zusammenhang mit Preisausschreiben und Gewinnspielen eine Irreführung vorliegt oder nicht, besonders häufig relevant sind; sie werden deshalb im Folgenden kurz dargestellt.

Allein durch die Ungewissheit der Chance zu gewinnen, erhält eine Veranstaltung noch keinen irreführenden Charakter. Denn dieser Umstand ist jedem bekannt. Unzulässig wird eine Veranstaltung erst, wenn objektiv falsche Ankündigungen durch den Unternehmer erfolgen oder die zwar objektiv richtigen Ankündigungen eine falsche Vorstellung beim Verbraucher hervorrufen.

---

384 BGH WRP 2002, 1256 (1258) –Koppelungsangebot I–; BGH WRP 2002, 1259 (1262) –Koppelungsangebot II–; vgl. Harte-Bavendamm/Henning-Bodewig/Stuckel, UWG, § 4 Rn. 33, wonach zwischen besonderen und allgemeinen Kopplungsangeboten zu unterscheiden ist.

385 Baumbach/Hefermehl/Köhler, Wettbewerbsrecht, 23. Auflage, § 4 Rn. 1.131.

Bei Preisausschreiben und Gewinnspielen geht es den Veranstaltern mit irreführenden Angaben vor allem darum, durch die Täuschung die Aufmerksamkeit auf ihr Unternehmen und ihre Produkte zu lenken. Der Bundesgerichtshof hat sich zu verschiedenen Konstellationen geäußert: Unzulässig ist es beispielsweise, wenn der Veranstalter bei der Ankündigung eines Gewinnspiels den Eindruck erweckt, die Gewinne würden unter den Teilnehmern einer Filmvorführung verlost, während in Wirklichkeit die Verlosung unter den Besuchern aller Werbeveranstaltungen eines längeren Zeitraums stattfindet; in diesen Fällen werde eine in Wirklichkeit nicht gegebene Gewinnchance vorgespiegelt, was grundsätzlich wettbewerbswidrig sei[386]. Der Beworbene würde weder Interesse noch Kaufbereitschaft an der Dienstleistung bzw. den Produkten des Veranstalters zeigen, wenn er seine Gewinnchance realistisch einschätzen könnte.

Unzulässig stufte der Bundesgerichtshof auch folgende Werbung ein: Der Veranstalter teilte dem Adressaten in einer Wurfsendung mit: „Sie haben schon gewonnen". In der Sendung wurden die insgesamt über 200 Preise mit Wertangaben zwischen DM 2.000 und DM 10.000 vorgestellt. Der Bundesgerichtshof stellte klar, dass ein nicht unerheblicher Teil der Empfänger erwarte, dass die übrigen Gewinne zu den angekündigten Preisen in einem gewissen Verhältnis stehen. In dieser Erwartung werde der Empfänger der Werbung getäuscht, wenn – versteckt und kleingedruckt – in der unteren Ecke eines Werbeblattes der Hinweis angebracht ist, der dort abgebildete geringwertige Gegenstand sei ein „auf-jeden-Fall-Gewinn"[387].

Werden die Empfänger von Gewinnspielunterlagen bewusst darüber getäuscht, einen ihrem Namen zugeordneten Preis – in dem konkreten Fall sogar den als Hauptpreis ausgelobten Preis – gewonnen zu haben, so stellt dies ein bewusst auf Täuschung angelegtes Werbekonzept dar[388]. Diese Art der Kundenwerbung sei nicht nur in hohem Maße irreführend sondern widerspreche auch in grober Weise den guten kaufmännischen Sitten[389]. Der sich aus ergebende Erfüllungsanspruch nach § 661 a BGB lässt die Unlauterkeit nicht entfallen, sondern stellt nur eine zusätzliche vertragliche Sanktion dar[390].

Ebenfalls einen Verstoß gegen § 1 UWG sah der Bundesgerichtshof in einer Irreführung über den Wert eines Hauptpreises[391]. Ein fast wertloser Hauptpreis war so in die Werbung einbezogen, dass die Gewinner den Eindruck haben

386 BGH WRP 1962, 233 –Werbeveranstaltung mit Filmvorführung–.
387 BGH GRUR 1974, 729 –Sweepstake–.
388 BGH WRP 1996, 199 (200) –Wegfall der Wiederholungsgefahr–.
389 BGH WRP 1996, 199 (200) –Wegfall der Wiederholungsgefahr–.
390 Baumbach/Hefermehl/Köhler, Wettbewerbsrecht, 23. Auflage, § 4 Rn. 1.131.
391 BGH WRP 1996, 591 (593) –Gewinnspiel II–.

mussten, sie hätten ein relativ wertvolles Schmuckstück erworben. Der Bundesgerichtshof stellte klar, dass eine Täuschung über die Attraktivität der Hauptpreise in besonderem Maße geeignet sei, die Empfänger eines Gewinnprospektes zur Teilnahme anzulocken und sie auf diesem Weg auf das veranstaltende Unternehmen aufmerksam zu machen[392]. Die besondere Sittenwidrigkeit ergebe sich daraus, dass die Täuschung über die Attraktivität der Hauptpreise bewusst in das Werbekonzept übernommen worden sei. Damit verstoße das Werbekonzept bereits gegen § 1 UWG, so dass es nicht auf die Voraussetzungen des § 3 UWG ankomme.

In einer anderen Entscheidung hatte der Veranstalter u. a. die Aussagen in einem Werbeblatt blickfangmäßig herausgestellt: „Sie dürfen Ihren Augen trauen, das Glück hat Ihnen tatsächlich zugezwinkert!...“[393]. Die Gewinnsumme, auf die sich das zugesandte Gewinnzertifikat bezog, wurde mit damals 120.000 DM angegeben. Auch die übrige Aufmachung des Werbeblattes ließ nicht erwarten, dass zu den Gewinnen auch Gutscheine über damals 5,- DM zum Bezug von Waren des Veranstalters gehörten. Der Bundesgerichtshof sah die Irreführung nicht dadurch ausgeschlossen, dass auf diese niedrigpreisigen Gutscheine versteckt auf der Rückseite und ohne Wertangabe hingewiesen wurde. Nach Ansicht des Bundesgerichtshofs sei von dem „Erfahrungssatz auszugehen, dass Werbeankündigungen nur selten aufmerksam gelesen, vielmehr vom Durchschnittspublikum in der Regel nur oberflächlich nach ihrem Gesamteindruck“ und damit lediglich die Blickfangwerbung wahrgenommen werden[394]. Nach den Blickfanggrundsätzen sei es unzulässig, den blickfangmäßig erweckten Eindruck durch einen unauffällig angebrachten Hinweis zu korrigieren. Diese Ausführungen beruhten allerdings noch auf dem alten „flüchtigen und unkritischen“ Verbraucherleitbild des Bundesgerichtshofs.

Ausgangspunkt für die Beurteilung einer Irreführung durch die Ankündigung von Preisausschreiben und Gewinnspielen ist nun das Leitbild des durchschnittlich informierten, aufmerksamen und verständigen Durchschnittsverbraucher[395]. Ein solcher Verbraucher wird Gewinnankündigungen wesentlich genauer prüfen wird. Es ist zu erwarten, dass dieses Verbraucherleitbild auch bei der Beurteilung der Irreführung von Gewinnspielankündigungen zu einer liberaleren Rechtsprechung führen wird.

---

392 Diese Annahme wird auch durch die oben dargestellten empirischen Untersuchungen belegt, wonach hohe Hauptpreise eine besondere Anziehungskraft auf potentielle Gewinnspielteilnehmer ausüben, vgl. oben: 3. Kapitel III.

393 BGH GRUR 1989, 434 –Gewinnspiel I–.

394 BGH GRUR 1989, 434 (436) –Gewinnspiel I–.

395 Baumbach/Hefermehl/Köhler, Wettbewerbsrecht 23. Auflage, § 4 Rn. 1.127.

ee) Bewertung

Betrachtet man insbesondere die Fallgruppen des psychischen Kaufzwangs und des übertriebenen Anlockens, so zeigt sich vor allem eine Gemeinsamkeit: Ihre Beurteilung beruht auf bloßen Annahmen und Vermutungen der Gerichte. Die Feststellung einer hypothetischen Wirkung auf den Verbraucher ist jedoch mit erheblichen Schwierigkeiten verbunden. Hierzu müssen sämtliche Besonderheiten des Einzelfalls herangezogen werden. Wie stark die Wirkung bei dem Verbraucher ist, wird aber letztlich nur der Verbraucher selbst beurteilen können.

Der Bundesgerichtshof hat schon früh erklärt, das Vorliegen eines psychischen Kaufzwangs erfordere entsprechende tatsächliche Feststellungen der Tatsacheninstanz über die Einwirkung bei den Adressaten[396]. Bis heute wurde allerdings kaum darüber Beweis erhoben, ob das von der Rechtsprechung unterstellte Gefühl der Peinlichkeit im konkreten Fall bei den Verbrauchern tatsächlich besteht oder nicht[397]. Die Gerichte begeben sich damit zwangsläufig auf eine hypothetische Ebene. Dies führt immer wieder zu unterschiedlichen Entscheidungen in verschiedenen Instanzen über ein und denselben Sachverhalt. Die Folge ist eine erhebliche Rechtsunsicherheit für die Veranstalter. Hierin liegt der größte Schwachpunkt dieser Fallgruppe.

Darüber hinaus entspricht die Fallgruppe des psychischen Kaufzwangs nicht mehr der heutigen modernen Werbewelt. Der Kunde wird heutzutage von allen Seiten umworben. Er ist täglich einer unglaublichen Fülle an Werbung ausgesetzt, die immer aggressiver um seine Gunst buhlt. Internet-Gewinnspiel-Suchmaschinen belegen, dass sich die Verbraucher gezielt ohne Scheu die sie interessierenden Angebote heraussuchen. Ähnlich verhält sich der verständige Verbraucher heutzutage auch bei sog. offline-Angeboten.

Besteht also vor diesem Hintergrund eine ernstzunehmende, wettbewerbsrechtlich relevante Zwangslage? Die Frage ist zu verneinen. Entscheidet sich der Kunde dafür, eine Gewinnchance in Anspruch zu nehmen, bei der er in engen Kontakt mit dem Verkaufspersonal treten muss, so begibt er sich in freier Entschließung bewußt in eine etwaige peinliche Situation. Wenn aber das hierdurch

396 BGH GRUR 1959, 544 (546) –Modenschau–.

397 Soweit ersichtlich wurde bis heute nur in einem einzigen Verfahren, welches durch das Reichsgericht beendet worden ist, Beweis darüber erhoben, ob das von der Rechtsprechung unterstellte Gefühl der Peinlichkeit tatsächlich besteht (RG GRUR 1931, 278 –Kinder-Malwettbewerb–). Das Berufungsgericht (KG vom 26.02.1930) hatte 49 Handelskammern befragt, welche bezeichnenderweise zu einem sehr unterschiedlichen Ergebnis kamen.

entstehende Peinlichkeitsgefühl tatsächlich beachtlich wäre, dann würde sich der Kunde schon von vornherein gar nicht erst in die peinliche Situtaion begeben. So oder so entscheidet sich der Verbraucher bewusst und frei, ob er ein Angebot wahrnimmt oder nicht. In beiden Fällen besteht keine ernst zu nehmende Zwangslage für den Verbraucher[398]. In diese Richtung hat bereits das Reichsgericht geblickt: Es hat schon damals dem breiten Publikum einen selbstbewußten Umgang mit Werbung bescheinigt; das Publikum nehme Vorteile ohne besondere Scheu entgegen[399]. Das Reichsgericht hatte daher im konkreten Fall einen Gewissenszwang für den Verbraucher verneint.

Eine andere Beurteilung bedeutet, dem Verbraucher eine unmündige, nicht eigenverantwortliche Entscheidung zu unterstellen. Dies wiederum ist mit dem gewandelten Verbraucherleitbild eines durchschnittlich informierten und verständigen Verbrauchers nicht zu vereinbaren.

Es wäre zu wünschen, dass die Gerichte auf die am Markt vorherrschende Realität eingehen und ihren Entscheidungen ein realistischeres und zeitgemäßeres Bild des durchschnittlichen Verbrauchers zugrunde legen. Schon aufgrund seiner gesteigerten Werbeerfahrung ist der Verbraucher heute längst nicht mehr so psychisch empfindlich und befangen, wie es der Bundesgerichtshof in seinen früheren Entscheidungen noch angenommen hat.

Auch bei der Fallgruppe des übertriebenen Anlockens begibt sich der Richter auf eine hypothetische Ebene. Die Rechtsprechung sieht die Werbung mit einem Gewinnspiel als wettbewerbswidrig an, wenn der Anlockeffekt so stark ist, dass das Publikum von einer sachgerechten Prüfung des Warenangebots abgelenkt und seine Entschließung maßgeblich von der Erwägung bestimmt wird, den in Aussicht gestellten Gewinn zu erlangen[400].

Es wäre zu wünschen, dass der Bundesgerichtshof die Fallgruppe des übertriebenen Anlockens deutlich restriktiver handhabt bzw. ganz auf sie verzichtet. Tatsächlich weisen viele Fälle, die der Bundesgerichtshof über das übertriebene Anlocken löst, eher Elemente anderer Fallgruppen auf, wie etwa eine Irreführung oder bei Gewinnspielen die Kopplung der Teilnahme an einen Warenerwerb. Der Bundesgerichtshof will aber offensichtlich diese Fallgruppe auch nach Wegfall von Rabattgesetz und Zugabeverordnung aufrechterhalten und nicht auf sie als „Allzweckwaffe“[401] verzichten[402].

---

398 Vgl. auch ausführlich Weiler, WRP 2002, 871 (873).
399 RG GRUR 1930, 1204 (1206).
400 BGH GRUR 2000, 820 (821) –Space Fidelity Peep-Show–.
401 So Zweng, Werbung mit Gewinnspielen, S. 82.
402 BGH WRP 2002, 1259 (1262) –Koppelungsangebot II–.

In Einzelfällen mag es zwar sinnvoll sein, an der Fallgruppe des übertriebenen Anlockens festzuhalten, um Schutzlücken zu vermeiden. Das Lauterkeitsurteil ist und bleibt einzelfallbezogen. Wie auch bei der Fallgruppe des psychischen Kaufzwangs muss die Schwelle für ein übertriebenes Anlocken wegen der mit Wegfall von Rabattgesetz und Zugabeverordnung verbundenen neuen gesetzgeberischen Wertung und wegen des gewandelten Verbraucherleitbildes neu bestimmt werden. Preisausschreiben und Gewinnspiele sollten danach nur in ganz besonders gelagerten Ausnahmefällen unter dem Gesichtspunkt eines übertriebenen Anlockens unzulässig sein. Hierzu können die Grundsätze des Bundesgerichtshofs aus den Entscheidungen „Kopplungsangebot I“ und „Kopplungsangebot II“ herangezogen werden: An die Stelle eines generellen Verbots für Kopplungsangebote tritt nun eine Art Mißbrauchskontrolle. Für alle Arten von Kopplungsangeboten hat der Bundesgerichtshof nun klargestellt: Die von Kopplungsangeboten ausgehende Gefahr besteht regelmäßig in einem Irreführungs- und Preisverschleierungspotential[403]. Eine so starke Anlockwirkung, dass auch bei einem verständigen Verbraucher die Rationalität der Nachfrageentscheidung in den Hintergrund tritt, könne –wie häufig bei den an ein Absatzgeschäft gekoppelten Gewinnspielen – zudem auch in unzureichender Information verbunden mit einer hohen Anlockwirkung liegen. Nach den Ausführungen des Bundesgerichtshofs sind Fälle mißbräuchlicher Kopplungsangebote zu einer einheitlichen Fallgruppe zusammenzufassen, die für sämtliche Kopplungsangebote Geltung beanspruchen kann[404]. Auch die Kopplung von Preisausschreiben und Gewinnspielen mit dem Absatz fallen unter Kopplungsangebote im Sinne dieser neuen BGH Rechtsprechung[405]. Die Gewährung von Gewinnchancen bei kaufgekoppelten Preisausschreiben und Gewinnspiele stellen Zugaben dar[406]. Als solche zählen sie zu den Kopplungsangeboten[407]. Die Grundsätze für kaufgekoppelte Preisausschreiben und Gewinnspiele müssen gleichermaßen für Preisausschreiben und Gewinnspiele ohne eine Kaufkopplung gelten.

Geht man von dem durchschnittlich informierten und verständigen Verbraucher als Leitbild aus, wird man somit Preisausschreiben und Gewinnspiele nur in besonders gelagerten Ausnahmefällen, insbesondere bei unzureichender oder falscher Information, als wettbewerbswidrig einstufen können. Insbesondere in Verbindung mit einer besonders kurzen Entscheidungsfrist für den Warenerwerb kann es vorkommen, dass dem Verbraucher eine rationale Kaufentscheidung wegen der fehlenden Transparenz, verbunden mit dem zeitlichen Druck nicht möglich ist. Diese Fälle lassen sich aber gut über die Fallgruppe der Irreführung

403 BGH WRP 2002, 1256 (1258) –Koppelungsangebot I–.
404 BGH WRP 2002, 1256 (1258) –Koppelungsangebot I–.
405 Baumbach/Hefermehl/Köhler, Wettbewerbsrecht, 23. Auflage, § 4 Rn. 6.1.
406 Köhler, GRUR 2003, 729 (730); Sosnitza, WRP 2003, 739 (743).
407 BGH WRP 2002, 1256 (1258) –Koppelungsangebot I–.

lösen. Ihnen ist gemein, dass der Verbraucher im Vorfeld eine falsche Vorstellung hat oder aber vom Veranstalter überrumpelt wird; eine rationale Kaufentscheidung wird ihm damit unmöglich gemacht. Besonders schutzbedürftige Verbrauchergruppen werden in Zukunft über § 4 Nr. 2 RegE UWG hinreichend geschützt. Ein Festhalten an der Fallgruppe des übertriebenen Anlockens ist somit allenfalls in einzelnen besonders gelagerten Fällen erforderlich.

Langfristig ist zu wünschen, dass die Rechtsprechung nicht nur die Fallgruppe des psychischen Kaufzwangs sondern auch die des übertriebenen Anlockens aufgibt. Solange der Bundesgerichtshof an dieser Fallgruppe grundsätzlich festhält, wird es immer wieder zu unbefriedigenden Einzelentscheidungen kommen, weil es an klaren Maßstäben für die Beurteilung fehlt. Dies ist für die Verbraucher, aber auch die Unternehmer mit erheblicher Rechtsunsicherheit verbunden. In vielen anderen Mitgliedstaaten existiert die Fallgruppe des übertriebenen Anlockens und des psychischen Kaufzwangs nicht. Die meisten Mitgliedstaaten messen die Wettbewerbswidrigkeit von Preisausschreiben und Gewinnspielen lediglich an dem Kopplungsverbot sowie an allgemeinen wettbewerbsrechtlichen Grundsätzen, wie dem Irreführungsverbot[408]. Ein Abschied vom übertriebenen Anlocken ebenso wie vom psychischen Kaufzwang würde deshalb auch eine Angleichung an die übrigen Mitgliedstaaten bringen. Dies wiederum hilft, eine Inländerdiskriminierung zu beseitigen[409].

4. Die UWG-Novelle

a) Allgemeines

Wegen zunehmender Kritik an einer bisher unvollständigen Liberalisierung des deutschen Lauterkeitsrechts und immer stärkeren Harmonisierungsbestrebungen der Europäischen Kommission entschloß sich das Bundesministerium der Justiz, eine Arbeitsgruppe Unlauterer Wettbewerb einzusetzen[410]. Ein Schwerpunkt der Arbeit war die Ermittlung rechtstatsächlicher Grundlagen für eine mögliche neue europakonforme Modernisierung des UWG sowie die Erarbeitung von Konzepten für das europäische Lauterkeitsrecht[411]. Zu diesem Zweck legte zunächst *Fezer* am 15. Juni 2001 ein umfassendes Gutachten zur „Modernisierung des deutschen Rechts gegen den unlauteren Wettbewerb auf der Grundlage einer Europäisierung des Wettbewerbsrechts“ vor[412]. Ein ebenfalls im Auftrag des

---

408 Vgl. zum Kopplungsverbot ausführlich unten: Kapitel 6 III. 3. d) aa) und; vgl. die Rechtslage der einzelnen Mitgliedstaaten hierzu unter: 6. Kapitel IV.
409 Zur Inländerdiskriminierung vgl. unten: 7. Kapitel III. b) dd).
410 RegE UWG, BT-Drs. 15/1487, Begründung S. 12.
411 RegE UWG, BT-Drs. 15/1487, Begründung S. 12.
412 Fezer, WRP 2001, 989.

Bundesministeriums der Justiz erstelltes Gutachten von *Schricker/Henning-Bodewig* zu dem Thema „Elemente einer Harmonisierung des Rechts des unlauteren Wettbewerbs in der Europäischen Union“ folgte im Juli 2001[413]. Schließlich erarbeiteten die Mitglieder der Arbeitsgruppe *Köhler, Bornkamm* und *Henning-Bodewig* von sich aus als Diskussionsgrundlage einen Vorschlag in Synopsenform für eine Richtlinie zum Lauterkeitsrecht und eine UWG-Reform mit Erläuterungen[414]. Die vorgenannten Gutachten sind neben weiteren Stellungnahmen anderer Mitglieder der Arbeitsgruppe schwerpunktmäßig in den Referentenentwurf des Bundesjustizministeriums vom 23. Januar 2003 für ein Gesetz gegen den unlauteren Wettbewerb (RefE UWG) eingeflossen[415]. Auf dieser Grundlage hat die Bundesregierung am 7. Mai 2003 einen Gesetzesentwurf zur Reform des UWG verabschiedet[416]. Hierzu hat der Bundesrat auf der Grundlage der Empfehlungen der beteiligten Ausschüsse vom 10. Juni 2003 am 20. Juni 2003 Stellung genommen[417]. Nach der Lesung am 25. September 2003 hat der federführende Rechts-ausschuß eine letzte Anhörung am 14. Januar 2004 durchgeführt. Laut Pressemitteilung des Bundestages Nr. 009 vom 14. Januar 2004[418] ergab die Anhörung insbesondere im Hinblick auf den geplanten Gewinnabschöpfungsanspruch sowie das generelle Verbot von Telefonwerbung unterschiedliche Bewertungen der Experten. Daraufhin hat der Bundesgesetz am 1. April 2004 das Gesetz beschlossen. Mit Beschlußnummer 453/04 hat der Bundesrat gegen das Gesetz gegen den unlauteren Wettbewerb am 11. Juni 2004 Einspruch eingelegt. Diesen Einspruch hat der Bundestag am 16. Juni 2004 mit Kanzlermehrheit zurückgewiesen und das Gesetz zur Reform des Gesetzes gegen den unlauteren Wettbewerb verabschiedet. Damit wird das Gesetz nun nach der Ausfertigung und Verkündung im Bundesgesetzblatt in Kraft treten. Mit dem Inkrafttreten des Gesetzes ist voraussichtlich noch im Juli 2004 zu rechnen. Das neue UWG wird das derzeit noch gültige UWG von 1909 nach fast 100-jähriger Geltung ablösen.

b) Die Gutachten

Grundlage für den UWG-Gesetzesentwurf waren im Wesentlichen die drei genannten Gutachten, die im folgenden kurz dargestellt werden sollen.

---

413 Schricker/Henning-Bodewig, WRP 2001, 1367.
414 Köhler/Bornkamm/Henning-Bodewig, WRP 2002, 1317.
415 RegE UWG, BT-Drs. 15/1487, Begründung S. 12.
416 BR-Drs. 301/03 vom 9.5.2003.
417 BT-Drs. 15/1487, Stellungnahme des Bundesrates, Beschluss vom 20.06.2003.
418 Bereitgestellt unter www.bundestag.de.

aa) Das Fezer-Gutachten

Schon *Fezer* schlägt in seinem Gutachten vor, die wettbewerbsrechtliche Generalklausel durch Spezialtatbestände zu ergänzen, die die Kernbereiche des wettbewerbsrechtlichen Unrechts entsprechend der Gegenwart der Marktverhältnisse auf einem europakompatiblen Schutzniveau beschreiben[419]. Der Normierung eines Spezialtatbestandes könne eine die wirtschaftliche Handlungsfreiheit der Unternehmen erweiternde und sichernde Funktion zukommen. Zugleich könnten derartige Spezialtatbestände die Wettbewerbswidrigkeit konkretisieren[420].

Das Gutachten von *Fezer* betont zunächst die Notwendigkeit eines wettbewerbsrechtlichen Leistungsschutzes[421]. *Fezer* erwägt sodann eine Regelung von Kopplungsangeboten, die ähnlich wie die Regelung der vergleichenden Werbung in § 2 UWG normiert werden könne[422]. In einem ersten Absatz sei der Tatbestand der verbundenen Angebote zu normieren und in einem zweiten Absatz die Wettbewerbswidrigkeit preisintransparenter, wettbewerbsbehindernder und marktstörender Kopplungsgeschäfte. Entsprechend schlägt *Fezer* eine Regelung zu Kundenbindungsprogrammen vor[423]. *Fezer* betont, nach Aufhebung von Rabattgesetz und Zugabeverordnung sei es sowohl im Interesse eines wirksamen Leistungswettbewerbs als auch im Interesse der Verbraucher, die Entwicklung von leistungsgerechten Kundenbindungsprogrammen und Kopplungsangeboten im Sinne innovativer Produktverbindungen bzw. Marktstrategien am Markt zuzulassen[424]. Schließlich enthält das Gutachten Vorschläge zur diskriminierenden Werbung[425]. *Fezer* betont schließlich die Notwendigkeit einer einheitlichen Geltung der wettbewerbsrechtlichen Regeln für den elektronischen und den herkömmlichen Handel[426].

Speziell zu Preisausschreiben und Gewinnspielen enthält das Gutachten keine Vorschläge für einen Spezialtatbestand. Für *Fezer* zählt demnach die wettbewerbsrechtliche Beurteilung von Preisausschreiben und Gewinnspielen nicht zu den Kernbereichen des wettbewerbsrechtlichen Unrechts.

---

419 Fezer, WRP 2001, 989 (995 und 1019).
420 Fezer, WRP 2001, 989 (995).
421 Fezer, WRP 2001, 989 (1004).
422 Fezer, WRP 2001, 989 (1012).
423 Fezer, WRP 2001, 989 (1014).
424 Fezer, WRP 2001, 989 (1012 und 1014).
425 Fezer, WRP 2001, 989 (1016).
426 Fezer, WRP 2001, 989 (1018).

bb) Gutachten von Schricker/Henning-Bodewig

Das Gutachten von *Schricker/Henning-Bodewig* über Elemente für eine Harmonisierung des europäischen Lauterkeitsrechts wurde ebenfalls im Auftrag des Bundesjustizministeriums erstellt[427]. Es befasst sich mit den rechtstatsächlichen Grundlagen sowie Konzepten für die Fortentwicklung und Harmonisierung des europäischen Lauterkeitsrechts. Neben einer Reihe weiterer schriftlicher Stellungnahmen und Formulierungsvorschlägen von einzelnen Mitgliedern der Arbeitsgruppe ist dieses Gutachten ebenfalls in die Erörterungen und den Regierungsentwurf UWG eingeflossen[428].

Das Gutachten von *Schricker/Henning-Bodewig* schlägt wie *Fezer* eine Aufzählung von Beispielskatalogen mit typischen Unlauterkeitshandlungen vor. Diese sollen die Generalklausel präzisieren und so größere Transparenz schaffen[429]. Der Beispielskatalog soll keinen abschließenden Charakter haben.

Schricker/Henning-Bodewig schlagen vor, zu Absatzförderungszwecken veranstaltete Gewinnspiele, bei denen ein Einsatz zu leisten ist, als unlauteren Wettbewerb zu verbieten. Das gleiche soll gelten, wenn der Eindruck erweckt werde, der Kauf von Waren oder die Inanspruchnahme einer Dienstleistung könne die Gewinnchancen erhöhen.

Schricker/Henning-Bodewig kommen nach einer Darstellung der Rechtslage in den einzelnen Mitgliedstaaten zu dem Ergebnis, dass eine Verknüpfung der Teilnahme an einem Gewinnspiel mit dem Warenabsatz verboten werden soll und dass insbesondere bei den sog. sweepstakes[430] nicht der Eindruck erweckt werden dürfe, die Zusendung eines Loses bedeute bereits einen Gewinn[431]. Schließlich seien klare und unmissverständliche Angaben der Teilnahmebedingungen, der Modalitäten des Gewinnspiels und der Durchführung der Preiserlangung zu berücksichtigen. Besondere Rücksicht sei auf besonders anfällige Zielgruppen wie Kinder und Jugendliche zu nehmen[432].

---

427 Schricker/Henning-Bodewig, WRP 2001, 1367.
428 RegE UWG, BT-Drs. 15/1487, Begründung S. 12.
429 RegE UWG, BT-Drs. 15/1487, Begründung S. 17.
430 Vgl. zu sweepstakes oben: 2. Kapitel III. 3.
431 Schricker/Henning-Bodewig, WRP 2001, 1367 (1394).
432 Schricker/Henning-Bodewig, WRP 2001, 1367 (1394).

cc) Vorschlag für eine UWG-Reform von Köhler/ Bornkamm/Henning-Bodewig

Neben den beiden vorgenannten Gutachten haben *Köhler, Bornkamm* und *Henning-Bodewig* als Mitglieder der Arbeitsgruppe „Unlauterer Wettbewerb" des Bundesjustizministeriums von sich aus einen eigenen Vorschlag für eine Richtlinie zum Lauterkeitsrecht und eine UWG-Reform erarbeitet[433]. Die letzte Version dieses Vorschlags enthält keine Regelungen über Preisausschreiben und Gewinnspiele[434]. In einer früheren Version vom 11.11.2002 war in § 4 Ziffer 9 noch ein Kopplungsverbot für Gewinnspiele vorgesehen[435]. Wie das Protokoll der Sitzung des Fachausschusses für Wettbewerbs- und Markenrecht belegt, ergab eine Abstimmung, dass die Mehrheit der Teilnehmer für eine Beibehaltung dieser Fallgruppe plädierte. Vereinzelt wurde angeregt, die Regelung ganz wegzulassen und die Entscheidung über die Zulässigkeit einer Kopplung den Gerichten im Rahmen der Generalklausel von § 3 des UWG-Entwurfes zu überlassen[436].

dd) Zwischenergebnis

Die vorgenannten Gutachten zeigen, dass ein Spezialtatbestand zu Preisausschreiben und Gewinnspielen, insbesondere das Koppelungsverbot nicht durchgängig als zwingend regelungsbedürftiger Kernbereich unlauteren Verhaltens angesehen wird. Dennoch ist – wie im Folgenden dargestellt wird – im jetzigen RegE UWG das Kopplungsverbot neben einem Transparenzgebot für Preisausschreiben und Gewinnspielen normiert worden.

c) Inhalt des neuen UWG

§ 1 RegE UWG enthält zunächst Bestimmungen über den Zweck des Gesetzes. Gemäß § 1 Satz 1 RegE UWG dient das Gesetz „dem Schutz der Mitbewerber, der Verbraucherinnen und der Verbraucher sowie der sonstigen Marktteilnehmer vor unlauterem Wettbewerb". Damit wird erstmals der Verbraucher als Schutzobjekt genannt. Nach wie vor stehen dem Verbraucher allerdings keine indivi-

---

433 Köhler/Bornkamm/Henning-Bodewig, WRP 2002, 1317.

434 Dieser Vorschlag für eine Richtlinie zum Lauterkeitsrecht und eine UWG-Reform gibt den Diskussionstand vom 18. November 2002 wieder, vgl. Köhler/Bornkamm/Henning-Bodewig, WRP 2002, 1317, Fn. 2.

435 Vgl. Protokoll der Sitzung des Fachausschusses für Wettbewerbs- und Markenrecht vom 14.11.2002, abgedruckt in: GRUR 2003, 132 (135).

436 So der Vorschlag von Scholz, vgl. Protokoll der Sitzung des Fachausschusses für Wettbewerbs- und Markenrecht vom 14.11.2002, GRUR 2003, 132 (135).

duellen Ansprüche zu[437]. Hieran schließt sich mit § 2 RegE UWG ein umfassender Definitionskatalog an[438].

aa) Die neue Generalklausel des § 3 RegE UWG

Kernstück des neuen UWG bildet § 3 RegE UWG. Diese Bestimmung tritt an die Stelle des jetzigen § 1 UWG. Unzulässig sind gemäßt § 3 RegE UWG unlautere Wettbewerbshandlungen, die geeignet sind, den Wettbewerb zum Nachteil der Mitbewerber, der Verbraucher oder der sonstigen Marktteilnehmer nicht unerheblich zu verfälschen[439]. Damit verabschiedet sich die neue Generalklausel von dem Begriff der guten Sitten. Als Grund hierfür heißt es in dem Regierungsentwurf, der Maßstab der guten Sitten wirke antiquiert, weil er den Wettbewerber unnötig mit dem Makel der Unsittlichkeit belaste[440]. Schließlich werde mit dieser Begriffswahl die Kompatibilität mit dem Gemeinschaftsrecht verbessert. Der Regierungsentwurf überlässt es wie auch bisher der Rechtsprechung zu konkretisieren, welche Handlungsweisen im Einzelnen als unlauter anzusehen sind.

Die Einführung des Begriffs der Unlauterkeit ist vereinzelt auf Kritik gestoßen[441]. So wird darauf hingewiesen, dass sich der Begriff „Verstoß gegen die guten Sitten“ in den vergangenen 100 Jahren sehr gut bewährt habe[442]. Die Vorstellung, ein Unternehmen, dem man einen Sittenverstoß vorwerfe, werde unnötig mit dem Makel der Unsittlichkeit belastet, sei eine reichlich antiquierte Vorstellung. Auch der Hinweis auf eine verbesserte Kompatibilität mit dem Gemeinschaftsrecht sei kein hinreichendes Argument[443].

Tatsächlich stellt die Verwendung des Begriffs des „unlauteren Wettbewerbs“ einen großen Eingriff in das UWG dar. Immerhin wird in der Generalklausel seit Bestehen des jetzigen UWG der Begriff „Verstoß gegen die guten Sitten“ ver-

---

437 Vgl. hierzu ausführlich: Sack, BB 2003, 1073 (1080); vgl. auch Köhler, GRUR 2003, 265 (271 f.).

438 Ausführlich zum neuen UWG: Berlit, WRP 2003, 563; Sack, BB 2003, 1073; Sosnitza, GRUR 2003, 739; vgl. auch: Köhler/Lettl, WRP 2003, 1019; Micklitz/Keßler, WRP 2003, 919; Köhler, GRUR 2003, 265; Fezer, WRP 2003, 298; Weiler, WRP 2003, 423; Sack, WRP 2003, 549; Stadler/Micklitz, WRP 2003, 559; Nippe, WRP 2003, 568.

439 Zu den Unterschieden zum früheren Recht im einzelnen: Baumbach/Hefermehl/Köhler, Wettbewerbsrecht, 23. Auflage, § 3 Rn. 3.

440 RegE UWG, BT-DRs. 15/1487, S. 16.

441 Berlit, WRP 2003 563 (564); Sack, BB 2003, 1073.

442 Sack, BB 2003, 1073, mit einem Vergleich und Überblick zu den entsprechenden Regelungen in den übrigen Mitgliedstaaten (1074).

443 Sack, BB 2003, 1073 (1074).

wendet. Das Tatbestandsmerkmal des „unlauteren Wettbewerbs“ hingegen ist neu. Er tauchte allerdings an anderer Stelle bereits zuvor im UWG auf, §§ 2, 12 UWG.

Die Aufgabe des Begriffs der „guten Sitten“ wird jedoch in der Praxis voraussichtlich keine Änderungen für die wettbewerbsrechtliche Beurteilung von Preisausschreiben und Gewinnspiele bringen. Dies belegt auch ein Blick auf die Generalklauseln der übrigen Mitgliedstaaten[444]. Dort werden unterschiedliche Rechtsbegriffe verwendet, ohne dass sich hiermit notwendig divergierende Inhalte oder Interpretationsvorgaben verbinden[445]. So kennen Griechenland, Portugal und Österreich ebenso wie bisher das deutsche UWG den Begriff der „guten Sitten“. In Belgien, Italien, Luxemburg und Spanien wird dagegen auf die Lauterkeit des Geschäftsverkehrs abgestellt. Dänemark, Finnland und Schweden verwenden den Begriff der guten Marketingpraxis. Die Niederlande und Großbritannien, die nicht über ein selbständiges Wettbewerbsrecht verfügen, stellen auf die Rechtswidrigkeit bzw. das Verschulden ab[446].

Deshalb wird die neue Generalklausel des § 3 RegE UWG wie auch schon § 1 UWG Ausgangspunkt für eine umfangreiche Rechtsprechung bleiben, die vor allem durch die Bildung von Fallgruppen gekennzeichnet ist[447].

bb) Der Beispielskatalog des § 4 RegE UWG

Die neu gestaltete Generalklausel wird erstmals durch einen nicht abschließenden Beispielskatalog in § 4 RegE UWG konkretisiert. § 5 RegE UWG regelt die Irreführung; sie ist gegenüber der alten Irreführungsklausel ergänzt um zusätzliche Tatbestände in den Absätzen 4 und 5.

(1) Allgemeines

Der Beispielskatalog in § 4 RegE UWG soll die typischen, von der Rechtsprechung entwickelten Unlauterkeitshandlungen kodifizieren[448]. Gleichzeitig soll der nicht abschließende Katalog die Generalklausel des § 3 RegE UWG näher erläutern und so für mehr Transparenz sorgen, ohne zugleich die Möglichkeit

444 Vgl. hierzu die Rechtslage in den übrigen Mitgliedstaaten unten: 7. Kapitel IV. 3.
445 Vgl. Micklitz/Keßler, WRP 2003, 919 (928).
446 Vgl. zu den Generalklauseln der einzelnen Mitgliedstaaten näher unten 7. Kapitel IV. 4.
447 Baumbach/Hefermehl/Köhler, Wettbewerbsrecht, 23. Auflage, § 3 Rn. 10.
448 Vgl. näher zur Funktion von Beispielskatalogen: Doepner, WRP 2003, 1292.

weiterer Fortbildung der Rechtsprechung zu verbauen[449]. Es soll also grundsätzlich an dem bisherigen Prinzip einer Generalklausel festgehalten werden. Der Vorschlag, anhand von Beispielsfällen die Generalklausel zu konkretisieren, stammte bereits von den vorgenannten Gutachtern. *Fezer* schlug vor, die wettbewerbsrechtliche Generalklausel durch solche Spezialtatbestände zu ergänzen, die die Kernbereiche des wettbewerblichen Unrechts entsprechend der Gegenwart der Marktverhältnisse auf einem europakompatiblen Schutzniveau beschreiben[450]. *Schricker/ Henning-Bodewig* haben empfohlen, die Generalklausel um eine Liste von Einzeltatbeständen zu ergänzen, die als konkrete Anwendungsfälle die Generalklausel verdeutlichen[451]. *Köhler/ Bornkamm/Henning-Bodewig* haben in ihrem Vorschlag für eine Richtlinie zum Lauterkeitsrecht und eine UWG-Reform in § 4 und 5 des Entwurfs ebenfalls Beispiele unlauteren Wettbewerbs festgelegt, aufgeteilt nach solchen gegenüber der Marktgegenseite, insbesondere den Verbrauchern und solchen gegenüber den Mitbewerbern[452].

(2) Bestimmungen zu Preisausschreiben und Gewinnspielen

Als Beispiele unlauteren Wettbewerbs kodifiziert der Entwurf in Ziffer 5 und 6 zu § 4 RegE UWG ausdrücklich bestimmte Verhalten im Zusammenhang mit Preisausschreiben und Gewinnspielen. Damit hat der Gesetzgeber erstmals diese besonderen Formen der Verkaufsförderungsmaßnahmen in das UWG aufgenommen.

(a) Das Transparenzgebot in Ziffer 5 zu § 4 RegE UWG

Gemäß § 4 Ziffer 5 RegE UWG handelt insbesondere unlauter, wer bei Preisausschreiben oder Gewinnspielen mit Werbecharakter die Teilnahmebedingungen nicht klar und eindeutig angibt[453]. Damit soll das Transparenzgebot bei Preisausschreiben und Gewinnspielen mit Werbecharakter geregelt werden. In der Begründung zu Ziffer 5 des § 4 RegE UWG heißt es, insoweit bestehe ein mit Ziffer 4 vergleichbares Mißbrauchspotential[454]. In Ziffer 4 sind sonstige Verkaufsförderungsmaßnahmen wie Preisnachlässe, Zugaben oder Geschenke geregelt. Nationales Vorbild dieser Regelung sind die für Medien- und Tele-

---

449 Vgl. RegE UWG, BT-Drs. 15/1487, Begründung, S. 13 und 17.

450 Fezer, WRP 2001, 989 (1019).

451 Schricker/Henning-Bodewig, WRP 2001, 1367 (1380).

452 Köhler/Bornkamm/Henning-Bodewig, WRP 2002, 1317 (1319).

453 Zu weiteren Konstellationen, die unter dem Gesichtspunkt einer unzureichenden Information (fehlende Transparenz) eine Unlauterkeit begründen können, vgl. Baumbach/Hefermehl/Köhler, Wettbewerbsrecht, 23. Auflage, § 4 Rn.1.128f.

454 Vgl. RegE UWG, BT Drs. 15/1487, Begründung, S. 18.

dienste geltenden Vorschriften der § 10 Abs. 4 Nr. 3, Nr. 4 Mediendienstestaatsvertrag und § 7 Nr. 3, Nr. 4 Teledienstegesetz, die ihrerseits ihre Grundlage in Art. 6 lit d der Richtlinie über den elektronischen Geschäftsverkehr haben[455]. § 4 Ziffer 5 RegE UWG schafft die dringend erforderliche Angleichung des Offline-Rechts mit dem Online-Recht. Die Regelung ist daher ohne Einschränkungen zu begrüßen[456].

(b) Das Kopplungsverbot in Ziffer 6 zu § 4 RegE UWG

Von besonderer Bedeutung für die wettbewerbsrechtliche Beurteilung von Preisausschreiben und Gewinnspielen ist die Regelung in § 4 Ziffer 6 RegE UWG[457]. Diese Vorschrift bestimmt, dass unlauter handelt, wer die Teilnahme von Verbrauchern an einem Preisausschreiben oder Gewinnspiel von dem Erwerb einer Ware oder der Inanspruchnahme einer Dienstleistung abhängig macht, es sei denn, das Preisausschreiben oder Gewinnspiel ist naturgemäß mit der Ware oder der Dienstleistung verbunden[458]. Die Bestimmung kodifiziert damit ausdrücklich ein Kopplungsverbot von Preisausschreiben und Gewinnspielen mit dem Warenabsatz bzw. der Inanspruchnahme einer Dienstleistung.

In der Begründung zum Regierungsentwurf heißt es hierzu, die Regelung stimme „mit der Rechtsprechung zu § 1 UWG a. F. überein (BGH GRUR 2002, 976)". Weiter heißt es, die Wettbewerbswidrigkeit ergebe sich daraus, dass die Maßnahme darauf abziele, die Spiellust auszunutzen und hierdurch das Urteil des Verbrauchers zu trüben. Die Übermittlung der Erklärung, mit der am Gewinnspiel oder am Preisausschreiben teilgenommen wird, soll keine Dienstleistung im Sinne dieser Vorschrift darstellen. Eine Verkopplung mit der Inanspruchnahme einer Dienstleistung soll jedoch dann vorliegen, wenn der Verbraucher eine Mehrwertdiensterufnummer[459] anrufen müsse, um am Preisausschreiben oder Gewinnspiel teilzunehmen. In diesem Falle werde eine über den Basistarif für die Übermittlung hinausgehende Zahlung erforderlich. Eine andere Beurteilung soll dann denkbar sein, wenn die Kosten für die Mehrwertdiensterufnummer die üblichen Übermittlungskosten nicht übersteigen[460]. Insofern gilt auch weiterhin der Grundsatz, dass auch Gewinnspiele per Telefon oder Internet ohne Verstoß gegen das Kopplungsverbot möglich sind, wenn die hier-

455 Baumbach/Hefermehl/Köhler, Wettbewerbsrecht, 23. Auflage, § 4 Rn. 5.1.

456 Zu den Tatbestandsvoraussetzungen im einzelnen: Baumbach/Hefermehl/ Köhler, Wettbewerbsrecht, 23. Auflage, § 4 Rn. 5.6 f.

457 Zu den Tatbestandsvoraussetzungen: Baumbach/Hefermehl/Köhler, Wettbewerbsrecht, 23. Auflage, § 4 Rn. 6.6. f.

458 Zu Reichweite und Zweck der Ausnahmeregelung vgl.: Baumbach/ Hefermehl/Köhler, Wettbewerbsrecht, 23. Auflage, § 4 Rn. 6.15 f.

459 Vgl. zu diesem Begriff oben: 5. Kapitel II. 2. d).

460 Vgl. RegE UWG, BT-Drs. 15/1487, Begründung, S. 18.

bei anfallenden Kosten vergleichbar mit den Kosten eines Briefes bzw. einer Postkarte sind[461].

Ebenfalls nicht unlauter soll nach der Begründung des Regierungsentwurfes eine Verkopplung sein, wenn es alternativ die Möglichkeit der Teilnahme gibt, ohne dass eine Ware gekauft oder eine Dienstleistung in Anspruch genommen werden muss. Fälle, in denen man Gewinnpsiele oder Preisausschreiben gar nicht veranstalten kann, ohne dass der Kauf der Ware oder die Inanspruchnahme der Dienstleistung erforderlich ist, sollen ebenfalls nicht unter das Kopplungsverbot fallen. Das gelte beispielsweise für in Zeitschriften abgedruckte Preisrätsel, da diese Art der Werbemaßnahme schon seit längerem auf dem Markt eingeführt sei[462].

(3) Kritik an der UWG-Reform

Sowohl die Aufnahme von Beispielsfällen im Allgemeinen als auch die Regelungen zu Preisausschreiben und Gewinnspielen im Besonderen, insbesondere das Kopplungsverbot, geben Anlaß zur Kritik.

(a) Kritik am Beispielskatalog

Die Konkretisierung der Generalklausel durch einen Beispielskatalog soll nach der Begründung des UWG-Entwurfes das UWG transparenter machen. Insgesamt soll die vorgeschlagene Reform zu einer schlankeren europaverträglichen Fassung des UWG führen[463]. Diese Absicht ist grundsätzlich zu begrüßen.

Dennoch ist an dem Beispielskatalog Kritik zu üben: Das Lauterkeitsrecht ist wie kein anderes Recht maßgeblich durch Richterrecht und Einzelfallurteile geprägt. Bei der Konkretisierung von Einzeltatbeständen durch Beispielskataloge ist daher ganz besondere Vorsicht angezeigt. Gerade in jüngster Zeit hat die lauterkeitsrechtliche Rechtsprechung einen erheblichen Wandel durchlebt. Dieser Wandel wurde mit dem Fortfall von Zugabeverordnung und Rabattgesetz eingeleitet. Konsequent weiter beschritten hat die Rechtsprechung diesen Weg, indem sie – beeinflusst von der Rechtsprechung des EuGH – vom Leitbild eines flüchtigen[464], unkritischen[465] Verbrauchers Abstand genommen hat und hin zu einem

461 Harte-Bavendamm/Henning-Bodewig/Bruhn, UWG, § 4 Rn. 14.
462 RegE UWG, BT-Drs. 15/1487, Begründung, S. 18.
463 RegE UWG, BT-Drs. 15/1487, Begründung, S. 12.
464 BGH GRUR 1970, 425 (426) –Melitta-Kaffee–; GRUR 1982, 563 (564) –Betonklinker–; BGH NJW 1995, 871 (873) –Markenverunglimpfung II–.
465 BGH GRUR 1970, 425 (426) –Melitta-Kaffee–; BGH NJW-RR 1990, 423 (424) –RDM–; BGH NJW 1992, 369 (371) –IEC-Publikationen–.

aufmerksamen, verständigen Verbraucherleitbild übergegangen ist, also von einem schutzbedürftigen hin zu einem verantwortlichen Verbraucher[466]. Erste Ansätze dieser deutlichen Liberalisierung lassen sich wie dargestellt gerade auch der jüngsten Rechtsprechung zu Gewinnspielen und Preisausschreiben entnehmen[467]. Insgesamt läßt sich sagen, dass die Liberalisierungstendenz der Rechtsprechung im Hinblick auf Preisausschreiben und Gewinnspiele nie zuvor so stark gewesen ist wie in jüngster Zeit. Daher können Versuche, diese im Prozeß befindliche Rechtsprechung zu kodifizieren, kaum gelingen.

Die Kodifizierung schafft einen status quo und verhindert damit, dass der dynamische Prozeß der Rechtsprechung sich weiterentwickeln kann[468]. Durch die Festlegung bestimmter Unlauterkeitshandlungen wird eine Rechtslage unumkehrbar festgeschrieben. Hinter den einmal festgeschriebenen Zustand des neuen UWG wird die Rechtsprechung ohne Hilfe des Gesetzgebers nicht mehr zurückgehen können[469]. In der Schaffung eines status quo zeigt sich die Gefahr und Schwierigkeit der Kodifizierung einer gegenwärtigen, durch Richterrecht geprägten Rechtslage[470]. Weitere Liberalisierungen durch eine Fortentwicklung der Rechtsprechung, insbesondere im Hinblick auf europäische Vorgaben, werden unmöglich. Die Rechtsprechung wird sich bei der wettbewerbsrechtlichen Beurteilung nach den neuen Regelungen richten müssen. Dabei bleibt ihr insbesondere für die Fallgruppe des Kopplungsverbotes kein eigenständiger Gestaltungsraum, der es erlauben würde, auf aktuelle nationale und europäische Entwicklungen einzelfallgerecht einzugehen.

---

466 BGH WRP 2000, 517 –Orient-Teppichmuster–; BGH, NJW 2000, 2821 (2822) –Tageszulassung II–; BGH WRP 2000, –Space Fidelity Peep-Show–; BGH WRP 2001, 1286 (1289) –Mitwohnzentrale.de–; BGH WRP 2003, 379 (380) –Preis ohne Monitor–.

467 BGH WRP 2002, 1136 –Gewinnspiel im Radio–; BGH WRP 2002, 1256 –Koppelungsangebot I–; BGH WRP 2000, 724 –Space Fidelity Peep-Show–.

468 Nach Sosnitza zeigt sich gerade am Beispiel des Kopplungsangebots das Problem der Zementierung einer gegenwärtigen, durch Richterrecht geprägten Rechtslage. Der BGH sähe sich durch § 4 Nr. 6 RegE UWG gehindert, seine Rechtsprechung zu ändern und eine Warenkopplung vorsichtig zuzulassen. Sosnitza, GRUR 2003, 739 (743); noch kritischer Engels/Salomon: Danach habe der Gesetzgeber den dynamischen Charakter der Generalklausel beschnitten und zu einer Erstarrung beigetragen. Der gegenwärtige Entwicklungsstand der Rechtsprechung werde gleichsam eingefroren, WRP 2004, 32 (35).

469 Engels/Salomon, WRP 2004, 32 (36).

470 Sosnitza, GRUR 2003, 739 (743).

(b) Kritik am Kopplungsverbot, § 4 Ziffer 6 RegE UWG

Die Kritik an der Schaffung von Beispielskatalogen allgemein gilt auch für den Beispielskatalog des Kopplungsverbotes im Besonderen. Die Kodifizierung eines Kopplungsverbotes für Preisausschreiben und Gewinnspiele ist keinesfalls zwingend gewesen. Im Gegenteil: Man hätte angesichts der jüngsten Entwicklungen durchaus annehmen können, dass gerade diese Fallgruppe erlaubt werden soll. Die im Vorfeld eingeholten Gutachten zum UWG-Entwurf sehen ebenfalls nicht durchgehend ein Kopplungsverbot vor. Nach Wegfall von Zugabeverordnung und Rabattgesetz ist die Verbindung von Warenabsatz mit zusätzlicher Leistung nun generell zulässig. Die Einräumung einer Gewinnchance im Rahmen von Preisausschreiben und Gewinnspielen, die vom entgeltlichen Bezug einer Ware oder Dienstleistung abhängig gemacht wird, stellt jedoch nichts anderes als eine Zugabe dar[471]. Dieser Gesichtspunkt wird auch in der Behandlung von Preisausschreiben und Gewinnspielen nach österreichischem[472] und luxemburgischem[473] Recht deutlich, wo diese als Zugaben behandelt werden[474].

Der Beispielskatalog soll laut Begründung des UWG-Entwurfs den aktuellen Stand der Rechtsprechung kodifizieren. Jedenfalls hinsichtlich des Kopplungsverbots ist aber zweifelhaft, ob insoweit die aktuelle Rechtsprechung tatsächlich wiedergegeben wird. In der Begründung des Regierungsentwurfs heißt es zu Ziffer 6: „In Übereinstimmung mit der Rechtsprechung zu § 1 UWG a. F. ist es nach dem Tatbestand der Nummer 6 wettbewerbswidrig, wenn die Teilnahme an einem Preisausschreiben oder Gewinnspiel in irgendeiner Form mit dem Warenabsatz oder der Inanspruchnahme einer Dienstleistung verkoppelt wird (vgl. BGH GRUR 2002, 976 ff.).“ Bei der zitierten Entscheidung handelt es sich um die Bundesgerichtshof – Grundsatzentscheidung zu Kopplungsangeboten nach Wegfall von Zugabeverordnung und Rabattgesetz[475].

Die Begründung des Regierungsentwurfs, insbesondere der Verweis auf die genannte BGH Entscheidung, gibt Anlass, die Entscheidung des Bundesgerichtshofs in ihrer Auswirkung auf die wettbewerbsrechtliche Beurteilung von Preisausschreiben und Gewinnspielen näher zu beleuchten. Tatsächlich deutet die Grundsatzentscheidung des Bundesgerichtshofs zu Kopplungsangeboten näm-

---

471 Köhler, GRUR 2003, 729 (730); Sosnitza, WRP 2003, 739 (743).

472 Vgl. § 9a Abs. 1 öUWG; ausführlicher zum österreichischen Recht unten: 6. Kapitel IV. 4. k).

473 Vgl. zur Einordnung der Kopplung der Teilnahme mit Warenabsatz in Luxemburg unten: 6. Kapitel IV. 4. i).

474 In Österreich werden Preisausschreiben und Gewinnspiele allerdings grundsätzlich als verbotene Zugaben behandelt.

475 BGH WRP 2002, 1256 –Koppelungsangebot I–.

lich eher auf eine liberale Handhabung des Kopplungsverbotes bei Preisausschreiben und Gewinnspielen hin; ganz im Gegensatz also dazu, wie es die Begründung im Regierungsentwurf zum Ausdruck bringt. Im einzelnen:

Der Bundesgerichtshof hat in seinen Entscheidungen „Kopplungsangebot I" und „Kopplungsangebot II" den Tatbestand unzulässiger Kopplungsangebote auf die Fälle mißbräuchlicher Kopplung begrenzt. Im übrigen sind Kopplungsangebote nun grundsätzlich zulässig[476]. Die wettbewerbsrechtliche Beurteilung von kaufgekoppelten Gewinnspielen und Preisausschreiben war nicht unmittelbar Gegenstand dieser Entscheidung. Allerdings – und insoweit ist der Verweis in der Begründung des Regierungsentwurfs berechtigt – ist die Einräumung einer Gewinnchance bei Kopplung mit dem Warenerwerb auch eine Form eines Kopplungsangebots[477], so dass die Grundsätze des Bundesgerichtshofs zu den Kopplungsgeschäften auch für Gewinnspiele und Preisausschreiben gelten müssen.

Der Bundesgerichtshof betont in seinen Entscheidungen „Kopplungsangebot I" und „Kopplungsangebot II", dass es dem Kaufmann grundsätzlich freisteht, verschiedene Angebote miteinander zu verbinden und zwar auch dann, wenn ein Teil der auf diese Weise gekoppelten Waren oder Leistungen ohne gesondertes Entgelt abgegeben wird[478]. Die Anforderungen, die an die wettbewerbsrechtliche Zulässigkeit von Kopplungsangeboten zu stellen seien, müssten sich an den Gefahren orientieren, die von derartigen Geschäften für den Verbraucher ausgehen[479]. Mißbräuchlich seien Kopplungsangebote lediglich dann, wenn sie entweder ausnahmsweise die Rationalität der Nachfrageentscheidung vollständig in den Hintergrund rücken oder aber wenn bei der Werbung für sie gegen das Transparenzgebot verstoßen wird.

So bestünde eine Gefahr für Kopplungsangebote vor allem darin, dass diese nicht nur den Preisvergleich durch den Verbraucher erschweren, sondern darüber hinaus ein gewisses Irreführungs- und Preisverschleierungspotential beinhalten. Die Gefahr könne – „wie häufig bei den an ein Absatzgeschäft gekoppelten Gewinnspielen – auch in unzureichender Information verbunden mit einer hohen Anlockwirkung" liegen[480].

Indem der Bundesgerichtshof den Begriff „häufig" verwendet, läßt er eine liberale Einstellung zu kaufgekoppelten Preisausschreiben und Gewinnspielen

476 BGH WRP 2002, 1256 –Koppelungsangebot I–.
477 Köhler, GRUR 2003, 729 (730); Sosnitza, GRUR 2003, 739 (743).
478 BGH WRP 2002, 1256 –Koppelungsangebot I–.
479 BGH WRP 2002, 1256 –Koppelungsangebot I–.
480 BGH WRP 2002, 1256 –Koppelungsangebot I–.

durchblicken. Der Formulierung lässt sich entnehmen, dass kaufgekoppelte Preisausschreiben und Gewinnspiele nicht per se und grundsätzlich unzulässig sind. Stattdessen sind auch sie einer Mißbrauchskontrolle zu unterziehen. Es kann danach für kaufgekoppelte Preisausschreiben und Gewinnspiele insbesondere nur darauf ankommen, ob sie im konkreten Einzelfall den Verbraucher unzureichend informieren oder ihn durch falsche Angaben in die Irre führen.

Dabei kann eine besonders hohe Anlockwirkung nur ein zusätzliches Kriterium für eine Wettbewerbswidrigkeit sein. Eine hohe Anlockwirkung allein kann eine Mißbrauchsgefahr nicht begründen. Es entspricht ständiger Rechtsprechung, dass die von einem günstigen Angebot als solchem ausgehende Anlockwirkung nicht wettbewerbswidrig sondern eine gewünschte Folge des Leistungswettbewerbs ist[481]. Damit hat der Bundesgerichtshof letztlich für Preisausschreiben und Gewinnspiele deutlich gemacht, dass insbesondere die fehlende Transparenz zur Unzulässigkeit führen könne, wenn diese an ein Absatzgeschäft gekoppelt sind.

Sowohl im europäischen Werberecht[482] als auch mittlerweile im deutschem Recht[483] ist das Verständnis eines durchschnittlich informierten, situationsadäquat aufmerksamen und verständigen Verbrauchers zugrunde zu legen. Der verständige, aufmerksame Durchschnittsverbraucher kann in der Regel einschätzen, was ihm die Gewinnchance bedeutet. Er ist an Preisausschreiben und Gewinnspiele gewöhnt und weiß, dass die Gewinnchancen regelmäßig nur sehr gering sind. Die Kopplung mit dem Warenabsatz kann daher nur in ganz besonders gelagerten Ausnahmefällen unzulässig sein. Sie wird insbesondere dann unzulässig sein, wenn es sich bei derartigen Gewinnspielen und Preisausschreiben um Ausnahmefälle handelt, von denen eine so starke Anlockwirkung ausgeht, dass bei einem durchschnittlich informierten verständigen Verbraucher die Rationalität der Nachfrageentscheidung vollständig in den Hintergrund tritt. Das dürfte eher selten der Fall sein.

Als Zwischenergebnis ergibt sich: Man wird die Kopplung der Teilnahme an Preisausschreiben und Gewinnspielen mit dem Warenerwerb nicht generell verbieten können. Vielmehr muss es auf den konkreten Einzelfall ankommen. Im Folgenden sollen mögliche Gesichtspunkte, die im Einzelfall eine Wettbe-

---

481 Vgl. BGH GRUR 2003, 538 (540) –Skiausrüstung–; BGH WRP 2002, 1256 (1258) –Koppelungsangebot I–; BGH GRUR 1999, 264 –Handy für 0,00 DM–.

482 EuGH, Rs. C-210/96, –Gut Springenheide/Oberkreisdirektor Steinfurt–, Slg. 1998, I-4657.

483 BGH GRUR 2000, 619 (621) –Orient-Teppichmuster–; vgl. für Preisausschreiben und Gewinnspiele speziell auch: BGH WRP 2000, 724 (726) –Space-Fidelity Peep-Show–.

werbswidrigkeit von kaufgekoppelten Preisausschreiben und Gewinnspiele begründen können, näher untersucht werden.

(aa) Wertgrenzen

Die Überschreitung bestimmter Wertgrenzen ist nicht geeignet als Kriterium, um eine Wettbewerbswidrigkeit von kaufgekoppelten Preisausschreiben und Gewinnspielen zu begründen. Gerade bei Gewinnspielen ist der Verbraucher an die Auslobung sehr hoher Preise gewöhnt. Für den Veranstalter von Preisausschreiben und Gewinnspielen stellt die Auslobung hoher Preise ein wichtiges Gestaltungsmerkmal dar, um die Aufmerksamkeit auf die Veranstaltung und damit die Ware zu lenken. Würde man den Veranstaltern von Preisausschreiben und Gewinnspielen dieses Gestaltungsmittel nehmen, so würde man sie einer wichtigen Möglichkeit berauben, das Interesse der Verbraucher auf ihre Veranstaltung zu lenken. Der hohe Wert der Zugabe kann daher niemals für sich allein sondern allenfalls im Zusammenhang mit anderen Umständen eine unlautere Anlockwirkung besitzen[484].

(bb) Besondere Entscheidungssituation

Zugaben können auch dann wettbewerbswidrig sein, wenn sich der Verbraucher in einer besonderen Entscheidungssituation befindet. Gleiches gilt für die Einräumung von Gewinnchancen, die mit einem Preisausschreiben oder Gewinnspiel gekoppelt sind, da es sich auch hierbei um Formen der Zugabe handelt.

Besondere Entscheidungssituationen, die eine Wettbewerbswidrigkeit begründen könnten, sind insbesondere Situationen, in denen der Verbraucher seine Entscheidung nicht frei fällen kann, weil er sich in einer vom Veranstalter geschaffenen Drucksituation befindet.

An eine derartige Situation müssen allerdings besondere Voraussetzungen geknüpft werden. Allein eine Kopplung der Teilnahme mit dem Warenabsatz kann eine derartige Drucksituation nicht schaffen. Wenn man sich schon zu dem neuen Verbraucherleitbild eines durchschnittlich informierten, aufmerksamen und verständlichen Verbrauchers bekennt, sollte man ihm auch eine eigenverantwortliche und selbstbewusste Entscheidung darüber zutrauen, ob er eine Ware kaufen möchte, um an einer Gewinnspielverlosung teilzunehmen[485]. Erwirbt der Kunde ausschließlich die Ware, um an dem Gewinnspiel teilzunehmen, so ist dies seine mündige, eigenverantwortliche Entscheidung. Das Argument, das In-

---

484 BGH GRUR 2002, 976 (978) –Koppelungsangebot I–; BGH GRUR 2002, 1000 (1002) –Koppelungsangebot II–.
485 Sosnitza, GRUR 2003, 739 (743).

teresse an der Ware müsse vorrangig sein, geht fehl. Gerade auch bei Zugaben geht es dem Verbraucher häufig in erster Linie darum, die Zugabe zu erhalten. Oft ist der Verbraucher an der (Haupt-) Ware gar nicht interessiert.

Zu einem kaufgekoppelten Gewinnspiel oder Preisausschreiben müssen besondere Umstände hinzutreten, um eine Wettbewerbswidrigkeit zu begründen. Derartige Umstände können beispielsweise in einer besonders aggressiven Werbung gegenüber besonders schutzbedürftigen Verbraucherkreisen liegen, z.B. Kindern und Jugendlichen. Die Unlauterkeit ergibt sich in diesen Fällen jedoch nicht aus der Kaufkopplung sondern aus anderen Umständen, die allgemein für jede Werbung gelten. Einer besonderen Drucksituation wird auch derjenige Verbraucher ausgesetzt, der durch die Werbung für ein Gewinnspiel ein Geschäftslokal betritt und erst dort erfährt, dass die Teilnahme an dem Gewinnspiel einen Warenerwerb voraussetzt. Er muss sich dann, unmittelbar unter dem Einfluss des Verkaufspersonals entscheiden, ob er die Ware erwirbt oder nicht. Das Unlauterkeitsmoment besteht hier nicht in der Kaufkopplung sondern in der Täuschung. Dem Kunden wird verschwiegen, dass für die Teilnahme an dem Gewinnspiel ein Warenerwerb erforderlich ist. Der Kunde wird also in die Irre geführt. Die Täuschung im Zusammenhang mit dem zeitlichen Druck verhindert, dass der Kunde eine rationale und freie Kaufentscheidung treffen kann. Denn der Kunde muss nun in sehr kurzer Zeit seine Entscheidung treffen. Derartige Fälle sind also über das Irreführungsverbot und nicht über das Kopplungsverbot zu lösen.

(cc) Irreführung

Vor diesem Hintergrund wird man richtigerweise kaufgekoppelte Gewinnspiele und Preisauschreiben maßgeblich daran messen müssen, ob die Verbraucher über ihre Gewinnchancen, Teilnahmebedingungen oder andere wichtige Umstände in die Irre geführt werden. Eindeutige und ausreichende Informationen schaffen die Voraussetzung für eine freie, mündige und rationale Entscheidung des Verbrauchers. Allein dieses Kriterium kann kaufgekoppelte Gewinnspiele wettbewerbswidrig machen. In der Kaufkopplung selbst steckt dagegen kein eigenständiges Irreführungspotential.

cc) Zwischenergebnis

Die Gefährlichkeit von kaufgekoppelten Gewinnspielen und Preisausschreiben besteht weder darin, dass hohe Preise zu gewinnen sind, noch darin, dass der Verbraucher in eine Situation gebracht wird, in der er nicht mehr eine freie Entscheidung fällen kann. Die Gefahr liegt vielmehr darin, dass der Verbraucher durch Täuschung oder Verschweigen wichtiger Umstände über das Angebot in die Irre geführt wird und er aufgrund dieser Irreführung keine freie und bewusste Entscheidung treffen kann. Die Irreführung kann in dem Vorgaukeln falscher Gewinnchancen bestehen, in dem Verschweigen, dass für die Teilnahme der Kauf der Ware erforderlich ist, oder aber in dem Verschweigen anderer wichtiger Umstände für die Teilnahme. Wird der Verbraucher hingegen über die Bedingungen seiner Teilnahme und die Gewinnchancen zutreffend informiert, kann er mündig, selbstbewußt, frei und rational entscheiden, ob er das (Kopplungs-) Angebot annehmen will. Das häufig angeführte Argument, die Nachfrageentscheidung trete bei kaufgekoppelten Preisausschreiben in den Hintergrund, kann nicht überzeugen. Der Wandel des Verbraucherleitbilds muss auch hier zu einer Neubewertung führen. Selbst wenn der Verbraucher einen Kauf ausschließlich wegen einer Gewinnspielteilnahme tätigt, ist dies unerheblich. Der Verbraucher hat dafür seine eigenen persönlichen Gründe, die sich für die Gesamtheit aller Verbraucher ohnehin nur sehr schwer nachzeichnen lassen. Der Verbraucher entscheidet sich für das Angebot aus Kalkül; das Angebot engt den Verbraucher nicht in seiner Willens- bzw. Entschließungsfreiheit ein. Es wäre ein Rückschritt hin zu einem unmündigen und unselbständigen Verbraucherleitbild, wenn man dem Verbraucher insoweit nicht eine eigenständige Entscheidung zubilligt.

Auch bei besonders günstigen Angeboten wird mancher Verbraucher nur aufgrund der günstigen Gelegenheit zugreifen, auch wenn er das Produkt an sich nicht benötigt. Allerdings muss der Verbraucher von dem Unternehmer mit allen für seine Kaufentscheidung erforderlichen Informationen versorgt werden[486].

Die Kodifizierung eines Kopplungsverbots gibt darüber hinaus auch aus einem weiteren Grund ein schiefes Bild der nationalen Rechtsprechung zu Gewinnspielen und Preisausschreiben: Die von der Rechtsprechung entwickelten Fallgruppen wie die Schaffung eines psychischen Kaufzwangs oder das übertriebene Anlocken spielen in der jüngsten Rechtsprechung des Bundesgerichtshofs eine wesentlich größere Rolle als das Verbot kaufgekoppelter Preisausschreiben und Gewinnspiele. Diese sind in dem UWG-Entwurf jedoch nicht aufgenommen. Auch der Bundesrat weist in seiner Stellungnahme vom 20. Juni 2003 auf dieses Ungleichgewicht hin[487], entsprechend den Empfehlungen der beteiligten Aus-

---

486 Der Verordnungsvorschlag über Verkaufsförderung im Binnenmarkt legt hierzu einen umfassenden Informationskatalog vor. Dieser sieht bei Werbung mit Preisausschreiben und Gewinnspielen sowohl obligatorische als auch fakultative Informationsangaben vor. Inwieweit die dort festgesetzten Informationsanforderungen den Verbraucher tatsächlich in die Lage versetzen, eine freie und mündige Kaufentscheidung zu treffen, soll im Zusammenhang mit der Darstellung des Verordnungsvorschlages näher beleuchtet werden; vgl hierzu unten: 7. Kapitel V. 1. e) und f).

487 BT-Drs. 15/1487; Stellungnahme des Bundesrates, Beschluss vom 20.06.2003 (S. 30).

schüsse vom 10. Juni 2003[488]: „Der Bundesgerichtshof (vgl. zuletzt BGH, ZUM 2003, 137, 138) hat vier Fallgruppen herausgearbeitet, in denen zu Zwecken des Wettwerbs veranstaltete Gewinnverlosungen gegen § 1 UWG verstoßen. Diese sind neben der in § 4 Nr. 6 UWG-E allein geregelten Kopplung des Warenabsatzes mit der Teilnahme an dem Gewinnspiel die Schaffung eines psychischen Kaufzwangs, die Irreführung des Publikums über die Gewinnchancen und ein übertriebenes Anlocken. Es wäre wünschenswert, wenn auch diese Fallgruppen in den Gesetzentwurf aufgenommen werden könnten."[489]

Der Stellungnahme des Bundesrates ist insofern beizupflichten, dass – jedenfalls aus nationaler Sicht – nicht ersichtlich ist, weshalb ausgerecht das Kopplungsverbot aufgenommen werden soll, nicht aber die übrigen Fallgruppen. Eine Aufnahme auch der Fallgruppen des psychischen Kaufzwangs und des übertriebenen Anlockens ist jedoch, ebenso wie auch die Kodifizierung des Kopplungsverbots, abzulehnen[490]. Gleiches gilt auch für ein spezielles Irreführungsverbot für Preisausschreiben und Gewinnspiele, da insoweit das allgemeine Irreführungsverbot in § 5 RegE UWG ausreichend ist.

Ein Blick auf die Rechtslage in den übrigen Mitgliedstaaten erklärt allerdings, weshalb der deutsche Gesetzgeber gerade das Kopplungsverbot, nicht aber die anderen Fallgruppen kodifiziert hat: In den meisten Mitgliedstaaten spielen der psychische Kaufzwang und das übertriebene Anlocken anders als in Deutschland keine oder eine nur sehr untergeordnete Rolle[491].

Dagegen kennen fast alle Mitgliedstaaten ein Kopplungsverbot. Dies gilt jedoch meistens nur für Gewinnspiele, also Veranstaltungen, bei denen der Zufall gewinnentscheidend ist. Kaufgekoppelte Preisausschreiben sind dagegen in vielen Mitgliedstaaten zulässig. Hierin zeigt sich auch ein weiterer Kritikpunkt an der Regelung des § 4 Ziffer 6 RegE UWG. Das deutsche Kopplungsverbot soll unterschiedslos für Preisausschreiben und Gewinnspiele gleichermaßen gelten. Ein Blick auf die Rechtslage der übrigen Mitgliedstaaten zeigt, dass ein derart um-

488 BR-Drs. 301/01/03; Empfehlung vom 10.06.2003.

489 Hierzu führt die Bundesregierung in ihrer Gegenäußerung aus, dass im Hinblick auf den geänderten VO-Vorschlag vom 25.10.2002 mit einem Koppelungsverbot für Gewinnspiele zu rechnen sei. Auch wenn der Vorschlag bisher noch keine Mehrheit gefunden habe, müsse man mit einer entsprechenden europäischen Regelung rechnen. Würde man Gewinnspiele im neuen UWG weiteren Reglementierungen unterwerfen, so müssten diese unter Umständen alsbald wieder geändert werden. Die vom Bundesrat genannten Fallgruppen sollten daher über die Generalklausel des § 3 RegE UWG erfasst werden (BT-Drs. 15/1487, Gegenäußerung der Bundesregierung, S. 41).

490 Vgl. oben Bewertung der Rechtsprechung des BGH: 6. Kapitel III. 3. d) ff).

491 Vgl. zur Rechtslage in den Mitgliedstaaten unten: 6. Kapitel IV. 4.

fangreiches, generelles Kopplungsverbot die Ausnahme ist. Das deutsche Recht ist damit im Vergleich besonders streng. Dies ist umso bedauerlicher, als dem deutschen Gesetzgeber ohnehin schon seit jeher der Ruf übertriebener Strenge und Rückständigkeit angelastet wird.

dd) Das neue UWG und die Fallgruppen des übertriebenen Anlockens und des psychischen Kaufzwangs

Die Fallgruppen des übertriebenen Anlockens und des psychischen Kaufzwangs sind anders als das Kopplungsverbot nicht ausdrücklich im neuen UWG geregelt. Bedeutung für diese Fallgruppen könnte jedoch § 4 Ziffer 1 RegE UWG erlangen. § 4 Ziffer 1 RegE UWG verbietet Wettbewerbshandlungen, die geeignet sind, die Entscheidungsfreiheit der Verbraucher oder sonstiger Marktteilnehmer durch Ausübung von Druck oder durch sonstigen unangemessenen, unsachlichen Einfluss zu beeinträchtigen. Hierzu sollen auch Maßnahmen der Wertreklame gehören, wenn sie bezwecken, die Rationalität der Verbraucherentscheidung auszuschalten[492]. Durch das Kriterium der Unangemessenheit soll dem Umstand Rechnung getragen werden, dass eine gewisse unsachliche Beeinflussung der Werbung nicht fremd und daher nicht per se unlauter ist. Sowohl das übertriebene Anlocken als auch der psychische Kaufzwang sind nach dem Verständnis der Rechtsprechung Ausdruck für eine Beeinträchtigung der Entscheidungsfreiheit der Verbraucher. Für beide Fallgruppen ist die Schwelle zur Wettbewerbswidrigkeit wegen des gewandelten Verbraucherleitbildes und der mit Wegfall von Zugabeverordnung und Rabattgesetz beabsichtigten neuen gesetzgeberischen Wertung jedoch neu zu bestimmen. Besonderes Augenmerk ist dabei auf die Einhaltung der Transparenzvorgaben zu achten richten.

Es bleibt abzuwarten, wie die Rechtsprechung diese Fallgruppen in der Zukunft einordnen und anwenden wird[493]. Dadurch dass das übertriebene Anlocken und der psychische Kaufzwang nicht ausdrücklich in den Beispielskatalog aufgenommen sind, bleibt der Rechtsprechung hierzu ausreichend Gestaltungsspielraum. Es wäre zu wünschen, dass die Rechtsprechung diesen Gestaltungsspielraum nutzt und auf beide Fallgruppen verzichtet.

---

492 RegE UWG, BT-Drs. 15/1487, Begründung S. 17.

493 Vgl. Gloy/Loschelder/Jaeger-Lenz, Handbuch des Wettbewerbsrechts, 3. Auflage, § 69 Rn. 2 (S. 1449): Danach sei zu erwarten, dass die Zulässigkeit von Gewinnspielen zukünftig als etwaige Ausübung von Druck in der Variante des psychischen Kaufzwangs oder als sonstiger unangemessener unsachlicher Einfluss beurteilt werde.

ee) Ergebnis

Als Ergebnis ist festzuhalten: Das kodifizierte Kopplungsverbot in § 4 Ziffer 6 RegE UWG ist ein Rückschritt für die wettbewerbsrechtliche Beurteilung von Preisausschreiben und Gewinnspielen. Im übrigen ist zweifelhaft, ob die Regelung die aktuelle Rechtsprechung zu Preisausschreiben und Gewinnspielen widerspiegelt; dies gilt schon, weil die beiden anderen wichtigen Fallgruppen zu Preisausschreiben und Gewinnspielen – übertriebenes Anlocken und psychischer Kaufzwang – nicht ausdrücklich in den Beispielskatalog aufgenommen worden sind. Ebenfalls zweifelhaft ist, ob die Rechtsprechung zu Kopplungsverboten angesichts der jüngsten Entscheidungen des Bundesgerichtshofs zu Kopplungsangeboten mit der Regelung des § 4 Ziffer 6 RegE UWG zutreffend erfasst worden ist.

Sinnvoll wäre es gewesen, die Regelung wegzulassen und die Entscheidung über die Zulässigkeit von kaufgekoppelten Gewinnspielen und Preisausschreiben den Gerichten zu überlassen. Feststeht, dass auch das Kopplungsverbot angesichts der mit dem Wegfall von Zugabeverordnung und Rabattgesetz eingeleiteten Liberalisierung und des gewandelten Verbraucherleitbilds neu bewertet werden muss. Bei der jüngsten Rechtsprechung zu Gewinnspielen und Preisausschreiben sind Ansätze einer solchen Neubewertung gerade auch bei der Fallgruppe der Kaufkopplung zu erkennen. Der Gesetzgeber hat sich bedauerlicherweise entschieden, dieser Entwicklung einen Riegel vorzuschieben, und hat damit die eingeleitete liberale Rechtsprechung abrupt gestoppt.

Schließlich besteht im Hinblick auf die Rechtslage in den übrigen Mitgliedstaaten und angesichts der jüngsten europäischen Vorhaben die Gefahr, dass das nationale Recht durch eine veränderte europäische Rechtslage obsolet wird[494]. Kaufgekoppelte Preisausschreiben sind anders als kaufgekoppelte Gewinnspiele in den meisten Mitgliedstaaten erlaubt. Für Preisausschreiben ist nicht davon auszugehen, dass sich ein europaweites Kopplungsverbot durchsetzen kann. Werbetreibende sowie Verbraucher müssten sich innerhalb kurzer Zeit wieder auf eine neue Rechtslage einstellen[495].

494 Vgl. insbesondere den Vorschlag für eine Verordnung, näher dargestellt unten: 7. Kapitel V. 1.

495 Köhler/Lettl, WRP 2003, 1019 (1049).

IV. Die Rechtslage in den übrigen Mitgliedstaaten der Europäischen Union

1. Einleitung

Im folgenden wird die Rechtslage in den einzelnen Mitgliedstaaten[496] zu Preisausschreiben und Gewinnspielen dargestellt. Die Bearbeitung beschränkt sich auf einen kurzen Überblick der wesentlichen Regelungen und Grundsätze der verschiedenen Rechtssysteme. Dies dient zum einen der besseren Übersichtlichkeit; andererseits würde eine ausführlichere Darstellung im Sinne einer rechtsvergleichenden Bearbeitung den Rahmen dieser Bearbeitung sprengen. Die Darstellung der Rechtslage der einzelnen Mitgliedstaaten bildet die Grundlage dafür, die lauterkeitsrechtlichen Vorhaben auf EU–Ebene einerseits sowie die neuen Bestimmungen des UWG andererseits umfassend zu bewerten und Vorschläge für eine Rechtsangleichung zu erarbeiten. Die festzustellenden Gemeinsamkeiten und Unterschiede in den Mitgliedstaaten dienen darüber hinaus für die Werberechtspraxis als erste grobe Orientierung bei grenzüberschreitender Durchführung von Preisausschreiben und Gewinnspielen sowie der Werbung hierfür.

2. Überblick

Wie auch in Deutschland enthält das Recht der Mitgliedstaaten der Europäischen Gemeinschaft ganz überwiegend Generalklauseln oder jedenfalls generalklauselartige Verbotstatbestände[497]. Die Rechtslage zur Zulässigkeit von zu Werbezwecken veranstalteten Preisausschreiben und Gewinnspielen in den Mitgliedstaaten weist dagegen ein uneinheitliches Bild auf. Einigkeit besteht zwar insoweit, dass Gewinnspiele, bei denen allein oder überwiegend der Zufall gewinnentscheidend ist und deren Teilnahme an einen Einsatz (Geldeinsatz oder

496 Es werden ausschließlich diejenigen Mitgliedstaaten behandelt, deren Rechtslage auf die jüngsten lauterkeitsrechtlichen Vorhaben auf EU-Ebene Einfluss genommen haben. Die Bearbeitung bezeichnet daher als Mitgliedstaaten diejenigen Staaten, die bis zum 30. April 2004 bereits Mitgliedstaaten in der EU gewesen sind, also Belgien, Dänemark, Deutschland, Finnland, Frankreich, Griechenland, Irland, Italien, Luxemburg, Niederlande, Portugal, Schweden, Spanien, Österreich und das Vereinigte Königreich.

497 Belgien: Art. 93, 94 Gesetz über Handelspraktiken; Dänemark: § 1 S. 2 Marktgesetz; Finnland: § 1 UVG, Kap. 2 § 1 Nr. 1 VSG; Frankreich: Art 1382 f. Code Civil; Griechenland: Art 1 UWG, Art. 9 Nr. 5 Verbraucherschutzgesetz; Italien: Art. 2598 Nr. 3 Codice Civile; Luxemburg: Art 16 Handelspraktikengesetz; Niederlande: Art. 6: 162 Nr. 2 Burgerlijk Wetboek; Österreich: § 1 UWG; Portugal: § 260 Gesetz über den gewerblichen Rechtsschutz; Schweden: § 4 Abs. 1 Marktvertriebesgesetz; Spanien: Art.5 Gesetz über unlauteren Wettbewerb, Art. 6 lit b Werbegesetz.

Warenerwerb) gekoppelt ist, grundsätzlich unzulässig sind. Reine Geschicklichkeitsspiele ohne Einsatz sind dagegen in fast allen Mitgliedstaaten regelmäßig erlaubt.

Unterschiedlich ist das Bild hingegen bei solchen Gewinnspielen, die keinen Einsatz erfordern und bei denen der Gewinn ausschließlich vom Zufall abhängt. So sind in einigen Mitgliedstaaten vom Zufall abhängige Gewinnspiele generell unzulässig[498]. Die Abgrenzung zu den Geschicklichkeitsspielen erfolgt häufig danach, ob der Gewinn jedenfalls nicht ausschließlich oder überwiegend zufallsabhängig ist[499]. Gerade bei gemischten Veranstaltungen, bei denen sich sowohl Geschicklichkeit als auch Zufall auf den Gewinn auswirken, kommt es wegen der unterschiedlichen rechtlichen Behandlung von Preisausschreiben und Gewinnspielen zu den bereits dargestellten Abgrenzungsproblemen[500].

Ebenfalls unterschiedlich behandeln die Mitgliedsstaaten reine Geschicklichkeitsspiele, bei denen ein Einsatz erforderlich ist. So sind in einigen Mitgliedstaaten Geschicklichkeitsspiele generell zulässig, auch wenn sie einen Einsatz erfordern[501]. Entscheidende Zulässigkeitskriterien sind der Einsatz und die Gewinnentscheidung nach dem Zufall bzw. nach gewissen Fähigkeiten oder Fertigkeiten.

3. Generalklausel

Die meisten Mitgliedstaaten gestalten das Lauterkeitsrecht wie auch Deutschland über eine Generalklausel. Dabei werden fünf verschiedene Rechtsbegriffe verwendet. Der Begriff der guten Sitten findet sich in Österreich, Deutschland, Griechenland und Portugal. In Belgien, Italien, Luxemburg und Spanien verwendet man den Begriff Lauterkeit des Geschäftsverkehrs. Von der guten Marketingpraxis spricht man in Dänemark, Finnland und Schweden. In den Niederlanden dient als maßgeblicher Begriff die Rechtswidrigkeit und in Frankreich der des Verschuldens. Die konkrete wettbewerbsrechtliche Beurteilung von Preisausschreiben und Gewinnspielen hat allerdings wenig mit dem jeweils verwendeten Rechtsbegriff zu tun.

---

498 So z.B. in Belgien und Großbritannien; vgl. näher unten: 6. Kapitel IV. 4. a) und f).

499 So z.B. in Dänemark, Frankreich und Griechenland; vgl. näher unten: 6. Kapitel IV. 4. b), d) und e).

500 Vgl. oben: 2. Kapitel II.

501 So z.B. in Dänemark, Frankreich, Großbritannien und Irland; vgl. näher unten: 6. Kapitel IV. 4. b), f) und g).

4. Die einzelnen Mitgliedstaaten

a) Belgien

Das belgische Handelspraktikengesetz von 1991[502] regelt in Kapitel IV in den Art. 22 bis 29 die Werbung. Art. 22 enthält die Definition der Werbung. Kernstück ist Art. 23 mit seinen verbotenen Werbepraktiken. Art. 23 Ziff. 10 wurde mit der Reform des Handelspraktikengesetz 1991 neu aufgenommen[503]. Danach ist jede Werbung verboten, die „bei dem Konsumenten die Hoffnung oder Gewissheit hervorruft, ein Produkt, eine Dienstleistung oder einen anderen Vorteil durch den Zufall gewonnen zu haben oder gewinnen zu können". Diese weitreichende Regelung zielt nach der Gesetzesbegründung insbesondere auf die Unterbindung sog. „sweepstakes" ab[504]; sie erfasst jedoch auch solche vom Zufall abhängigen Verlosungsaktionen, bei denen weder eine Irreführungsgefahr, eine Kopplung mit dem Warenabsatz noch ein übertriebener Anlockeffekt vorliegt[505]. Vom Zufall abhängige Gewinnspiele sind also in Belgien grundsätzlich unzulässig und zwar unabhängig davon, ob eine Kopplung der Teilnahme am Gewinnspiel mit dem Warenerwerb vorliegt oder nicht. Damit ist das belgische Recht strenger als das derzeitige deutsche Recht, wonach für die Unzulässigkeit eines Gewinnspiels besondere, die Unlauterkeit begründende Umstände vorliegen müssen.

Preisausschreiben unterliegen nach belgischem Recht keiner besonderen Gesetzesregelung[506]. Nach einer Grundsatzentscheidung des obersten Belgischen Gerichtshofes vom 30.11.1953 heben sich Preisausschreiben von den gesetzlich grundsätzlich verbotenen Glückspielen dadurch ab, dass die Gewinnaussichten nicht vorrangig durch Zufall oder Glück bestimmt sind[507]. Veranstaltungen, bei denen das intellektuelle Element im Vordergrund steht, sind im Regelfall zulässig, wenn sie nicht irreführend sind und ihre Teilnahme nicht von einer Kaufverpflichtung abhängig gemacht wird[508]. Unzulässig sind also Preisausschreiben,

---

502 Gesetz vom 14. Juli 1991 über die Handelspraktiken und die Information und den Schutz des Verbrauchers; deutsche Übersetzung abgedruckt in: GRUR Int. 1992, 623 f.

503 Henning-Bodewig, GRUR Int. 1994, 455 (462).

504 Roger von den Bergh, GRUR Int. 1992, 803 (807).

505 Henning-Bodewig, Belgien, in: Schricker (Hrsg.), Recht der Werbung in Europa, Bd. I, Rn. 297 (S. 108).

506 Kocks, Werberecht in Belgien, in: Schotthöfer (Hrsg.), Handbuch des Werberechts in den EU-Staaten, Rn. 122 (S. 143).

507 Zitiert nach Kocks, Werberecht in Belgien, in: Schotthöfer (Hrsg.), Handbuch des Werberechts in den EU-Staaten, Rn. 122 (S. 143).

508 Kocks, Werberecht in Belgien, in: Schotthöfer (Hrsg.), Handbuch des Werberechts in den EU-Staaten, Rn. 122 (S. 143).

bei denen die Teilnahmemöglichkeit mit dem Warenerwerb gekoppelt wird. Eine Ausnahme hiervon greift dann, wenn die Gewinnabgaben im ordentlichen Geschäftsverkehr nicht zu erwartende Werbegaben sind, deren Handelswert nicht 5 % des Verkaufswertes des beworbenen Produktes oder der beworbenen Dienstleistung übersteigt[509].

Nach belgischem Recht erfolgt also die Abgrenzung zwischen zulässigen Preisausschreiben ohne Kopplung und verbotenen Gewinnspielen anhand des Merkmals Zufall. Indem beide Institute danach abgegrenzt werden, ob der Gewinn „vorrangig durch Zufall oder Glück bestimmt wird" oder aber das intellektuelle Element im Vordergrund steht, wird dem Tatrichter ein enormer Ermessenspielraum eingeräumt[510]. Offen bleibt nach dem Gesetzeswortlaut von Art. 23 Ziff. 10, ob die Formulierung „durch den Zufall gewonnen zu haben oder gewinnen zu können" so zu verstehen ist, dass ausschließlich der Zufall gewinnentscheidend sein muss oder aber ein überwiegender Einfluss genügt. Angesichts der vorgenannten Entscheidung des obersten Belgischen Gerichtshofes ist das Verständnis naheliegend, dass der Zufall im Vordergrund stehen muss, nicht aber allein gewinnentscheidend zu sein braucht.

Der psychische Kaufzwang hat bisher in der belgischen Judikatur keinen Zugang als eigenständiges Konzept einer unlauteren Wettbewerbshandlung gefunden[511].

b) Dänemark

Gemäß § 9 Abs. 1 des dänischen Gesetzes über Marktverhalten (Marktgesetz)[512] ist es unzulässig „zu versuchen, den Absatz von Gütern oder Dienstleistungen gegenüber den Verbrauchern dadurch zu fördern, dass Gewinnmöglichkeiten durch Teilnahme an einer Verlosung, einem Gewinnspiel oder einer sonstigen Veranstaltung geboten werden, deren Ausgang ganz oder teilweise vom Zufall abhängt, soweit es eine Bedingung für die Teilnahme darstellt, dass ein Kauf getätigt wurde." Eine Ausnahme hiervon macht § 9 Abs. 2, wenn sich die Höhe des einzelnen Gewinns und der Wert der Gewinne insgesamt innerhalb eines bestimmten festgesetzten Rahmens befindet. Dieser Rahmen wird vom däni-

509 Kocks, Werberecht in Belgien, in: Schotthöfer (Hrsg.), Handbuch des Werberechts in den EU-Staaten, Rn. 122 (S. 143).

510 Kocks, Werberecht in Belgien, in: Schotthöfer (Hrsg.), Handbuch des Werberechts in den EU-Staaten, Rn. 122 (S. 143).

511 Kocks, Werberecht in Belgien, in: Schotthöfer (Hrsg.), Handbuch des Werberechts in den EU-Staaten, Rn. 110 (S. 139).

512 Lov om markedforing, Nr. 428 af 1.6.1994, abgedruckt bei: Kur/Schovsbo, Dänemark, in: Schricker (Hrsg.), Recht der Werbung in Europa, Bd. I, S. 123.

schen Industrie- und Handelsministerium bestimmt und kann je nach Art des Produktes und des Empfängerkreises variieren.

Ganz oder teilweise vom Zufall abhängige Gewinnspiele sind also zulässig, wenn sie entweder keinen Warenerwerb erfordern oder wenn der Wert der Gewinne innerhalb bestimmter festgelegter Wertgrenzen liegt. Derartige Gewinnspiele müssen nur den allgemeinen Bestimmungen genügen; d. h. sie dürfen weder irreführend gestaltet sein (§ 2 Marktgesetz) noch dürfen sie gegen die guten Sitten im Geschäftsverkehr im Sinne des § 1 Marktgesetzes verstoßen[513]. § 9 Marktgesetz erfasst lediglich Gewinnspiele für Privatverbraucher. Gewinnspiele für Unternehmen können deshalb an einen Warenerwerb gekoppelt werden. Sie unterliegen nur den allgemeinen Bestimmungen.

Preisausschreiben, die – anders als Gewinnspiele – von den Teilnehmern eine individuelle Leistung verlangen, sind nach dänischem Recht generell erlaubt. Anders als bei Gewinnspielen darf bei Preisausschreiben auch gegenüber Verbrauchern die Teilnahme mit einem Kauf gekoppelt werden[514]. Allerdings darf das Glückselement bei der Gewinnzuteilung keine Rolle spielen, und die Anzahl von Preisen muss begrenzt sein. Solche Wettbewerbe unterliegen den allgemeinen Bestimmungen.

Für periodische Schriften enthält § 9 Abs. 3 Marktgesetz eine Sonderregelung. Danach kann der Herausgeber im Zusammenhang mit der Lösung von Preisrätseln eine Auslosung von Gewinnen veranstalten. Diese Bestimmung wird in den

---

513 Eckhardt-Hansen, Werberecht in Dänemark, in: Schotthöfer (Hrsg.), Handbuch des Werberechts in den EU-Staaten, Rn. 51 (S. 162); vgl. auch: Analytischer Bericht der Expertengruppe Kommerzielle Kommunikation (Analytical Report, Sales promotions in the Internal Market, Section 1: Overview over national legislation relating to cross-border sales promotions in the community, promotional contests and games), im Folgenden kurz: „Analytischer Bericht der Expertengruppe", S. 22 (Dänemark). Die Expertengruppe Kommerzielle Kommunikation wurde von der Generaldirektion Binnenmarkt der Europäischen Kommission eingesetzt, um die Generaldirektion bei der Zusammenstellung von nationalen Rechtsvorschriften in einer für den Rechtsvergleich tauglichen Form zu unterstützen und so den Vorschlag für eine Verordnung über Verkaufsförderung im Binnenmarkt vorzubereiten. Als Ergebnis entstand der analytische Bericht der Expertengruppe Kommerzielle Kommunikation. Nach Auskunft der Dienststellen der Europäischen Kommission soll der Bericht nicht veröffentlicht werden. Er kann auf Anfrage beim Bundesministerium der Justiz abgerufen werden; vgl. Göhre, WRP, 2002, 36 (39).

514 Eckhardt-Hansen, Werberecht in Dänemark, in: Schotthöfer (Hrsg.), Handbuch des Werberechts in den EU-Staaten, Rn. 50 (S. 162); Analytischer Bericht der Expertengruppe, S. 22 (Dänemark).

Gesetzesmotiven damit begründet, dass ein Verzicht hierauf eine erhebliche Attraktivitätseinbuße für die Zeitschrift oder Zeitung bedeuten könne[515].

c) Finnland

Regelungen des finnischen Marketings zu Preisausschreiben und Gewinnspielen finden sich in dem zweiten Kapitel des Verbraucherschutzgesetzes (KSL)[516] sowie in dem Gesetz über ungebührliches Verhalten im Geschäftsverkehr (SopMenL)[517]. Neben einer Generalklausel in Kap. 2 § 1 KSL enthält Kap. 2 § 5 KSL eine Spezialbestimmung zu Gewinnspielen. Danach darf beim Marketing kein zufallsabhängiger Vorteil ausgelobt werden, wenn die Erlangung des Vorteils die Zahlung eines Entgelts, den Erwerb eines Bedarfsgutes oder die Abgabe eines Kaufangebots voraussetzt. Gewinnspiele sind also nur dann zulässig, wenn die Teilnahme auch ohne einen Warenerwerb oder sonstigen Einsatz möglich ist und sämtliche Teilnehmer tatsächlich unabhängig von einem Warenerwerb dieselben Gewinnchancen haben[518]. Es ist deutlich darauf hinzuweisen, dass der Kauf der Ware nicht erforderlich ist, um an der Veranstaltung teilzunehmen[519].

Eine Ausnahme von dem Kopplungsverbot besteht lediglich für Preisausschreiben und Preisrätsel in Zeitungen und Zeitschriften, die dem Zeitvertreib dienen, Kap. 2 § 5 KSL Absatz (2). Schließlich müssen gemäß Kap. 2 § 4 b KSL (5.6.2002/460) die Bedingungen für eine Beteiligung an Auslosungen, Wettbewerben oder Spielen, die mit dem Marketing in Verbindung stehen, klar und verständlich sowie leicht erhältlich sein.

Ähnlich ist die Regelung in § 3 Abs. 1 SopMenL: Es darf im Geschäftsverkehr kein Vorteil versprochen werden, der von dem Ergebnis einer Lotterie oder sonst vom Zufall abhängt, wenn die Erlangung des Vorteils den Verkauf, den Kauf oder die Bestellung von Gütern oder eine sonstige Gegenleistung voraussetzt. Eine Ausnahme wird auch hier für Preisausschreiben und Preisrätsel gemacht, § 3 Absatz (2) SopMenL. Ein Transparenzgebot für die Teilnahmebedingungen und für sonstige Informationen über die Auslosung enthält § 3 Abs. 3 SopMenL. Um dieses Transparenzgebot zu stärken, hat der finnische Verbraucher-Ombudsmann auf der Grundlage der einschlägigen Rechtsprechung separate Anweisungen in Bezug auf Marketing-Lotterien und Gewinnspiele herausge-

---

515 Vgl. Kur/Schovsbo, Dänemark, in: Schricker (Hrsg.), Recht der Werbung in Europa, Bd. I, Rn. 153 (S. 77).

516 Kuluttajansuojalaki (1978/38) vom 20. Januar 1978.

517 Laki sopimattomasta menettelystä elinkeinotoiminnassa (1978/1061) vom 22. Dezember 1978.

518 Analytischer Bericht der Expertengruppe, S. 27, S. 32 (Finnland).

519 Fahllund/Salmi, Werberecht in Finnland, in: Schotthöfer (Hrsg.), Handbuch des Werberechts in den EU-Staaten, Rn. 36 (S. 229).

geben[520]. Die Ausübung eines psychischen Kaufzwangs hat nach finnischem Recht für Gewinnspiele und Preisausschreiben keine Bedeutung. Ein etwaiger ausgeübter psychischer Druck spielt in den Anweisungen des Verbraucher-Ombudsmannes nur bei der Frage über die Auswirkung von Werbung allgemein auf das Verhalten, insbesondere von Kindern, eine zentrale Rolle[521].

d) Frankreich

In Frankreich ist erst 1992 durch die umfassende Neukodifizierung des Verbraucherschutzrechts ein mit dem deutschen UWG teilweise vergleichbares allgemeines Gesetz eingeführt worden[522], der Code de la Consommation (Gesetz Nr. 93-949 vom 26.7.1993)[523]. Dieses Gesetz fasst die bis dahin ergangenen, in unterschiedlichen wirtschaftlichen Einzelnormen verstreuten Regelungen systematisch in einem Regelungswerk zusammen und orientiert sich am Gedanken des Verbraucherschutzes[524]. Daneben gelten die von der Rechtsprechung aus den Art. 1381, 1382 des Code Civile abgeleiteten Grundsätze. Diese Normen entsprechen in etwa den §§ 823, 826 BGB und legen ganz allgemein die Haftung für schuldhaftes Handeln zum Schaden eines anderen fest[525].

Verboten sind in Frankreich Gewinnspiele, bei denen ein Einsatz erforderlich ist und bei denen der Gewinner ausschließlich durch Zufall ermittelt wird[526]. Gestattet sind hingegen vom Zufall abhängige Gewinnspiele ohne Kopplung mit einem Einsatz[527]. Erfolgt die Gewinnzuteilung aufgrund gewisser Fähigkeiten der Teilnehmer, darf die Teilnahmemöglichkeit mit dem Warenerwerb gekoppelt werden[528]. Voraussetzung für die Einordnung als Preisausschreiben ist, dass das Auffinden der Lösung mehr als eine für jeden Durchschnittsteilnehmer banale Gedankenleistung erfordert[529]. Entscheidet bei einer solchen Veranstaltung

520 Fahllund/Salmi, Werberecht in Finnland, in: Schotthöfer (Hrsg.), Handbuch des Werberechts in den EU-Staaten, Rn. 36 (S. 229).

521 Fahllund/Salmi, Werberecht in Finnland, in: Schotthöfer (Hrsg.), Handbuch des Werberechts in den EU-Staaten, Rn. 67 (S. 239).

522 Ranke, Werberecht in Frankreich, in: Schotthöfer (Hrsg.), Handbuch des Werberechts in den EU-Staaten, Rn. 2 (S. 246).

523 Abgedruckt bei Dreier/Lewinski, Frankreich, in: Schricker (Hrsg.), Recht der Werbung in Europa, Bd. 1, Anhang 1, S. 173.

524 Dreier/Lewinski, Frankreich, in: Schricker (Hrsg.), Recht der Werbung in Europa, Bd. 1, Rn. 11 (S. 17).

525 Ranke, Werberecht in Frankreich, in: Schotthöfer (Hrsg.), Handbuch des Werberechts in den EU-Staaten, Rn. 2 (S. 247).

526 Analytischer Bericht der Expertengruppe, S. 33 (Frankreich).

527 Analytischer Bericht der Expertengruppe, S. 27, S. 33 (Frankreich).

528 Vgl. Analytischer Bericht der Expertengruppe, S. 22 (Frankreich).

529 Ranke, Werberecht in Frankreich, in: Schotthöfer (Hrsg.), Handbuch des Werberechts in den EU-Staaten, Rn. 64 (S.267).

unter mehreren richtigen Einsendungen letztlich doch das Los, liegt ein Gewinnspiel vor[530]; es gilt dann wieder das Kopplungsverbot. Irreführende Werbung und somit auch die Gestaltung und Werbung mit irreführenden Gewinnspielen und Preisausschreiben ist nach französischem Recht gemäß Art. L 121.1 Code de la Consommation unter Strafe gestellt.

Der Begriff des psychischen Kaufzwanges ist in Frankreich als Oberbegriff unbekannt[531].

e) Griechenland

Die maßgeblichen wettbewerbsrelevanten Regelungswerke in Griechenland sind das Gesetz gegen den unlauteren Wettbewerb[532] und das griechische Verbraucherschutzgesetz[533]. In Art. 1 enthält das Gesetz gegen den unlauteren Wettbewerb eine Generalklausel, wonach im geschäftlichen Verkehr des Handels, der Industrie oder der Landwirtschaft jede Handlung verboten ist, die zum Zwecke des Wettbewerbs vorgenommen wird und gegen die guten Sitten verstößt.

Gemäß Art. 18 Ziff. 3 des Verbraucherschutzgesetzes ist jede Werbung, die gegen die guten Sitten verstößt oder in Artikel 20 aufgeführt ist, eine unlautere Werbung. Nach Art. 20 lit. f) des Verbraucherschutzgesetzes ist insbesondere jede Werbung unlauter, die übermäßig zum Kauf anreizt und die Neigung des Publikums für Glücksspiele und Gewinne in unanständiger Weise missbraucht.

Der Hang des Publikums zu Glücksspielen und Gewinnen wird insbesondere dann ausgenutzt, wenn die Teilnahme an einer Verlosung oder einem Preisausschreiben von dem Abschluss eines Vertrages abhängig gemacht wird[534]. Der Verbraucher darf auf keinen Fall zum Vertragsabschluss verführt werden[535]. Das Kopplungsverbot gilt also gleichermaßen für vom Zufall abhängige sowie von

---

530 Ranke, Werberecht in Frankreich, in: Schotthöfer (Hrsg.), Handbuch des Werberechts in den EU-Staaten, Rn. 64 (S.267).

531 Ranke, Werberecht in Frankreich, in: Schotthöfer (Hrsg.), Handbuch des Werberechts in den EU-Staaten, Rn. 59 (S.265).

532 Gesetz Nr. 146 vom 26. Dezember 1913 und 17. Januar 1914 gegen den unlauteren Wettbewerb in Griechenland.

533 Gesetz Nr. 1961 vom 3. September 1991, über „Verbraucherschutz und sonstige Vorschriften".

534 Alexandridou, Griechenland, in: Ulmer (Hrsg.), Das Recht des unlauteren Wettbewerbs in den Mitgliedstaaten der Europäischen Gemeinschaft, Band VII, S. 200.

535 Alexandridou, Griechenland, in: Ulmer (Hrsg.), Das Recht des unlauteren Wettbewerbs in den Mitgliedstaaten der Europäischen Gemeinschaft, Band VII, S. 200.

gewissen Kenntnissen des Teilnehmers abhängige Veranstaltungen[536]. Bei Preisausschreiben, deren Lösung sehr einfach ist und bei denen der Gewinn besonders wertvoll ist, kann darüber hinaus ein unzulässiges übermäßiges Anlocken vorliegen[537]. Sind die Kosten für den Preis unmittelbar im Kaufpreis des Produktes oder der Dienstleistung enthalten, die durch das Preisausschreiben gefördert werden, und weiß der Kunde hiervon nicht, so handelt es sich ebenfalls um eine unzulässige Veranstaltung[538]. Der Verbraucher darf schließlich hinsichtlich der Lösung der Preisfrage oder in Bezug auf den zu gewinnenden Preis nicht in die Irre geführt werden[539].

Verboten sind Glücksspiele, deren Ausgang ausschließlich vom Zufall abhängt; das ergibt sich aus Art. 4 der Königlichen Verordnung 29/1971 über die Kodifizierung der geltenden Bestimmungen für Glücksspiele und andere Spiele[540]. Hierunter fallen offensichtlich nicht die vom Zufall abhängigen Veranstaltungen, die keinen Einsatz oder Warenerwerb erfordern und bei denen die Werbung im Vordergrund steht[541].

Der psychologische Kaufzwang wird in Griechenland als Fallgruppe berücksichtigt[542]; im Zusammenhang mit Gewinnspielen und Preisausschreiben hat er allerdings keine eigenständige Bedeutung.

f) Großbritannien

In Großbritannien ist das Wettbewerbsverhalten kaum durch Gesetze geregelt. Es existiert weder ein allgemeines Verbot des unlauteren Wettbewerbs noch haben die Gerichte etwa auf der Basis des allgemeinen Deliktsrechts eine wettbewerbsrechtliche Generalklausel entwickelt[543]. Stattdessen hat sich die Werbe-

536 Vgl. Analytischer Bericht der Expertengruppe, S. 23 (Griechenland).

537 Alexandridou, Griechenland, in: Ulmer (Hrsg.), Das Recht des unlauteren Wettbewerbs in den Mitgliedstaaten der Europäischen Gemeinschaft, Band VII, S. 200.

538 Muchtaris, Werberecht in Griechenland, in: Schotthöfer (Hrsg.), Handbuch des Werberechts in den EU-Staaten, Rn. 33 (S. 313).

539 Alexandridou, Griechenland, in: Ulmer (Hrsg.), Das Recht des unlauteren Wettbewerbs in den Mitgliedstaaten der Europäischen Gemeinschaft, Band VII, S. 201.

540 Alexandridou, Griechenland, in: Ulmer (Hrsg.), Das Recht des unlauteren Wettbewerbs in den Mitgliedstaaten der Europäischen Gemeinschaft, Band VII, S. 199.

541 Analytischer Bericht der Expertengruppe, S. 28 und S. 33 (Griechenland).

542 Muchtaris, Werberecht in Griechenland, in: Schotthöfer (Hrsg.), Handbuch des Werberechts in den EU-Staaten, Rn. 30 (S. 312).

543 Ohly, Vereinigtes Königreich von Großbritannien und Nordirland, in: Schricker (Hrsg.), Recht der Werbung in Europa, Bd. II, Rn. 1 (S. 11).

wirtschaft durch umfangreiche Regelwerke freiwillig einer Selbstkontrolle unterworfen[544].

Werbegewinnspiele werden nach den kodifizierten Regeln des Strafrechts beurteilt. Zulässig ist nach Sec. 14 Lotteries and Amusements Act 1976 eine Verlosung, die jedermann zugänglich ist und bei der der Erfolg vollständig dem Zufall überlassen wird[545] und nicht in „erheblichem Maße" von der Geschicklichkeit abhängt[546]. Ebenfalls zulässig ist eine Auslosung, bei der die Gewinnaussichten zu einem grundlegenden Teil von persönlichen Fertigkeiten abhängen. Muss der Teilnehmer allerdings für die Teilnahme bezahlen (etwa durch den Warenerwerb), so ist eine Auslosung nur zulässig, wenn der Gewinn zu einem grundlegenden Teil von der Ausübung persönlicher Fertigkeiten abhängt[547]. Vollständig vom Zufall abhängige Gewinnspiele dürfen somit nicht mit dem Warenerwerb gekoppelt werden.

g) Irland

Preisausschreiben sind nach irischem Recht nur dann zulässig, wenn sie tatsächlich den Gebrauch von Fähigkeiten voraussetzen und zugleich der Zufall keine entscheidende Rolle bei der Gewinnermittlung spielt[548].

Zufallsabhängige, nicht staatliche Gewinnspiele fallen unter den 1956-2000 Gaming and Lotteries Act. Sie sind ohne eine Lizenz grundsätzlich verboten und unter Strafe gestellt. Ohne eine staatliche Genehmigung dürfen Gewinnspiele nicht zu dem Zweck veranstaltet werden, persönlichen Gewinn oder Profit zu erlangen. Ausnahmen von diesem Verbot greifen dann, wenn die Verlosung im Zusammenhang mit einer bestimmten Veranstaltungsart stattfindet und/oder der Wert der Gewinne auf bis zu maximal 25 Pfund begrenzt ist[549]. Vom Zufall abhängige Gewinnspiele sind also nur in engen Grenzen zulässig.

h) Italien

Den Kern des italienischen allgemeinen Werberechts bildet das Verbot des unlauteren Wettbewerbs in Art. 2598 des Zivilgesetzbuches. Diese Regelung ent-

544 Ohly, Vereinigtes Königreich von Großbritannien und Nordirland, in: Schricker (Hrsg.), Recht der Werbung in Europa, Bd. II, Rn. 3 (S. 11).
545 Groom, Werberecht in Großbritannien, in: Schotthöfer (Hrsg.), Handbuch des Werberechts in den EU-Staaten, Rn. 48 (S. 342).
546 Henning-Bodewig, WRP 2001, 1367 (1393).
547 Groom, Werberecht in Großbritannien, in: Schotthöfer (Hrsg.), Handbuch des Werberechts in den EU-Staaten, Rn. 48 (S. 342).
548 Analytischer Bericht der Expertengruppe, S. 23 (Irland).
549 Analytischer Bericht der Expertengruppe, S. 28 (Irland).

hält drei Tatbestände. Gemäß Art. 2598 Ziff. 3 begeht derjenige unlauteren Wettbewerb, der direkt oder indirekt irgendein anderes Mittel benutzt, das mit den Grundsätzen der beruflichen Korrektheit nicht in Einklang steht und geeignet ist, das Unternehmen eines anderen zu schädigen[550]. Eine wesentlich größere Bedeutung als das staatliche Recht hat allerdings der italienische Kodex der Werbeselbstkontrolle, C.A.P.[551]; der Kodex geht deutlich über das staatliche Recht hinaus[552].

Für Preisausschreiben und Gewinnspiele enthält Art. 21 C.A.P. des freiwilligen Werbeselbstkontrollkodex (Prämienveranstaltungen) ein Transparenzgebot. Danach muss Werbung für Prämienveranstaltungen, die in Form von Preisausschreiben und/oder Gewinnspielen durchgeführt werden, die Öffentlichkeit in die Lage versetzen, die Teilnahmebedingungen und die Laufzeit klar und leicht zu erkennen. Daneben muss bei Preisausschreiben auch die Anzahl und der Umfang der Preise, die Art ihrer Verteilung und die Medien, über die die Ergebnisse bekannt gegeben werden, erkennbar sein[553].

Preisausschreiben, bei denen ein oder mehrere Teilnehmer aufgrund einer Verlosung, einer besonderen erwiesenen Geschicklichkeit oder anderer Voraussetzungen einen Preis erhalten, bedürfen einer vorherigen Genehmigung durch die Finanzbehörde[554]. Diese Genehmigung benötigen auch Veranstaltungen, bei denen Preise unabhängig von einem Verkauf unter den Teilnehmern vergeben werden[555]. Erschwert wird die Veranstaltung von Preisausschreiben und Gewinnspielen dadurch, dass ihre Anmeldung nur vom Hersteller oder vom Verteiler und nicht über Mittelsmänner oder Veranstalter getätigt werden darf[556]. Eine Unterscheidung danach, ob die Gewinnzuteilung ausschließlich vom Zufall abhängt oder aber gewisse Fähigkeiten über den Gewinn entscheiden, erfolgt nach italienischem Recht somit nicht[557]. Die Frage einer Kopplung der Teilnahme an

550 Abgedruckt bei: Bastian, Italien, in: Schricker (Hrsg.), Recht der Werbung in Europa, Bd. I, S. 145.

551 Kodex der Werbeselbstkontrolle (codice di autodisciplina pubblicitaria, c.a.p.), 24. Fassung, in Kraft seit 20. September 1996; abgedruckt bei: Bastian, Italien, in Schricker (Hrsg.), Recht der Werbung in Europa, Bd. I, S. 189.

552 Schricker, GRUR Int. 1990, 112 (118).

553 Abgedruckt bei: Bastian, Italien, in: Schricker (Hrsg.), Recht der Werbung in Europa, Bd. I, S. 194.

554 Hofer/Lösch/Torricelli/Genta, Das Werberecht in Italien, in: Schotthöfer (Hrsg.), Handbuch des Werberechts in den EU-Staaten, Rn. 69 (S. 413).

555 Höfer/Lösch/Torricelli/Genta, Das Werberecht in Italien, in: Schotthöfer (Hrsg.), Handbuch des Werberechts in den EU-Staaten, Rn. 69 (S. 413).

556 Hofer/Lösch/Torricelli/Genta, Das Werberecht in Italien, in: Schotthöfer (Hrsg.), Handbuch des Werberechts in den EU-Staaten, Rn. 74 (S. 414).

557 Vgl. Analytischer Bericht der Expertengruppe, S. 23, 28 und 33 (Italien).

den Warenerwerb hat ebenfalls keinen Einfluss auf die Zulässigkeit von Preisausschreiben und Gewinnspielen[558].

i) Luxemburg

Preisausschreiben und Gewinnspiele sind in Luxemburg in dem Gesetz über Handelspraktiken, unlauteren Wettbewerb sowie öffentlichen Wettbewerb vom 30.Juli 2002 geregelt[559].

Sowohl Preisausschreiben als auch Gewinnspiele sind nach luxemburgischen Recht zulässige Werbeveranstaltungen. Sie werden zu verbotenen Zugaben, wenn die Teilnahme an eine Kaufverpflichtung oder Inanspruchnahme einer Dienstleistung gekoppelt ist. Ein Einsatz soll zulässig sein, wenn keine Verpflichtung zum Kauf einer Ware besteht[560].

j) Niederlande

Das niederländische Recht kennt keine umfassende Regelung des Wettbewerbsrechts. Rechtsgrundsätze zum Wettbewerbsrecht beruhen größtenteils auf ungeschriebenem Recht, das von Rechtsprechung und Literatur auf der Grundlage einer einzigen Vorschrift, nämlich der allgemeinen deliktsrechtlichen Generalklausel in Art. 1401 (jetzt: Art. 6:162) des Bürgerlichen Gesetzbuches entwickelt wurde[561]. Eine große Rolle spielt im niederländischen Werberecht die Selbstkontrolle der Werbung: Der Werbende muss zahlreiche gesetzliche Normen und Verhaltenskodizes berücksichtigen, die sich auf konkrete Produkte und bestimmte Medien und nicht nur auf die Werbung für sie beziehen[562].

Nach Art. 1 des Glücksspielgesetzes sind kommerzielle Preisausschreiben in den Niederlanden nur erlaubt, wenn ein Teilnehmer einen „überwiegenden Einfluß" auf das Resultat hat[563]. Wie sich aus den weiteren Vorschriften des Gesetzes er-

---

558 Vgl. Analytischer Bericht der Expertengruppe, S. 23, 28 und 33 (Italien).

559 Loi du 30 juillet 2002 réglementant certaines pratiques commerciales, sanctionnant la concurrence déloyale, abgedruckt im Amtsblatt des Großherzogtums Luxemburg, 12. August 2002, Bl. 1830.

560 Analytischer Bericht der Expertengruppe, S. 33 (Luxemburg).

561 Henning-Bodewig/Verkade, Quaedvlieg, Niederlande, in: Schricker (Hrsg.), Recht der Werbung in Europa, Band II, Rn. 1 (S. 17).

562 Ribbink, Werberecht in den Niederlanden, in: Schotthöfer (Hrsg.), Handbuch des Werberechts in den EU-Staaten, Rn. 1 (S. 445).

563 Abgedruckt bei: Ribbink, Werberecht in den Niederlanden, in: Schotthöfer (Hrsg.), Handbuch des Werberechts in den EU-Staaten, S. 456; „Wet op de kansspelen" (WOK), das Glücksspielgesetz wird derzeit überarbeitet; vgl. die

gibt, dürfen darüber hinaus die Preise nicht höher als hfl.[564] 5.000 (entspricht 2.268,90 EUR) sein[565]. Entscheidend ist, dass die Leistung bewertet werden kann, also einen beurteilbaren Charakter aufweist[566]. Ein überwiegender Einfluss soll vorhanden sein, wenn der Teilnehmer z. B. einen nur in Teilen vorgegebenen Slogan beenden, einen originellen Reim erstellen oder eine andere Leistung erbringen muss, die einen beurteilbaren Charakter hat[567]. Bei Preisen von hfl. 5.000 bis zu hfl. 10.000 (entspricht 4.437,80 EUR) ist eine behördliche Genehmigung erforderlich, bei Preisen über hfl. 10.000 bedarf es einer Genehmigung durch das Justizministerium[568]. Gewinnspiele, bei denen der Gewinner aufgrund von Zufall ermittelt wird, sind dagegen grundsätzlich unzulässig, und zwar unabhängig davon, ob ein Einsatz zu leisten ist oder nicht[569].

Sog. sweepstakes fallen ebenfalls unter das Glücksspielgesetz und sind grundsätzlich verboten. Es wird allerdings erwartet, dass nach einer Überarbeitung des Glücksspielgesetzes sweepstakes grundsätzlich erlaubt sein werden. Im Vorgriff auf diese Gesetzesänderung hat die Werbewirtschaft einen sog. *code on sweepstakes* erstellt[570]. Danach sind sweepstakes u. a. dann zulässig, wenn der Eindruck vermieden wird, mit der Teilnahme sei ein Warenerwerb verbunden oder ein Kauf erhöhe die Gewinnchancen, vgl. Art. 3 Nr. 4 des code on sweepstakes[571]. Es kann davon ausgegangen werden, dass ganz allgemein Gewinnspiele, bei denen nur der Zufall gewinnentscheidend ist, nach der Überarbeitung des Glücksspielgesetzes ebenfalls zulässig werden, solange die Teilnahme nicht an einen Warenerwerb gekoppelt ist.

---

entsprechenden Hinweise im Analytischen Bericht der Expertengruppe, S. 23 (Niederlande).

564 Hfl = Holländische Florentiner.

565 Ribbink, Werberecht in den Niederlanden, in: Schotthöfer (Hrsg.), Handbuch des Werberechts in den EU-Staaten, Rn. 38 (S. 457).

566 Ribbink, Werberecht in den Niederlanden, in: Schotthöfer (Hrsg.), Handbuch des Werberechts in den EU-Staaten, Rn. 37 (S. 457).

567 Ribbink, Werberecht in den Niederlanden, in: Schotthöfer (Hrsg.), Handbuch des Werberechts in den EU-Staaten, Rn. 37 (S. 457).

568 Vgl. Analytischer Bericht der Expertengruppe, S. 23 (Niederlande).

569 Vgl. Analytischer Bericht der Expertengruppe, S. 28 (Niederlande). Derartige Veranstaltungen werden in der niederländischen Werbepraxis offenbar in Vorgriff einer geplanten Überarbeitung des Glücksspielsgesetzes toleriert – so jedenfalls die Ausführungen der Niederlande im Analytischen Bericht der Expertengruppe, S. 28 und 34 (Niederlande).

570 Analytischer Bericht der Expertengruppe, S. 28 (Niederlande).

571 Art. 1 bis 5 sind abgedruckt im Analytischen Bericht der Expertengruppe, S. 28/29 (Niederlande).

k) Österreich

§ 1 öUWG enthält eine mit dem deutschen § 1 UWG wortgleiche Generalklausel. Als Spezialtatbestand verbietet es § 28 öUWG, Waren oder Leistungen in der Form zu vertreiben, dass die Lieferung der Ware oder die Verrichtung der Leistung vom Ergebnis einer Verlosung oder einem anderen Zufall abhängig gemacht wird. Hiervon erfasst werden also die eher seltenen Fallgruppen, bei denen der zufallsabhängige Gewinn gerade in der Ware oder der Leistung selbst liegt.

Alle übrigen Arten von Preisausschreiben und Gewinnspielen werden danach beurteilt, ob allein die Teilnahmemöglichkeit eine verbotene Zugabe darstellt. Die Gewährung der Teilnahmemöglichkeit an einem Preisausschreiben (Gewinnspiel) stellt nach österreichischem Recht dann eine Zugabe dar, wenn die Teilnahmemöglichkeit erfolgt, um den Absatz der Hauptware oder der Hauptleistung zu fördern[572] und die Teilnahme am Gewinnspiel in irgendeiner Weise mit dem Erwerb der Ware verknüpft ist[573]. Derartige Zugaben sind in Österreich grundsätzlich verboten, § 9 a Abs. 1 öUWG. Sie sind nur erlaubt, wenn der Gesamtwert der ausgespielten Preise ATS 300.000 (€ 21.600) nicht übersteigt. Gleichzeitig darf das Verhältnis zwischen dem Gesamtwert der ausgespielten Preise und den ausgegebenen Teilnahmekarten (Lose) den Wert von ATS 5 (€ 0,36) für jede einzelne Teilnahmekarte nicht übersteigen, vgl. § 9 a Abs. 2 Ziff. 8 öUWG[574].

§ 9 a Abs. 2 Ziff. 8 öUWG gilt nicht für Zugaben zu periodischen Druckwerken. Preisausschreiben in periodisch wiederkehrenden Druckwerken sind daher gemäß § 9 a Abs. 1 Ziff. 1 öUWG generell untersagt.

Ein Gewinnspiel, das vom Warenbezug völlig unabhängig ist, dieses in keiner Weise fördert und bei dem die Teilnahme nicht irgendwie mit dem Warenabsatz verknüpft ist, fällt nicht unter das Zugabeverbot[575]. Es unterliegt lediglich den allgemeinen Bestimmungen.

---

572 Kofler, Werberecht in Österreich, in: Schotthöfer (Hrsg.), Handbuch des Werberechts in den EU-Staaten, Rn. 46 (S. 494).

573 Kofler, Werberecht in Österreich, in: Schotthöfer (Hrsg.), Handbuch des Werberechts in den EU-Staaten, Rn. 69 (S. 500).

574 Kofler, Werberecht in Österreich, in: Schotthöfer (Hrsg.), Handbuch des Werberechts in den EU-Staaten, Rn. 69 (S. 501); Analytischer Expertenbericht der Expertengruppe, S. 22 (Österreich).

575 Kofler, Werberecht in Österreich, in: Schotthöfer (Hrsg.), Handbuch des Werberechts in den EU-Staaten, Rn. 46 (S. 494).

Das österreichische Recht kennt die Fallgruppe des psychischen Kaufzwangs. So ist es unzulässig, wenn ein Interessent in eine derartige psychische Zwangslage gebracht wird, dass er sich einem Geschäftsabschluß nur schwer entziehen kann oder dass er es als unanständig oder als peinlich empfinden würde, nichts zu kaufen.

l) Portugal

Auch in Portugal findet sich eine differenzierte Regelung: Preisausschreiben, bei denen der Gewinner anhand gewisser Fähigkeiten ermittelt wird, sind in Portugal grundsätzlich zulässig. Unzulässig sind dagegen auf Zufall beruhende Gewinnspiele, auch wenn sie keinen Einsatz erfordern[576]. Derartige Gewinnspiele dürfen ohne vorherige Genehmigung nur von den staatlichen Lotteriegesellschaften durchgeführt werden. Gewinnspiele mit Geldpreisen sind generell untersagt. Sie können von der Santa Casa de Misericordia (Armenkasse), einem privat geführten Unternehmen, genehmigt werden[577].

Allgemein dürfen Glücksspiele und Preisausschreiben nach portugiesischem Recht nicht in erster Linie werbenden Inhalt aufweisen[578].

m) Schweden

Die zentrale Vorschrift für Werbung im schwedischen Recht bildet § 2 Absatz 1 des Marktvertriebsgesetzes (Marknadsföringslagen). Nimmt ein Gewerbetreibender bei dem Vertrieb von Waren, Dienstleistungen oder anderen Wirtschaftsgütern Werbemaßnahmen oder eine sonstige Handlung vor, die wegen Verstoßes gegen die guten kaufmännischen Sitten oder aus sonstigem Grund gegenüber Verbrauchern unlauter ist, kann es ihm untersagt werden, sich dieser oder ähnlicher Methoden zu bedienen. Preisausschreiben, bei denen der Gewinner aufgrund von Kenntnissen und Fähigkeiten ermittelt wird, sind in Schweden grundsätzlich erlaubt. Hängt der Gewinn allein vom Zufall ab, so findet das Lotteriegesetz Anwendung[579]. In diesem Fall wird eine Genehmigung vom Magistrat benötigt. Veranstaltungen, die von anderen Parametern abhängen, gelten nicht als Verlosung im Sinne des Lotteriegesetzes; eine Genehmigung des Magistrats ist dann nicht erforderlich. Grundsätzlich gestattet sind Gewinnspiele,

---

576 Analytischer Bericht der Expertengruppe, S. 30 (Portugal).

577 Jalles/Dein, Werberecht in Portugal, in: Schotthöfer (Hrsg.), Handbuch des Werberechts in den EU-Staaten, Rn. 53 (S. 521).

578 Jalles/Dein, Werberecht in Portugal, in: Schotthöfer (Hrsg.), Handbuch des Werberechts in den EU-Staaten, Rn. 29 (S. 516).

579 Plogell, Werberecht in Schweden, in: Schotthöfer (Hrsg.), Handbuch des Werberechts in den EU-Staaten, Rn. 30 (S. 535).

bei denen neben Zufall jedenfalls auch Geschicklichkeit oder andere Fähigkeiten Voraussetzung für die Gewinnermittlung sind. Dies gilt jedenfalls, solange deutliche Informationen – insbesondere zu den Teilnahmebedingungen und Auswahlkriterien – angegeben werden. Allerdings müssen auch bei dieser Art von Veranstaltung die Elemente der Geschicklichkeit und Fähigkeit eine ausschlaggebende Bedeutung haben. Schließlich darf die Teilnahme an einem Gewinnspiel in Schweden nicht an den Warenerwerb oder einen Einsatz gekoppelt sein; dies gilt unabhängig davon, ob die Gewinnermittlung ausschließlich auf Fertigkeiten beruht oder aber auch der Zufall entscheidet[580].

Werbung, die psychischen Kaufzwang beinhaltet, gemäß der Generalklausel, ist nach schwedischem Recht in der Regel unzulässig[581]. Bei Preisausschreiben und Gewinnspielen spielt diese Fallgruppe anders als in Deutschland keine eigenständige Rolle.

n) Spanien

Preisausschreiben, bei denen die Gewinnermittlung ausschließlich aufgrund der Fähigkeiten der Teilnehmer und in keiner Weise auf Zufall beruht, sind nach spanischem Recht grundsätzlich erlaubt[582].

Die für Preisausschreiben und Gewinnspiele maßgeblichen Regelungen in Spanien finden sich in dem allgemeinen Werbegesetz 34/1988, dem Allgemeinen Gesetz über den Schutz der Verbraucher 26/1984 sowie in dem Gesetz über unlauteren Wettbewerb 3/1991[583]. Die Schaffung eines Gesetzes über unlauteren Wettbewerb war erforderlich geworden, weil sich die bisherigen zur Verfügung stehenden Vorschriften als wirkungslos entpuppten; darüber hinaus galt es, eine Angleichung auf internationaler Ebene zu erzielen[584]. Das Gesetz über unlauteren Wettbewerb enthält in Artikel 5 eine Generalklausel, die durch Beispielskataloge in den Artikeln 6 bis 17 ergänzt wird.

Zufallsabhängige Gewinnspiele sind grundsätzlich zulässig und unterliegen ebenso wie Preisausschreiben den allgemeinen Bestimmungen über Verbraucherschutz, Werbung und unlauteren Wettbewerb. So muss der Veranstalter gegenüber den Teilnehmern deutlich machen, dass die Gewinnermittlung nicht von

580 Analytischer Bericht der Expertengruppe, S. 24 und S. 30 (Schweden).
581 Plogell, Werberecht in Schweden, in: Schotthöfer (Hrsg.), Handbuch des Werberechts in den EU-Staaten, Rn. 58 (S. 541).
582 Analytischer Bericht der Expertengruppe, S. 24 (Schweden).
583 Gesetz 3/1991 vom 10. Januar 1991 über unlauteren Wettbewerb, abgedruckt in: GRUR Int. 1991, 551.
584 Vgl. Präambel, Gesetz 3/1991 vom 10. Januar 1991 über unlauteren Wettbewerb, abgedruckt in: GRUR Int. 1991, 551.

dem Erwerb der Ware oder der Inanspruchnahme der Dienstleistung abhängig ist[585]. Nach Art. 8 des Allgemeinen Gesetzes über den Schutz der Verbraucher und Benutzer vom 19. Juli 1984[586] müssen Angebote, Veranstaltungen und die Werbung für Produkte, Aktionen oder Dienstleistungen übereinstimmen mit deren Art, Eigenschaften und Konditionen, ihrer Verwendung oder Zweck [...]. Eine Kopplung von Preisausschreiben und Gewinnspielen ist gemäß Art. 8 Abs. 1 des Gesetzes über den unlauteren Wettbewerb unzulässig: Als unlauter gelten das Gewähren von Zugaben zu Zwecken der Werbung und analoge gewerbliche Praktiken, wenn sie durch die Umstände, unter denen sie durchgeführt werden, den Verbraucher verpflichten, einen Vertrag abzuschließen. Preisausschreiben und Gewinnspiele unterliegen schließlich wie auch jede andere Form der Werbung dem allgemeinen Irreführungsverbot in Art. 4 des allgemeinen Gesetzes über Werbung[587].

5. Zusammenfassung und Bewertung

a) Zusammenfassung

Nach dem Streifzug durch die verschiedenen Rechtsordnungen steht fest: Fast alle Mitgliedstaaten unterscheiden begrifflich und zumeist auch rechtlich zwischen Preisausschreiben (Geschicklichkeitsspielen) und Gewinnspielen. Besonders geregelt ist meistens die Kopplung mit dem Warenabsatz. Eine mit der deutschen Rechtsprechung vergleichbare Kasuistik, insbesondere zu den weiteren Fallgruppen des psychischen Kaufzwangs oder des übertriebenen Anlockens, existiert dagegen in den meisten anderen Mitgliedstaaten nicht.

Die unterschiedliche rechtliche Behandlung knüpft regelmäßig an eine Unterscheidung von Preisausschreiben und Gewinnspielen an. Diese erfolgt anhand bestimmter Abgrenzungskriterien. Zufriedenstellen können dabei die unterschiedlichen Kriterien nicht. Sie schaffen vielmehr eine erhebliche Rechtsunsicherheit. Insgesamt werden an Preisausschreiben teilweise erheblich geringere rechtliche Anforderungen für die Zulässigkeit gestellt. Die Abgrenzung zwischen Preisausschreiben und Gewinnspielen ist damit anders als nach derzeitiger Rechtslage in Deutschland von großer Bedeutung. Sie erfolgt regelmäßig anhand unbestimmter Rechtsbegriffe. Unklar bleibt, wann „vorrangig“ Zufall oder Glück den Gewinn bestimmt und wann das „intellektuelle Moment im Vordergrund“ steht – wie es etwa in Belgien für Gewinnspiele vorausgesetzt wird.

---

585 Artikel 32.3 der Organisation of Retail Trade Act 7/96 of 15 January.

586 Ley 26/1984 de 19 de julio, General para la Defensa de los Consumidores y Usuarios, B.O.E. n°176, 24 julio 1984.

587 Ley 34/1988 de 11 noviembre, General de Publicidad, B.O.E. n°274, 15 noviembre 1988 de, p. 32464.

Auch die Abgrenzung nach britischem Recht danach, ob der Erfolg vollständig dem Zufall überlassen wird und „nicht in erheblichem Maß“ von der Geschicklichkeit abhängt, bietet keine klare Abgrenzung. Eine Ermittlung anhand „gewisser“ Fertigkeiten, wie es in Frankreich erfolgt, bietet ebenfalls kein eindeutiges Unterscheidungskriterium.

Die Abgrenzungsprobleme kann man hinnehmen, wenn sie für die rechtliche Zulässigkeit einer Veranstaltung keine Konsequenzen hätten. Unabhängig vom Inhalt einer rechtlichen Regelung beseitigt eine einheitliche Behandlung die Rechtsunsicherheit und beugt der Missbrauchsgefahr vor. Eine einheitliche rechtliche Behandlung von Preisausschreiben und Gewinnspielen erfolgt jedoch nur in einigen Mitgliedstaaten. So behandeln Griechenland, Italien, Schweden und Spanien zu Werbezwecken veranstaltete Preisausschreiben und Gewinnspiele in ihrem jeweiligen Rechtssystem weitgehend einheitlich. In Griechenland, Schweden und Spanien sind sie gleichermaßen erlaubt, solange die Gewinnermittlung nicht von einem Warenerwerb abhängig gemacht wird. In Schweden bedürfen ausschließlich vom Zufall abhängige Gewinnspiele ohne Einsatz einer Genehmigung vom Magistrat. In Italien werden sowohl Preisausschreiben als auch Gewinnspiele durch die vorherige Genehmigung der zuständigen Finanzbehörde zulässig. Eine Unterscheidung danach, ob ein Einsatz oder der Warenerwerb für die Teilnahme gefordert wird, erfolgt nicht.

Gewinnspiele, die mit einem Einsatz verbunden sind, werden von den meisten Mitgliedstaaten grundsätzlich als verboten eingestuft. Allerdings gelten auch hier jeweils Besonderheiten. In Irland sind kaufgekoppelte Gewinnspiele beispielsweise nicht nur verboten, sondern sogar unter Strafe gestellt. In Italien wiederum können kaufgekoppelte Gewinnspiele durch eine Genehmigung durch die zuständige Behörde zulässig werden.

Besonders liberal ist dabei die Rechtslage in Dänemark. Hier darf bei einem vom Zufall abhängigen Gewinnspiel die Gewinnermittlung vom Warenerwerb abhängig gemacht werden, soweit sich die Höhe der Gewinne in einem bestimmten festgelegten Rahmen befindet. Im übrigen sind Preisausschreiben und Gewinnspiele zulässig.

Restriktiv sind die rechtlichen Bestimmungen in Belgien, Großbritannien und Irland. Verboten sind hier generell Veranstaltungen, bei denen der Zufall ausschließlich gewinnentscheidend ist. Das Verbot gilt unabhängig davon, ob die Teilnehmer für ihre Teilnahme einen Einsatz leisten müssen oder nicht. Eine Ausnahme hiervon besteht nach irischem Recht dann, wenn die Gewinne dem Wert nach begrenzt werden und/oder das Gewinnspiel im Zusammenhang mit einer bestimmten Veranstaltung durchgeführt wird. Auch in Italien sind die Zulässigkeitsgrenzen eng gesteckt. Dort sind sowohl Preisausschreiben als auch Gewinnspiele ohne vorherige Genehmigung durch die zuständige Finanzbehörde grundsätzlich verboten. Liegt eine Genehmigung vor, kommt es allerdings nicht darauf an, ob ein Einsatz verlangt wird oder eine Kopplung mit dem Warenerwerb vorliegt oder nicht. Das italienische Recht unterscheidet nicht nach Zufall oder Fertigkeiten des Teilnehmers bei der Gewinnentscheidung.

Eine besondere Form der rechtlichen Einordnung wählen Österreich und Luxemburg. In beiden Mitgliedstaaten wird die Teilnahmemöglichkeit an einem Preisausschreiben oder Gewinnspiel bei gleichzeitiger Kopplung mit dem Warenerwerb grundsätzlich als verbotene Zugabe angesehen. Nach österreichischem Recht gelten Ausnahmen von diesem Zugabeverbot nur bei einem bestimmten Gesamtwert der ausgelobten Preise. Das österreichische Gesetz ist insoweit besonders streng, als diese Ausnahme nicht für periodische Schriften gilt. In den anderen Mitgliedstaaten sind Preisausschreiben und Preisrätsel in Zeitschriften und Zeitungen dagegen überwiegend erlaubt.

Anders als in Deutschland spielt in den meisten Mitgliedstaaten die Fallgruppe des psychischen Kaufzwanges für die wettbewerbsrechtliche Beurteilung von Preisausschreiben und Gewinnspielen keine oder jedenfalls eine nur sehr untergeordnete Bedeutung. Häufig ist sie wie in Belgien schon nicht als eigenständige Fallgruppe anerkannt.

b) Bewertung

Preisausschreiben und Gewinnspiele werden nur in einigen Mitgliedstaaten rechtlich weitgehend einheitlich behandelt. In den meisten Mitgliedstaaten werden an die Einordnung als Preisausschreiben bzw. Gewinnspiel unterschiedliche Rechtsfolgen geknüpft. Wenn auch die wichtige Fallgruppe der Gewinnspiele, bei denen ein Einsatz erforderlich ist, in fast allen Mitgliedstaaten grundsätzlich verboten sind, bestehen auch hier erhebliche Unterschiede; beispielsweise im Hinblick auf Wertgrenzen, erforderliche Genehmigungen oder eine etwaige Strafbarkeit.

Ein derart großes Rechtsgefälle in den Mitgliedstaaten birgt Gefahren. Unternehmen werden versuchen, ihre Veranstaltung bei einem Verbot in einem Mitgliedstaat in ein anderes Mitgliedsland zu verlegen, wo sie erlaubt ist. Gerade im Internet-Handel, wo Gewinnspiele zunehmend zur Absatzförderung eingesetzt werden, besteht diese Gefahr in besonderem Maße[588].

588 Schricker/Henning-Bodewig, WRP 2001, 1367 (1394).

Die sog. E-Commerce-Richtlinie[589] hat für den Internet-Handel in Art. 3 das sog. Herkunftslandprinzip statuiert. Für Onlinetätigkeiten gilt danach nur noch die Rechtsordnung desjenigen Mitgliedstaates, in dem der Diensteanbieter seine Niederlassung hat[590]. Das bedeutet, dass ein im Herkunftsland rechtmäßig erbrachter Internet-Dienst vom Empfängerland nicht behindert werden darf. Alle anderen Mitgliedstaaten müssen somit Internet-Gewinnspiele als zulässig akzeptieren, auch wenn dort andere Regeln gelten. Diensteanbieter, die Online-Gewinnspiele veranstalten, werden sich deshalb Standorte in Mitgliedstaaten aussuchen, die nur geringe Anforderungen kennen.

Die E-Commerce-Richtlinie findet zwar gemäß Art. 1 Abs. 5 d) 3. Spiegelstrich keine Anwendung auf „Gewinnspiele mit einem einen Geldwert darstellenden Einsatz bei Glücksspielen, einschließlich Lotterien und Wetten." Diese Ausklammerung bezieht sich jedoch gerade nicht auf zu Werbezwecken veranstaltete Preisausschreiben und Gewinnspiele. Das stellt Erwägungsgrund 16 klar, wo es heißt: „Preisausschreiben und Gewinnspiele, mit denen der Verkauf von Waren oder Dienstleistungen gefördert werden soll und bei denen etwaige Zahlungen nur dem Erwerb der angebotenen Waren oder Dienstleistungen dienen, werden hiervon nicht erfasst"[591].

Je größer das Rechtsgefälle in den Mitgliedstaaten, desto größer ist der Anreiz für ein Ausweichverhalten der Unternehmen. Kritiker des Herkunftslandprinzips haben deshalb eine „Fluchtbewegung", einen sog. race-to-the-bottom-Effekt, vorhergesagt[592]. Gleichzeitig entsteht für die Mitgliedstaaten mit besonders strengen Regelungen ein Standortnachteil und eine Wettbewerbsverzerrung, da die ausländischen Wettbewerber entsprechenden Restriktionen nicht unterliegen[593]. Dieser Nachteil ist letztlich nur auszugleichen durch eine Harmonisierung der Wettbewerbsregelungen in dem Mitgliedstaat, der die Beschränkungen vorsieht.

Es bleibt also festzuhalten: Langfristig kann die schwierige begriffliche Abgrenzung zwischen Preisausschreiben und Gewinnspielen und die damit einhergehende erhebliche Rechtsunsicherheit für Werbende nur dadurch vermieden werden, wenn – wie auch nach derzeitigem deutschen Recht vorgesehen – beide Erscheinungsformen europaweit rechtlich einheitlich behandelt werden. Diesen

589 Richtlinie 2000/31/EG des Europäischen Parlaments und des Rates über den elektronischen Geschäftsverkehr vom 8. Juni 2000, ABl. EG Nr. L 178 S.1.

590 Lange/Spätgens, Rabatte und Zugaben, S. 42.

591 Vgl. hierzu auch Schricker/Henning-Bodewig, WRP 2001, 1367 (1394): Auslegungsprobleme bezüglich der Frage, was „nur" dem Erwerb von Waren diene, seien vorprogrammiert.

592 Ahrens, CR 2000, 835 (837).

593 Lange/Spätgens, Rabatte und Zugaben, S. 44.

begrüßenswerten Ansatz verfolgte auch der erste Entwurf des VO-Vorschlages für Verkaufsförderung, welcher die Kopplung der Teilnahme an Preisausschreiben und Gewinnspielen gleichermaßen mit einem Warenerwerb ermöglichen wollte. Der geänderte VO-Vorschlag für Verkaufsförderung dagegen will nun verkaufsfördernde Gewinnspiele mit einer Kaufkopplung aus dem Regelungsbereich der Verordnung wieder ausschließen. Dies führt dazu, dass die dargestellten unterschiedlichen Gewinnspielverbote der Mitgliedstaaten bestehen bleiben. Von dem Geltungsbereich des VO-Vorschlags bleiben nur jene Gewinnspiele erfasst, die in den Mitgliedstaaten in aller Regel keinen Reglementierungen unterliegen, so dass ein Harmonisierungseffekt bei an einen Warenerwerb gekoppelten Gewinnspielen bedauernswerterweise kaum oder gar nicht eintritt[594].

594 Gamerith, WRP 2003, 143 (156); vgl. hierzu ausführlich unten: 7. Kapitel V. 1. c) ff).

7. Kapitel: Europarechtliche Vorgaben

Die unterschiedliche Rechtslage in den Mitgliedstaaten in Verbindung mit dem zunehmenden grenzüberschreitenden Warenverkehr zeigt, dass ein einheitliches europäisches Lauterkeitsrecht dringend erforderlich ist. Die Europäische Kommission hat hierzu in jüngster Zeit entscheidende Schritte unternommen. So hat sie mit der Verordnung über Verkaufsförderungen für einen Teilbereich des Lauterkeitsrechts einen detaillierten Vorschlag vorgelegt[595]. Der Entwurf der Kommission für eine Richtlinie über unlautere Geschäftspraktiken vom 18. Juni 2003 beschreitet diesen Weg konsequent weiter[596]. Der Vertrag über die Europäische Gemeinschaft enthält zum Wettbewerbs- und Werberecht keine unmittelbare Regelung. In der Präambel des EG-Vertrages wird nur von der Gewährleistung eines redlichen Wettbewerbs gesprochen[597]. Damit ist die Bekämpfung unlauteren Wettbewerbs nach wie vor im Wesentlichen eine Angelegenheit des Rechts der einzelnen Mitgliedstaaten. Entsprechend basiert auch die wettbewerbsrechtliche Beurteilung von Preisausschreiben und Gewinnspielen in Deutschland auf der Anwendung deutschen Rechts.

Dennoch ist das Recht der Europäischen Gemeinschaft sowohl durch sein Primärrecht als auch durch sein Sekundärrecht für das Lauterkeitsrecht der Mitgliedstaaten von Bedeutung. Im Folgenden soll zunächst die gegenwärtige europäische Rechtslage und ihre Relevanz für Preisausschreiben und Gewinnspiele dargestellt werden. Sodann werden die neuen Rechtsvorhaben auf europäischer Ebene insbesondere im Hinblick auf die wettbewerbsrechtliche Beurteilung von Preisausschreiben und Gewinnspielen vorgestellt und bewertet.

I. Internationale Regelungswerke zum Lauterkeitsrecht

Auf internationaler Ebene existieren als Regelungswerke die Pariser Verbandsübereinkunft sowie das TRIPS-Abkommen.

---

595 Geänderter VO-Vorschlag vom 25.10.2002, KOM (2002) 585 endg.

596 RL Entwurf UG, KOM (2003) 356 endg.

597 „... IN DER ERKENNTNIS, daß zur Beseitigung der bestehenden Hindernisse ein einverständliches Vorgehen erforderlich ist, um ... einen redlichen Wettbewerb zu gewährleisten," (Präambel des EG-Vertrages).

1. Die Pariser Verbandsübereinkunft

Art. 10bis PVÜ gewährt den Vertragsstaaten der Pariser Verbandsübereinkunft zum Schutze des gewerblichen Eigentums vom 20.03.1883 (PVÜ) einen internationalen Schutz gegen den unlauteren Wettbewerb[598]. Insgesamt haben sich der PVÜ 160 Staaten angeschlossen; ihr gehören alle EU-Staaten an[599]. Nach Art. 10bis PVÜ sind die Verbandsländer gehalten, den Verbandsangehörigen einen wirksamen Schutz gegen unlauteren Wettbewerb zu sichern; zur Einführung entsprechender Vorschriften in das nationale Recht zwingt die PVÜ hingegen nicht[600]. Unlauter ist gemäß Art 10bis Abs. 2 PVÜ jede Wettbewerbshandlung, die den „anständigen Gepflogenheiten in Gewerbe oder Handel zuwiderläuft". Art. 10bis Abs. 3 PVÜ hebt drei Tatbestände hervor, die in jedem Fall als Tatbestände unlauteren Wettbewerbs anzusehen sind. Hierzu zählen das Hervorrufen von Verwechslungen (Nr. 1), die Anschwärzung durch falsche Angabe (Nr. 2) sowie ein Irreführungsverbot in Bezug auf Waren (Nr. 3). Nähere Konkretisierungen enthält der Tatbestand nicht.

Die PVÜ gewährt nur Mindestrechte. Die Regelungstechnik von Beispielsfällen mit ergänzender Generalklausel war insbesondere dem anglo-amerikanischen Rechtskreis nicht vertraut, was letztlich mit ursächlich dafür gewesen ist, dass sich die PVÜ im Hinblick auf eine Vereinheitlichung des Lauterkeitsrechts nicht durchgesetzt hat[601]. Der von der PVÜ erhoffte langfristige Harmonisierungseffekt blieb aus[602].

2. Das TRIPS-Übereinkommen

Ebenfalls ohne Auswirkung auf eine Harmonisierung blieben die Regelungen des Übereinkommens über handelsbezogene Aspekte der Rechte des geistigen Eigentums vom 15. April 1994[603]. Das TRIPS-Übereinkommen befasst sich nur

598 Ein Auszug der PVÜ ist abgedruckt bei: Baumbach/Hefermehl, Wettbewerbsrecht, Anh. I Int. Wettbewerbsrecht (unter Beschränkung auf das Lauterkeitsrecht).

599 Henning-Bodewig, GRUR Int. 2002, 389.

600 Henning/Bodewig, Der internationale Schutz gegen unlauteren Wettbewerb, in: Neuordnung des Wettbewerbsrechts, S. 21 (S. 33).

601 Henning-Bodewig, Der internationale Schutz gegen unlauteren Wettbewerb, in: Neuordnung des Wettbewerbsrechts, S. 21 (S. 32).

602 Vgl. Schricker/Henning-Bodewig, WRP 2001, 1367 (1373).

603 „Trade Related Intellecutal Property Rights", BGBl. 1994 II 1730; GRUR Int. 1994, 128.

sehr begrenzt mit Sachverhalten, die zum unlauteren Wettbewerb gehören[604]. Allgemeine Regelungen des Rechts des unlauteren Wettbewerbs enthalten die Vorschriften des TRIPS-Übereinkommens nicht[605]. In einem Allgemeinen Teil sieht das TRIPS-Übereinkommen zunächst die Einführung eines Mindestschutzes vor, über den die Mitgliedstaaten hinausgehen können. Die Teilregelungen der Art. 22 – 24 behandeln den Schutz geographischer Angaben. Art. 39 betrifft den Schutz „nicht offenbarter Informationen". Die Vorschriften verweisen auf Art. 10bis PVÜ. Soweit zum Schutz des geistigen Eigentums im Sinne des TRIPS-Übereinkommens Bestimmungen aus dem Recht des unlauteren Wettbewerbs eingesetzt werden, etwa zum Schutz des gewerblichen Modells, bleibt es den Vertragsparteien überlassen, insoweit die TRIPS-Bestimmungen anzuwenden[606].

II. Kurzer Überblick über das Gemeinschaftsrecht

Das Gemeinschaftsrecht kann über drei Einwirkungsmodalitäten für das nationale Recht relevant werden: Über die unmittelbare Anwendung von Gemeinschaftsrecht – etwa durch Verordnungen – in Verbindung mit dem Vorranggrundsatz, über die Verpflichtung der Mitgliedstaaten, insbesondere ihrer Gerichte, nationale Gesetze gemeinschaftskonform auszulegen und schließlich über die Umsetzung von EG-Richtlinien[607]. Innerhalb des Gemeinschaftsrechts unterscheidet man zwischen dem primären Gemeinschaftsrecht mit dem EG-Vertrag als wichtigstem Regelungswerk sowie dem sekundären Gemeinschaftsrecht, worunter insbesondere Richtlinien und Verordnungen fallen.

III. Primäres Gemeinschaftsrecht

Wichtigste Grundlage des primären Gemeinschaftsrechts ist der EG-Vertrag (früher EWG-Vertrag[608]). Die im EG-Vertrag festgelegten Grundfreiheiten, ins-

604 Gamerith, WRP 2003, 143 (145).
605 Henning-Bodewig, Der internationale Schutz gegen unlauteren Wettbewerb, in: Neuordnung des Wettbewerbsrechts, S. 21 (S. 36).

606 EuGH, verbundene Rechtssachen C-300/98 und C-392/98, –Dior/TUK Consultancy–, Slg. 2000, I-11307, Leitsatz Nr. 3.
607 Veelken, EWS 1993, 377 (378/379).
608 Die Zitierweise der Bestimmungen der Verträge ist im Folgenden an die Zitierweise des Europäischen Gerichtshofes angepasst, die der Europäische Gerichtshof seit dem 1. Mai 1999 aufgrund der durch den Vertrag von Amsterdam erfolgten Umnummerierung der Artikel des Vertrages zur Gründung der Euro-

besondere die für das europäische Werberecht relevante Warenverkehrsfreiheit, Niederlassungsfreiheit und Dienstleistungsfreiheit, gehen als Primärrecht inhaltlich sowohl den Normen des Europäischen Sekundärrechts (Richtlinien und Verordnungen) als auch den nationalen Werberechtsnormen der einzelnen Mitgliedsländer vor[609].

Als völkerrechtlicher Vertrag richtet sich der EG-Vertrag an die mittlerweile 25 Mitgliedstaaten und begründet unmittelbar nur völkerrechtliche Rechte und Pflichten zwischen den beteiligten Staaten. Anerkannt ist jedoch eine sog. „Durchgriffswirkung" der Bestimmungen des EG-Vertrages. Danach können sich unter bestimmten Voraussetzungen auch einzelne Privatrechtssubjekte vor den nationalen Rechtsanwendungsorganen auf die Vorschriften völkerrechtlicher Verträge berufen[610].

Anders als etwa das Kartellrecht hat das Lauterkeitsrecht keine eigenständige Regelung im EG-Vertrag erhalten[611]. In der Präambel zum EG-Vertrag wird nur von der Gewährleistung eines redlichen Wettbewerbs gesprochen. Das Recht des unlauteren Wettbewerb verbleibt somit grundsätzlich im Regelungsbereich der einzelnen Mitgliedstaaten, solange nicht eine Rechtsangleichung durch sekundäres Gemeinschaftsrecht erfolgt[612]. Bedeutung erlangt der EG-Vertrag jedoch dort für die nationale Rechtsanwendung des UWG, wo die Unterschiede zwischen den einzelnen nationalen Regelungen den freien Waren- und Dienstleistungsverkehr (Art. 28, 49 EG) in der Gemeinschaft behindern. Damit übt das Primärrecht erheblichen Einfluss auf das jeweilige nationale Recht eines Mitgliedstaates aus. Die Begrenzung durch den EG-Vertrag beginnt dort, wo nationale Regelungen geeignet sind, den freien Waren- und Dienstleistungsverkehr in gemeinschaftsrechtswidriger Weise zu beeinträchtigen. Diese Gefahr besteht bei grenzüberschreitender Werbung, die angesichts der rasanten medientechnischen Entwicklung insbesondere im Internet bereits europäischer Alltag geworden ist.

1. Die Warenverkehrsfreiheit, Art. 28 EG

Ausgangspunkt einer europarechtlichen Beurteilung von wettbewerblichen Sachverhalten und damit auch von zu Werbezwecken veranstalteten Preisaus-

---

päischen Gemeinschaft verwendet. Für Art. 28 EG-Vertrag lautet die Bezeichnung danach: Art. 28 EG; vgl. EuGH Slg. 2000, I-I (Hinweis zur Zitierweise der Bestimmungen der Verträge in den Texten des Gerichtshofes und des Gerichts).

609 Krimphove, Europäisches Werberecht, S. 57.

610 Veelken, JuS 1993, 265 f.

611 Vgl. zu dem möglichen Grund gegen die Aufnahme lauterkeitsrechtlicher Regelungen in den EG-Vertrag: Veelken, ZvglRWiss 92 (1993), 241 (247).

612 Köhler/Lettl, WRP 2003, 1019 (1021).

schreiben und Gewinnspielen bildet Art. 28 EG. Die Vorschrift soll die Freiheit des Warenverkehrs gewährleisten. Die gesetzliche Ausnahme hierzu ist in Art. 30 EG geregelt.

2. Tatbestandsvoraussetzungen

Nach Art. 28 EG sind neben mengenmäßigen Einfuhrbeschränkungen alle „Maßnahmen gleicher Wirkung" zwischen den Mitgliedsstaaten verboten.

a) Mengenmäßige Einfuhrbeschränkung

Der Begriff der mengenmäßigen Einfuhrbeschränkung wird im EG-Vertrag nicht näher definiert. Der EuGH versteht darunter eine Maßnahme, welche die Einfuhr von Waren nach Menge oder Wert beschränkt oder völlig verbietet[613]. Entscheidend ist, ob die Maßnahme im grenzüberschreitenden Güteraustausch ein unüberwindbares Hindernis bildet[614]. Sofern die zu § 1 UWG entwickelte Rechtsprechung Preisausschreiben und Gewinnspiele verbietet, wenden sich diese Verbote nicht zugleich dagegen, bestimmte Waren überhaupt anzubieten oder zu verkaufen. Die Verbote richten sich ausschließlich gegen eine bestimmte Form der Werbung, nicht aber gegen den Absatz der Waren an sich, die durch die Werbung erst vermarktet werden sollen. Sofern zu Werbezwecken durchgeführte Preisausschreiben und Gewinnspiele verboten sind, stellen sie somit keine mengenmäßige Einfuhrbeschränkung im Sinne des Art. 28 EG dar.

b) Maßnahmen gleicher Wirkung

Ebenfalls nicht bestimmt ist der Begriff der Maßnahme gleicher Wirkung. Vertragliche Vorgaben, wie dieser Begriff zu verstehen ist, existieren nicht. Der Begriff der „Maßnahme" erfasst sämtliche Akte, die einem Träger öffentlicher Gewalt zuzurechnen sind, wobei es auf ihre Art und ihren Inhalt grundsätzlich nicht ankommt, vielmehr ihre Wirkung entscheidend ist[615]. Das Verbot mengenmäßiger Beschränkungen erstreckt sich somit auf die gesamte hoheitliche Tätigkeit der Exekutive, Legislative und Judikative. Das deutsche Verbot bestimmter Formen von Preisausschreiben und Gewinnspielen beruht im Wesentlichen auf der Rechtsprechung, die verschiedene Fallgruppen entwickelt hat, um die Generalklausel des § 1 UWG näher zu konkretisieren; es stellt damit eine Maßnahme im Sinne von Artikel 28 EG dar. Entscheidende Frage ist deshalb, ob

---

613 EuGH, Rs. 2/73, –Geddo/Ente Nationale Risi–, Slg. 1973, 865; EuGH, Rs. 124/85, –Kommission/Griechenland–, Slg. 1986, 3935.

614 Müller-Graff in: von der Groeben/Schwarze, Kommentar zum EU-Vertrag und EG-Vertrag, Bd. 1, Art. 28 Rn. 26; Leible in: Grabitz/Hilf, Das Recht der europäischen Union, Bd. 1, Art. 28. Rn. 2.

615 Veelken, EuR 1977, 311 (323 f.).

nationale Werbeverbote, insbesondere die deutsche Rechtsprechung zu Preisausschreiben und Gewinnspielen, eine „Maßnahme" darstellt, der die „gleiche Wirkung" wie der in Art. 28 EG genannten Einfuhrbeschränkung zukommt. Zu dieser Frage hat der Europäische Gerichtshof eine Reihe von Urteilen erlassen, von denen einige der Grundsatzurteile im Folgenden erläutert werden.

aa) „Dassonville"-Formel

Nach der weiten Auslegung in der „Dassonville"-Entscheidung des EuGH ist „jede Handelsregelung der Mitgliedstaaten, die geeignet ist, den innergemeinschaftlichen Handel unmittelbar oder mittelbar, tatsächlich oder potentiell zu behindern, [...] als Maßnahme gleicher Wirkung wie eine mengenmäßige Beschränkung" anzusehen[616]. Diese sehr weite Ausdehnung des Begriffs der „Maßnahme gleicher Wirkung" hat zur Folge, dass letztlich jede Maßnahme an den gemeinschaftsrechtlichen Maßstäben zu messen ist. Nicht nur die Einfuhr von Ware sondern auch staatliche Werbebeschränkungen fallen unter die „Dassonville"-Formel[617].

Werbebeschränkungen haben zwar keinen unmittelbaren Einfluss auf den innergemeinschaftlichen Warenverkehr; sie reglementieren nur die Möglichkeit der Absatzförderung bereits eingeführter oder noch einzuführender Ware. Sie können jedoch mittelbar das Einfuhrvolumen negativ beeinflussen. Dies bestätigte der EuGH in seiner „Oosthoek"-Entscheidung[618]. In dieser Entscheidung hat der EuGH das niederländische Zugabeverbot als Maßnahme gleicher Wirkung eingeordnet. Der EuGH stellte fest, dass die Mehrkosten, die dem Unternehmer durch eine Anpassung seiner Werbestrategie an die jeweilige nationale Rechtsordnung entstehen, den innergemeinschaftlichen Handel beeinträchtigen können. Auch den Folgeentscheidungen des EuGH kann entnommen werden, dass auch die Werbefreiheit dem weitreichenden Schutz des Art. 28 EG unterstellt werden soll[619]. Werbebeschränkungen von Preisausschreiben und Gewinnspiele fallen somit grundsätzlich unter Art. 28 EG. Die Dassonville-Entscheidung betraf eine Maßnahme, bei der es nur um eingeführte Waren ging. Zu der Frage, ob die Definition des Begriffs der „Maßnahme gleicher Wirkung" auch für Maßnahmen gelten sollte, die rechtlich unterschiedslos auf inländische Erzeugnisse sowie

616 EuGH, Rs. 8/74, –Staatsanwaltschaft/Dassonville–, Slg. 1974, 837.

617 Sack, Auswirkungen der Art. 30, 36 und 59 ff. EG-Vertrag auf das Recht gegen den unlauteren Wettbewerb, in: Neuordnung des Wettbewerbsrechts, S. 139 (S. 140).

618 EuGH, Rs. 286/81, –Strafverfahren gegen Oosthoek´s–, Slg. 1982, 4575, Rn. 15.

619 Vgl. z. B. EuGH, Rs. C 362/88, –GB-Inno-BM/ Conféderation–, Slg. 1990, I-667; EuGH, Rs.C-126/91, –Schutzverband/Yves Rocher–, Slg. 1993, I-2361.

Erzeugnisse aus anderen Mitgliedstaaten anwendbar sind, äußerte sich der EuGH in seiner Entscheidung nicht.

Wie die Darstellung der Rechtslage in den einzelnen Mitgliedstaaten gezeigt hat, sind Preisausschreiben und Gewinnspiele nicht überall gleichermaßen zulässig. Es besteht stattdessen ein erhebliches Rechtsgefälle. Nationale gerichtliche Verbote von Preisausschreiben und Gewinnspielen haben zwar keine unmittelbare Auswirkung auf den innergemeinschaftlichen Warenverkehr. Konkrete nationale Werbeverhalten erhalten jedoch bei grenzübergreifender Werbung Bedeutung.

bb) Kollisionsrecht

Welches nationale Recht allerdings zur Anwendung kommt, richtet sich bei Sachverhalten mit „Auslandsbezug" nach dem Internationalen Privatrecht. Wirbt beispielsweise ein deutsches Unternehmen EU-weit mit einem Gewinnspiel, stellt sich die Frage, welches Recht anwendbar ist, wenn ein ausländischer Mitbewerber die Werbung verbieten lassen möchte. Die Bestimmungen des Internationalen Privatrechts regeln nicht, wie ein Sachverhalt inhaltlich zu entscheiden ist; sie regeln vielmehr, welche der verschiedenen nationalen Regelungen zur Anwendung kommt. Grundsätzlich prüft jedes nationale Gericht, das seine internationale Zuständigkeit bejaht hat, den Sachverhalt wie gewohnt weiter und untersucht seine örtliche, sachliche und funktionale Zuständigkeit nach dem Recht des Landes, in dem das Gericht seinen Sitz hat. Es wendet sodann sein eigenes Internationales Privatrecht an (sog. „Forumsrecht" oder „lex fori")[620].

Das deutsche Recht kennt keine Kollisionsnorm für Wettbewerbsverstöße. Anerkanntermaßen werden für das Wettbewerbsrecht kollisionsrechtlich die Regelungen des Deliktsrechts angewandt[621]. Für das Recht der unerlaubten Handlungen wiederum gilt das Recht des Begehungsortes, sog. lex loci delicti commissi („Tatortsregel")[622]. In einem Fall, in dem amerikanische Kindersaugflaschen von einem deutschen Wettbewerber originalgetreu nachgebildet worden waren, stellte der Bundesgerichtshof klar, dass deutsches Wettbewerbsrecht nicht anwendbar sei[623]. Es komme nicht auf den Ort der Nachahmung an sondern auf den Ort, an dem das eigene Erzeugnis seinen Absatz finde. Dies sei der Ort, wo

---

620 Busl, Werberecht und Internationales Privatrecht/Internationales Verfahrensrecht, in: Schotthöfer (Hrsg.), Handbuch des Werberechts in den EU-Staaten, Rn. 4 und 13 (S. 102 und 106).

621 BGHZ 35, 329 (333) –Kindersaugflaschen–; BGH GRUR Int. 1988, 357 –Champagner unter den Mineralwässern–.

622 Busl, Werberecht und Internationales Privatrecht/ Internationales Verfahrensrecht, in: Schotthöfer (Hrsg.), Handbuch des Werberechts in den EU-Staaten, Rn. 35 (S. 112).

623 BGHZ 35, 329 (333 f.) –Kindersaugflaschen–.

der Nachahmer unmittelbar im Wettstreit um den Kunden in die wettbewerbliche Stellung eines Mitbewerbers eingegriffen oder das dort bestehende Interesse der Allgemeinheit, vor Täuschung bewahrt zu bleiben, verletzt hat, also dort, wo die wettbewerbsrechtlichen Interessen aufeinanderstoßen[624]. Dies wiederum sei dort der Fall, wo die Werbung auf den Konsumenten einwirke. Diese aus den 60er Jahren stammende Rechtsprechung hat der Bundesgerichtshof zwischenzeitlich bestätigt. Für Maßnahmen, die auf die Gewinnung von Kunden abzielen, sei der Marktort entscheidend, an dem durch dieses Verhalten im Wettbewerb mit anderen Unternehmen auf die Entschließung der Kunden eingewirkt werden soll[625].

Die dargestellten Grundsätze sind insbesondere für den Internet-Handel von Bedeutung. Bei Online-Gewinnspielen kommt es demnach für die Anwendung deutschen Wettbewerbsrechts darauf an, ob sich Gewinnspiele auch an deutsche inländische Verbraucher richten. Letztlich wird es dabei auf den Einzelfall ankommen. Das Kollisionsrecht führt dazu, dass das nationale Werberecht EU-weit, über die Grenzen der einzelnen Mitgliedstaaten hinaus, auch gegenüber ausländischen Werbetreibenden verbindlich werden kann. Hierdurch erhalten nationale gerichtliche Verbote eine Auswirkung auf das Handelsgeschehen im gesamten europäischen Markt.

In der Praxis wirkt sich das Kollisionsrecht für den Werbetreibenden so aus, dass einem Werbetreibenden zwar frei steht, überall zu werben. Er riskiert jedoch im Mitgliedstaat mit einem strengen nationalen Recht eine Abmahnung oder sogar strafrechtliche Sanktionen. Will er diese Sanktionen in dem Mitgliedstaat mit dem strengen Recht vermeiden, wird er seine Werbung dort entweder ganz auslassen oder aber inhaltlich entsprechend umgestalten müssen. Diese Einschränkung der Werbung führt zwar noch nicht unmittelbar dazu, dass auch der Warenabsatz des Produktes, das mit der Werbung des Gewinnspiels unterstützt werden soll, beschränkt wird.

Nach den Grundsätzen der „Dassonville"- Entscheidung können Werbebeschränkungen gleichwohl die Absatzmöglichkeiten für das importierte Erzeugnis beeinträchtigen, weil sie zumindest in irgendeiner Form mittelbar Auswirkungen auf den gemeinschaftlichen Handel entfalten, etwa indem sie das Einfuhrvolumen negativ beeinflussen können[626].

Als Konsequenz ergibt sich, dass alle Beschränkungen der Werbefreiheit, die sich aus strengeren wettbewerbsrechtlichen Bestimmungen in einem Mitglied-

---

624 BGHZ 35, 329 (336) –Kindersaugflaschen–.
625 BGH GRUR 1991, 463 (464) –Kauf im Ausland–.
626 EuGH, Rs. 8/74, –Staatsanwaltschaft/Dassonville–, Slg. 1974, 837.

staat für eine grenzüberschreitende Werbung aus einem anderen Mitgliedstaat ergeben, Maßnahmen gleicher Wirkung sind[627]. Nach der Dassonville-Formel ist Art. 28 EG somit als ein umfassendes Beschränkungsverbot anzusehen. Danach fallen die deutschen Regelungen zur werberechtlichen Zulässigkeit von Preisausschreiben und Gewinnspiele unter das Verbot von Maßnahmen gleicher Wirkung.

cc) Rechtfertigungsgründe

Rechtfertigungsgründe für einen Eingriff in die Warenverkehrsfreiheit ergeben sich zunächst aus dem Gesetz. Darüber hinaus hat die Rechtsprechung Rechtfertigungsgründe für eine Einschränkung der Warenverkehrsfreiheit entwickelt.

(1) Ausnahmetatbestand des Art. 30 EG

Eine gesetzliche Einschränkung von Art. 28 EG stellt Art. 30 EG dar. Für einzelne abschließend aufgeführte Rechtfertigungsgründe lässt die Vorschrift unter bestimmten Voraussetzungen ausdrücklich handelsbeschränkende Maßnahmen zu. Darunter fallen insbesondere die öffentliche Sicherheit und Ordnung sowie das gewerbliche und kommerzielle Eigentum. Das nationale Kopplungsverbot für Preisausschreiben und Gewinnspiele etwa wäre allenfalls aus Gründen des Lauterkeitsrechts gerechtfertigt. Das Lauterkeitsrecht ist im Katalog des Art. 30 EG jedoch nicht enthalten und kann auch nicht unter den Schutzgrund des gewerblichen und kommerziellen Eigentums i.S.v. Art. 30 EG subsumiert werden[628]. Art. 30 EG scheidet somit als Rechtfertigungsgrund für die nationalen Werbeverbote von Preisausschreiben und Gewinnspiele aus.

(2) Ausnahmetatbestände der Rechtsprechung

(a) „Cassis de Dijon"-Entscheidung des EuGH

In seiner „Cassis de Dijon"-Entscheidung legte der EuGH erstmals weitere Rechtfertigungsgründe zur Einschränkung der Warenverkehrsfreiheit fest, die über die in Art. 30 EG aufgeführten Rechtfertigungsgründe hinausgehen[629]. Da-

627 Vgl. auch UWG-Großkommentar/Schricker, Einl. UWG Rn. F 389.
628 EuGH, Rs. 113/80, –Kommission/Irland–, Slg. 1981, 1625; vgl. auch Müller-Graff in: Groeben/Schwarze, Kommentar zum EU-Vertrag und EG-Vertrag, Art. 30 EG Rn. 74.
629 EuGH, Rs. 129/78 –Cassis de Dijon– Slg. 1979, 649.

mit schränkte der EuGH den Anwendungsbereich des Art. 28 EG, über Art. 30 EG hinausgehend, frühzeitig zugunsten als schutzwürdig erkannter nationaler Interessen weiter ein. Nach den Grundsätzen der Cassis-Formel sind auf innerstaatlichen Rechtsvorschriften beruhende Handelshemmnisse dann hinzunehmen, wenn sie „notwendig sind, um zwingenden Erfordernissen gerecht zu werden, insbesondere den Erfordernissen einer wirksamen steuerlichen Kontrolle, des Schutzes der öffentlichen Gesundheit, der Lauterkeit des Handelsverkehrs und des Verbraucherschutzes“, und mit denen ein „im allgemeinen Interesse liegendes Ziel, das den Erfordernissen des freien Warenverkehrs, der eine der Grundlagen der Gemeinschaft darstellt“, gerecht wird, verfolgt wird[630].

(b) „Keck und Mithouard“-Entscheidung des EuGH

In der vieldiskutierten „Keck und Mithouard“-Entscheidung[631] präzisierte der EuGH seine bisherige Spruchpraxis. Zunächst sah sich der Gerichtshof zu folgenden Ausführungen veranlasst:

„Da sich die Wirtschaftsteilnehmer immer häufiger auf Art. 30 EWG-Vertrag (jetzt Art. 28 EG) berufen, um jedwede Regelung zu beanstanden, die sich als Beschränkung ihrer geschäftlichen Freiheit auswirkt, auch wenn sie nicht auf Erzeugnisse aus anderen Mitgliedstaaten gerichtet ist, hält es der Gerichtshof für notwendig, seine Rechtsprechung auf diesem Gebiet zu überprüfen und klarzustellen“ [632].

In dem zugrunde liegenden Strafverfahren fragte ein französisches Gericht an, ob das Verbot einer Vertriebsmaßnahme – der Verkauf von Ware unter dem Einstandspreis (sog. Dumping) – durch nationales Recht mit Strafe belegt werden kann. Im Ergebnis verneinte dies der EuGH. Der EuGH stellte klar, dass der Anwendungsbereich der Warenverkehrsfreiheit zu reduzieren sei und der Begriff der Maßnahme gleicher Wirkung restriktiv zu handhaben sei. Der EuGH unterschied in der „Keck und Mithouard“-Entscheidung erstmals zwischen zwei Kategorien von nationalen Maßnahmen, nämlich Maßnahmen, die „Verkaufsmodalitäten“ betreffen, und Maßnahmen, die „produktbezogene“ Maßnahmen betreffen. Nationale Bestimmungen, die nur „bestimmte Verkaufsmodalitäten“ beschränken oder verbieten, seien nicht geeignet, „den Handel zwischen Mitgliedstaaten im Sinne des Urteils Dassonville (...) unmittelbar oder mittelbar,

---

630 EuGH, Rs. 129/78 –Cassis de Dijon– Slg. 1979, 649, Rn. 8 und 14.

631 EuGH, verbundene Rechtssachen C-267/91 und C-268/91 –Keck und Mithouard–, Slg. 1993, I-6097.

632 EuGH, verbundene Rechtssachen C-267/91 und C-268/91 –Keck und Mithouard–, Slg. 1993, I-6097.

tatsächlich oder potentiell zu behindern, sofern diese Bestimmungen für alle betroffenen Wirtschaftsteilnehmer gelten, die ihre Tätigkeit im Inland ausüben, und sofern sie den Absatz der inländischen Erzeugnisse und der Erzeugnisse aus anderen Mitgliedstaaten rechtlich wie tatsächlich in der gleichen Weise berühren“[633]. Für alle übrigen produktbezogenen Vorschriften, die den Marktzugang regeln, und Maßnahmen, die „sonstige“[634] Verkaufsmodalitäten betreffen, änderte sich somit nichts durch die „Keck und Mithouard“-Entscheidung. Die Entscheidung brachte daher keine grundlegende Änderung der bisherigen EuGH-Rechtsprechung, sondern eine einschränkende Präzisierung der Dassonville-Formel.

Maßnahmen, die „bestimmte Verkaufsmodalitäten“ zum Gegenstand haben, unterliegen nach der „Keck und Mithouard“-Entscheidung demnach nicht mehr ohne weiteres der Kontrolle des Art. 28 EG. Sie fallen aber nur dann aus dem Anwendungsbereich von Art. 28 EG heraus, wenn sie importierte und inländische Erzeugnisse rechtlich wie tatsächlich gleichermaßen betreffen. Das bedeutet, dass eine Maßnahme gleicher Wirkung dann anzunehmen ist, wenn die Voraussetzungen für eine rechtliche oder tatsächliche Diskriminierung vorliegen. Entscheidende Frage ist somit, wann „bestimmte Verkaufsmodalitäten“ im Sinne der „Keck und Mithouard“-Entscheidung vorliegen, so dass eine Anwendung von Art. 28 EG von vornherein nicht in Betracht kommt. Sonstige Verkaufsmodalitäten und produktbezogene Maßnahmen werden hingegen weiterhin von Art. 28 EG erfasst; diese können aber nach wie vor über Art. 30 EG oder über die von der Rechtsprechung geschaffenen Rechtfertigungsgründe vom Anwendungsbereich des Art. 28 EG ausgeschlossen werden.

In dem der „Keck und Mithouard“-Entscheidung zugrunde liegenden Sachverhalt konnte der EuGH weder eine rechtliche noch tatsächliche Diskriminierung feststellen. Daraus folgerte der EuGH konsequenterweise, dass die streitige französische Bestimmung, welche den Verkauf von Ware unter dem Einstandspreis verbot, eine „bestimmte Verkaufsmodalität“ darstellt und damit nicht in den Anwendungsbereich des Art. 28 EG fällt.

Seine dogmatische Neustrukturierung des Anwendungsbereichs von Art. 28 EG setzte der EuGH in der Entscheidung „Hünermund“ fort[635]. Das Urteil betraf die Standesregel einer baden-württembergischen Apothekerkammer, die ein umfassendes Werbeverbot für apothekenübliche Waren außerhalb der Apotheke zum

---

633 EuGH, verbundene Rechtssachen C-267/91 und C-268/91 –Keck und Mithouard–, Slg. 1993, I-6097.

634 Vgl. zum Begriff der sonstigen Verkaufsmodalitäten Heermann, Warenverkehrsfeiheit und deutsches Unlauterkeitsrecht, S. 68 f. (Rn. 149).

635 EuGH, Rs. C-292/92, –Hünermund–, Slg. 1993, I-6787.

Gegenstand hatte. Der EuGH stellte fest, dass das Werbeverbot, das – ohne nach der Herkunft der betreffenden Waren zu unterscheiden – für alle Apotheker im Zuständigkeitsbereich der Apothekerkammer gelten sollte, den Absatz der Waren aus anderen Mitgliedstaaten nicht in anderer Weise berühre als den der inländischen[636]. Das Werbeverbot zähle somit zu den „bestimmten Verkaufsmodalitäten" im Sinne der „Keck und Mithouard"-Entscheidung, so dass Art. 28 EG nicht auf die streitige Sonderregel anwendbar sei.

Der Abgrenzung „bestimmter Verkaufsmodalitäten" von den sonstigen Verkaufsmodalitäten und produktbezogen Maßnahmen kommt damit erhebliche Bedeutung zu.

(c) „Clinique"-Entscheidung des EuGH

In seiner „Clinique"-Entscheidung verdeutlichte der EuGH, dass er die Kontrolle nationaler Werbemaßnahmen oder Maßnahmen zur Absatzförderung auf Maßnahmen mit gemeinschaftsrechtlichem Bezug beschränken will[637]. Entscheidende Bedeutung erlangt damit die Prüfung, ob sich die Maßnahme an alle Wirtschaftsteilnehmer im Inland richtet und ob sie rechtlich wie tatsächlich in gleicher Weise inländische wie ausländische Produkte betrifft.

Eine Anwendung von Art. 28 EG scheidet demnach für Regelungen über Verkaufsmodalitäten aus, sofern sie allgemein für alle Wirtschaftsteilnehmer gelten und auf den Absatz inländischer und eingeführter Erzeugnisse die gleiche Wirkung haben. Umgekehrt formuliert bedeutet dies, dass eine Maßnahme gleicher Wirkung dann vorliegt, wenn die Voraussetzung einer rechtlichen oder tatsächlichen Diskriminierung gegeben ist.

(d) Konsequenzen der „Keck und Mithouard"- Entscheidung für die Werbung im Allgemeinen und die Werbung mit Preisausschreiben und Gewinnspielen im Besonderen

Für die Feststellung, ob eine Maßnahme in den Anwendungsbereich des Art. 28 EG fällt, ist zunächst in einem ersten Schritt der Begriff der „Verkaufsmodalität" zu klären, um dann in einem zweiten Schritt zu prüfen, ob „bestimmte Verkaufsmodalitäten" vorliegen; im Sinne der „Keck und Mithouard"-Entscheidung also solche, die den Absatz der inländischen Erzeugnisse und der Erzeugnisse

---

636 EuGH, Rs. C-292/92, –Hünermund–, Slg. 1993, I-6787 (Tz. 23).
637 EuGH, Rs. C-315/92, –Verband/Clinique und Estée Lauder–, Slg. 1994, I-317.

aus anderen Mitgliedstaaten rechtlich wie tatsächlich in der gleichen Weise berühren. Der EuGH hat weder in der „Keck und Mithouard"–Entscheidung noch in der „Hünermund"–Entscheidung den Begriff „Verkaufsmodalitäten" näher definiert.

Anhaltspunkte, wie der Begriff der „Verkaufsmodalitäten" zu verstehen ist, ergeben sich zunächst aus den Schlussanträgen des Generalanwalts in der Rechtsache „Hünermund"[638]. Der Generalanwalt Tesauro formulierte in seinem Schlußantrag:

„Letzten Endes geht die Frage dahin, ob Maßnahmen, die die Modalitäten der Vermarktung (wer, wo, wann, wie) regeln und die allein deshalb, weil sie sich (...) auf das Angebot der betreffenden Waren, ..., oder (...) auf die Nachfrage nach ihnen auswirken, einen Rückgang der Verkäufe bewirken können, jedenfalls in den Anwendungsbereich von Artikel 30 fallen."

Zu Werbemaßnahmen stellt der Generalanwalt klar: „Eine Maßnahme, die die Werbung für die Waren betrifft, kann zu Recht zu den Maßnahmen gezählt werden, die das „Wie" betreffen. Es ist nämlich offensichtlich, dass die Werbung als Anreiz zum Konsum die wirksamste Methode der Verkaufsförderung darstellt und gerade deswegen die Nachfrage und damit den Verkauf spürbar beeinflussen kann" [639].

Weitere Anhaltspunkte für eine Klärung des Begriffs der Verkaufsmodalitäten ergeben sich aus den Entscheidungen des EuGH, die nach der „Keck und Mithouard"-Entscheidung ergingen. So hat der EuGH das Werbeverbot von Fernsehwerbung für bestimmte Erzeugnisse und Wirtschaftssektoren unter den Begriff „Verkaufsmodalität" eingeordnet[640]. In einem anderen Fall ging es um das schwedische Verbot der Ausstrahlung von Werbung mit unlauterem Inhalt im Fernsehen, auch wenn die Sendungen aus einem anderen Land des Europäischen Wirtschaftsraumes empfangen werden können. Auch in dieser Entscheidung bewertete der EuGH das Werbeverbot als Verkaufsmodalität[641]. Das Vorliegen „produktbezogener" Maßnahmen hingegen hat der EuGH für das Verbot einer bestimmten Produktbezeichnung[642] sowie für die Pflicht zur Angabe bestimmter Daten auf dem Produkt[643] angenommen.

638 EuGH, Rs. C-292/92, –Hünermund–, Slg. 1993, I-6800.
639 EuGH, Rs. C-292/92, –Hünermund–, Slg. 1993, I-6800 (Tz. 9 Fn. 11).
640 EuGH, Rs. C-412/93, –Leclerc-Siplec–, Slg. 1995, I-179.
641 EuGH, verbundene Rechtssachen C-34/95, C-35/95 und C-36/95 –De Agostini–, Slg. 1997, I-3843.
642 EuGH, Rs. C-315/92, –Verband/Clinique und Estée Lauder–, Slg. 1994, I-317.
643 EuGH, Rs. C-317/92, –Kommission/Deutschland–, Slg. 1994, I-2039.

Da aber Regelungen über „Verkaufsmodalitäten“, die den grenzüberschreitenden Handel rechtlich oder tatsächlich beeinträchtigen, von Art. 28 EG grundsätzlich erfasst werden, kommt der Prüfung, ob sich die Maßnahme an alle Wirtschaftsteilnehmer richtet und ob sie rechtlich wie tatsächlich in gleicher Weise inländische wie ausländische Produkte betrifft, entscheidende Bedeutung zu.
Eine unterschiedliche rechtliche Behandlung inländischer und ausländischer Erzeugnisse wird bei nationalen Werberegelungen in der Regel nicht gegeben sein. Mit der Formulierung „rechtlich wie tatsächlich in gleicher Weise“ hat der EuGH jedoch zum Ausdruck gebracht, dass ein Handelshemmnis im Sinne des Art. 28 EG auch dann vorliegt, wenn die Maßnahmen aus tatsächlichen Gründen importierte Erzeugnisse stärker belasten als die inländischen (sog. materielle Diskriminierung[644]). Eine nationale Regelung kann nämlich dazu führen, dass der grenzüberschreitend tätige Unternehmer gezwungen ist, die in seinem Mitgliedstaat praktizierte Werbemethode aufzugeben und sie an die rechtlichen Voraussetzungen des Einfuhrstaates anzupassen. Damit können grenzüberschreitende Werbekonzepte zum Scheitern gebracht werden und die grenzüberschreitende Werbung erheblich erschwert werden.

(aa) Meinungsstand im Schrifttum

Hinsichtlich der Frage, ob unter den Begriff „bestimmte Verkaufsmodalitäten“ auch die Werbung im Allgemeinen fällt, existieren unterschiedliche Auffassungen im Schrifttum.

So wird – vereinzelt unter Verweis auf die Schlußanträge des Generalanwalts in der Sache „Hünermund“ – die Auffassung vertreten, Verkaufsmodalitäten umfassen jedenfalls begrifflich auch den gesamten Bereich, also das Wer, Wo, Wann und Wie der Vermarktung[645]. Dazu wird man konsequenterweise vor allem die Werbung zählen, da sie als die Gruppe der verkaufsbezogenen Vorschriften für die Werbung die sachnähere Gruppe ist als die der produktbezogenen Vorschriften. Dies gilt jedenfalls dann, soweit die Werbung nicht unmittelbar mit der Ware selbst – etwa durch Aufdruck auf dem Produkt – körperlich verbunden ist.

Nach anderer Auffassung stellt eine Vorschrift dann keine bestimmte Verkaufsmodalität im Sinne der „Keck und Mithouard“-Entscheidung dar, wenn die Vorschrift zwar nach ihrem Wortlaut allgemein gilt, jedoch in tatsächlicher Hin-

---

644 Vgl. zu den Begriffen formelle und materielle Diskriminierung Bornkamm, GRUR 1994, 297 (298).
645 Lierow, MDR 1995, 18 (20); Bornkamm, GRUR 1994, 297 (298).

sicht von Unternehmen aus anderen Mitgliedstaaten nur wesentlich schwerer erfüllt werden kann als von inländischen[646].

Ein anderer Ansatz fragt nach den Kosten, die den Unternehmern durch die Notwendigkeit zur Einhaltung unterschiedlich strenger, nationaler Regelungen entstehen[647]. Danach sollen Werbe- und Vertriebsregelungen stets dann Warenverkehrshindernisse und keine bestimmte Verkaufsmodalitäten darstellen, wenn der ausländische Anbieter durch sie gezwungen wird, seine Werbestrategie den Anforderungen des Bestimmungslandes anzupassen und dadurch Anpassungskosten entstehen.

Nach anderer Auffassung soll es darauf ankommen, ob ein Hindernis hinsichtlich des Zugangs zum Markt oder lediglich ein Hindernis nach bereits erfolgtem Zugang zum Markt besteht[648]. Eine bestimmte Verkaufsmodalität soll nur vorliegen, wenn der Marktzugang bereits erfolgt ist und erst dann das Hindernis eintritt.

(bb) Entscheidungen zu Art. 28 EG über Preisausschreiben und Gewinnspiele

Inwieweit sich die Rechtsprechung des EuGH auf die nationalen Werbeverbote von Preisausschreiben und Gewinnspielen auswirkt, hängt entscheidend davon ab, wie der Begriff „Verkaufsmodalität“ zu verstehen ist. Versteht man unter „Verkaufsmodalität“ die äußeren Umstände der Vermarktung und des Verkaufes eines Produktes, wird man die Werbung ganz allgemein hierunter subsumieren können. Dies gilt zumindest, solange die Werbung nicht mit dem Produkt selbst in irgendeiner Art und Weise körperlich verbunden ist[649].

Es existieren nur wenige Fälle, in denen der EuGH die Rechtmäßigkeit nationaler Verbote von Preisausschreiben und Gewinnspielen zu beurteilen hatte. In dem Fall „Familiapress“ hatte der EuGH darüber zu entscheiden, ob das österreichische UWG (§ 9 a Abs. 1 Nr. 1 öUWG), welches Preisausschreiben in periodisch wiederkehrenden Druckwerken untersagt, gegen die Warenverkehrsfreiheit verstößt[650]. Ein österreichischer Presseverlag hatte unter Heranziehung von § 9 a Abs. 1 Nr. 1 öUWG einen deutschen Zeitungsverlag verklagt. Der EuGH bejahte hier zwar das Vorliegen einer produktbezogenen Maßnahme gleicher

646 Leible in: Grabitz/Hilf, Das Recht der europäischen Union, Bd. 1, Art. 28 Rn. 28.
647 Ackermann, RIW 1994, 189 (194); Kieninger, EWS 1998, 277 (284 f.).
648 Sack, WRP 1998, 103 (109); Streinz, EuZW 2003, 37 (42).
649 Sack, Auswirkungen der Art. 30, 36 und 59 ff. EG-Vertrag auf das Recht des unlauteren Wettbewerb in: Neuordnung des Wettbewerbsrechts, 139 (143).
650 EuGH, Rs. C-368/95, –Familiapress–, Slg. 1995, I-3689.

Wirkung im Sinne von Art. 28 EG und damit einen Eingriff in die Warenverkehrsfreiheit durch das österreichische Preisrätselverbot. Selbst wenn § 9 a Abs. 1 Nr. 1 öUWG in erster Linie verkaufsfördernde Maßnahmen betreffen sollte, beziehe sich die Bestimmung vorliegend auf den Inhalt des Erzeugnisses selbst[651]. Preisausschreiben seien als werblicher Inhalt Bestandteil der Zeitung, in der sie sich befinden.

Der Eingriff in die Warenverkehrsfreiheit sei aber durch Gründe der Aufrechterhaltung von Medienvielfalt zum Schutz kleiner Verlage gerechtfertigt. Der EuGH betonte die große Bedeutung der Medienvielfalt als Garant für die Meinungsfreiheit im Sinne des Art. 10 EMRK. Damit hat der EuGH in Fortsetzung seiner „Cassis de Dijon"-Rechtsprechung eine weitere Begrenzung des Grundsatzes der Warenverkehrsfreiheit durch Schaffung eines neuen Rechtfertigungsgrundes herbeigeführt. Es ist jedoch nicht zu erwarten, dass dieser neu geschaffene Rechtfertigungsgrund in der Rechtsprechung des EuGH zu Art. 28 EG eine große Rolle spielen wird. Es handelt sich bei der Entscheidung eher um einen Sonderfall des Medien- bzw. Medienkonzentrationsrechts[652].

In einem weiteren Sachverhalt („Schindler") stand die Zulässigkeit der Werbung für ein im Veranstaltungsland rechtlich verbotenes „Glücksspiel" auf dem Prüfstand[653]. Auch wenn dieser Fall ähnlich wie im Fall „Familiapress" die Veranstaltung von Spielen zum Gegenstand hatte, unterscheiden sich beide Sachverhalte erheblich voneinander: Im Fall „Familiapress" bestand die Werbemaßnahme aus einem Spiel, es wurde also mit dem Spiel für ein Produkt geworben; dagegen warb der Veranstalter im Fall „Schindler" für die Durchführung eines Glücksspieles selbst. Der Fall „Schindler" war deshalb nicht nach den Grundsätzen der Warenverkehrsfreiheit sondern nach denen der Dienstleistungsfreiheit (Art. 49 f. EG) zu beurteilen[654]. Im Ergebnis hat der EuGH in seiner „Schindler"-Entscheidung klargestellt, dass Lotteriespiele und die Werbung hierfür untersagt werden können, ohne dass sie gegen europäische Grundfreiheiten, insbesondere die Dienstleistungsfreiheit, verstoßen.

Deutsche Fachgerichte, die grundsätzlich Art. 28 EG bei der Rechtsanwendung beachten müssen, haben den Verstoß eines nationalen Verbotes von Preisausschreiben und Gewinnspielen gegen Art. 28 EG und damit eine Vorlage an den europäischen Gerichtshof bisher abgelehnt. So hat das OLG Köln in seiner Entscheidung „Paris-Gewinnspiel" zunächst einen Verstoß gegen § 1 UWG unter

---

651 EuGH, Rs. C-368/95, –Familiapress–, Slg. 1995, I-3689.
652 Krimphove, Europäisches Werberecht, S. 203.
653 EuGH, Rs. C-275/92, –Her Majesty's Customs and Excise/Schindler–, Slg. 1994, I-1039.
654 Krimphove, Europäisches Werberecht, S. 252.

dem Gesichtspunkt des psychischen Kaufzwanges bejaht und das Gewinnspiel verboten. Einen Verstoß gegen Art. 28 EG konnte es in dem sich aus § 1 UWG ergebenden Verbot des psychischen Kaufzwangs nicht erkennen[655]. Das OLG Köln stellte in seiner Entscheidung klar, dass es Art. 28 EG nicht gebiete, eine in einem Vertragsland konzipierte und dort zulässige Werbekampagne in allen anderen Vertragsstaaten zuzulassen, auch wenn sie für inländische Mitbewerber in diesen Staaten nicht zulässig wäre. Dies gelte jedenfalls dann, wenn der Veranstalter seine auf mehrere Mitgliedstaaten ausgerichtete Werbung den jeweiligen nationalen Besonderheiten anpasse. Abweichende Regelungen in anderen Mitgliedstaaten müssten hingenommen werden, solange diese für in- und ausländische Produkte gleichermaßen gelten und ausländische Wettbewerbsteilnehmer nicht einseitig benachteiligen oder gar ihre Produkte vom Markt verdrängen.

(cc) Stellungnahme

Zu den Verkaufsmodalitäten gehören Formen der Vermarktung, die mit der vermarkteten Ware nicht körperlich verbunden sind. Dies sind staatliche Regelungen, die bestimmen, wer, wann, wo, wie und zu welchem Preis verkaufen darf[656]. Zu den produktbezogenen Maßnahmen zählen hingegen Regelungen von Eigenschaften, die mit einer Ware oder ihrer Verpackung körperlich verbunden sind, also etwa Regelungen über die Qualität, Zusammensetzung oder Verpackung der Ware[657].

Sofern also eine staatliche Maßnahme rechtlich unterschiedslos das Wer, Wo, Wann und Wie der Vermarktung festlegt, wird man von einer bestimmten Verkaufsmodalität im Sinne der „Keck und Mithouard“-Entscheidung ausgehen müssen.

Für die Frage nach der Einordnung nationaler Werbeverbote sind diejenigen Entscheidungen des EuGH von Bedeutung, die sich mit der Beschränkung der Werbung bzw. Absatzförderung befasst haben. Danach sind Werbeverbote, die unterschiedslos einheimische und aus anderen Mitgliedstaaten stammende Waren betreffen, allgemeine Verkaufsmodalitäten, die nicht unter den Anwendungsbereich des Art. 28 EG fallen.

655 OLG Köln WRP 1989, 411 –Paris-Gewinnspiel–.

656 Ackermann, RIW 1994, 189 (191); Meyer, GRUR Int. 1996, 98 (99); Sack, WRP 1998, 103 (105) m.w.N.

657 Sack, Auswirkungen der Art. 30, 36 und 59 ff. EG-Vertrag auf das Recht des unlauteren Wettbewerb, in: Neuordnung des Wettbewerbsrechts, S. 139 (S. 141).

Nach den Grundsätzen der EuGH-Rechtsprechung handelt es sich dagegen um eine Maßnahme gleicher Wirkung, wenn sich die werbebeschränkende Maßnahme auf die Aufmachung, Ausstattung, Form, Etikettierung oder Verpackung der Ware bezieht oder wenn eine Werbebeschränkung vorliegt, die unmittelbar mit dem Produkt verbunden ist[658].

Die Differenzierung allein nach produktabhängiger und produktunabhängiger Werbung hat allerdings zur Folge, dass die lauterkeitsrechtliche Beurteilung einer Werbeangabe davon abhängig ist, ob sie sich auf dem Produkt selbst befindet oder ob sie im Rahmen einer produktunabhängigen, vertriebsbezogenen Werbung, etwa über das Fernsehen, Printmedien oder einem Display neben dem angebotenen Produkt selbst erfolgt. Nur in den letzteren Fällen läge eine Verkaufsmodalität vor, die dem Anwendungsbereich des Art. 28 EG entzogen ist. Hinsichtlich einer etwaigen unlauteren Werbung von Preisausschreiben und Gewinnspielen macht es jedoch keinen Unterschied, ob sich die Werbung auf dem Produkt selbst befindet oder auf einem gesondert neben dem Produkt ausgelegten Werbeprospekt. Die Fallgruppen des psychischen Kaufzwangs, der Irreführung sowie des übertriebenen Anlockens lassen sich damit sowohl in den Bereich der Produktregelungen, als auch in den Bereich der Verkaufsmodalitäten einordnen. Eine Differenzierung allein anhand des Werbemediums erscheint somit nicht sachgerecht.

Letztlich wird man daher für jeden Sachverhalt gesondert feststellen müssen, ob bestimmte Verkaufsmodalitäten im Sinne der „Keck und Mithouard“-Entscheidung vorliegen. So können verschiedene Aspekte darauf hindeuten, dass im konkreten Einzelfall eine Maßnahme eine „bestimmte Verkaufsmodalität“ darstellt. Hierzu gehört die tatsächlich ungleiche Beeinflussung des Absatzes von inländischen und ausländischen Erzeugnissen oder auch das Entstehen von Anpassungskosten[659]. Der Rechtsprechung des EuGH zur Warenverkehrsfreiheit lassen sich als weitere Aspekte die Dauer von Zulassungs- oder Anmeldeverfahren für Importerzeugnisse entnehmen sowie die Ungenauigkeit der hierbei zu erfüllenden Voraussetzungen[660]. Beide Gesichtspunkte können dagegen sprechen, die zugrunde liegenden nationalen Vorschriften als bestimmte Verkaufsmodalitäten im Sinne der „Keck und Mithouard“-Entscheidung einzustufen.

Insgesamt zeigt sich, dass wettbewerbsrechtliche und insbesondere werberechtliche Regeln sich nicht per se unter Art. 28 EG fassen oder von vornherein aus

---

658 Leible in: Grabitz/Hilf, Das Recht der europäischen Union, Bd. 1, Art. 28 Rn. 28.
659 Ackermann, RIW 1994, 189 (194); Kieninger, EWS 1998, 277 (284 f.).
660 EuGH Rs.–Canal Satélite Digital SL–, Slg. 2002, I-607.

dem Anwendungsbereich der Vorschrift ausklammern lassen[661]. Die Entscheidung darüber, ob Art. 28 EG anwendbar ist, hängt vielmehr vom Einzelfall ab. Selbst wenn man für die meisten Formen der Werbung mit Preisausschreiben und Gewinnspielen die Verkaufsmodalität als die sachnähere Gruppe annehmen kann, ist damit noch nicht per se der Anwendungsbereich des Art. 28 EG ausgeschlossen. In dem Fall, dass eine Verkaufsmodalität vorliegt, ist in einem weiteren Schritt zu prüfen, ob die Maßnahmen inländische wie ausländische Erzeugnisse rechtlich wie tatsächlich gleichermaßen betreffen. Für von einem nationalen Werbeverbot betroffene Werbekonzepte, die europaweit einheitlich durchgeführt werden, wird sich dies regelmäßig verneinen lassen. Denn der Unternehmer ist bei einem europaweiten einheitlichen Konzept regelmäßig gezwungen, seine Werbung in dem jeweiligen Mitgliedstaat anzupassen, wodurch ihm erhebliche Mehrkosten entstehen. Erst wenn eine rechtlich wie tatsächlich unterschiedslose Betroffenheit bejaht und damit eine Diskriminierung ausgeschlossen werden kann, scheidet eine Anwendung von Art. 28 EG aus. Aber auch diese Prüfung hängt letztlich vom Einzelfall ab.

Ist das Preisausschreiben oder Gewinnspiel selbst derart mit dem Produkt körperlich verbunden, dass die Werbung als echter Bestandteil des Produktes anzusehen ist, lässt sich die Werbung mit Preisausschreiben in Printmedien grundsätzlich nicht als Verkaufsmodalität einordnen[662]. In diesen Fällen ist aber besonderes Augenmerk auf einen möglichen Rechtfertigungsgrund zu richten[663].

Wirbt dagegen ein Veranstalter für die Durchführung von Preisausschreiben und Gewinnspielen selbst und nicht mit Preisausschreiben oder Gewinnspielen für ein Produkt oder eine Dienstleistung, greifen die Grundsätze der EuGH- Rechtsprechung im Fall „Schindler". Es ist dann auf die Dienstleistungsfreiheit aus Art. 49 f. EG zurückzugreifen[664].

dd) Exkurs: Inländerdiskriminierung

Nach der Rechtsprechung des EuGH kommt eine Anwendung von Art. 28 EG nur bei grenzüberschreitender Werbung mit Preisausschreiben und Gewinnspielen zugunsten des ausländischen Wirtschaftsteilnehmers in Betracht. Dagegen kann sich ein inländischer Werbetreibender bei einer Werbung mit rein inländischem Bezug grundsätzlich nicht auf die sich aus Art. 28 EG ergebende Lockerung nationaler Werbeverbote berufen, die der EuGH einem EU-Ausländer da-

661 Beater, Unlauterer Wettbewerb, § 7 Rn. 22 (S. 86); Baumbach/Hefermehl/Köhler, Wettbewerbsrecht, 23. Auflage, § 4 Rn. 6.3.
662 EuGH, Rs. C-368/95, –Familiapress–, Slg. 1995, I-3689.
663 EuGH, Rs. C-368/95, –Familiapress–, Slg. 1995, I-3689.
664 Krimphove, Europäisches Werberecht, S. 252.

gegen zuerkennt. Dies kann beispielsweise dazu führen, dass deutsche Werbetreibende, die sich bei ihrer nationalen Werbetätigkeit an einem strengen Gesetz orientieren müssen, schlechter gestellt sind als die EU-Ausländer, die grenzüberschreitend, aber ebenfalls in Deutschland werben. Die sich hieraus ergebende sog. Inländerdiskriminierung hat der EuGH ausdrücklich für zulässig erklärt[665]. Auch der Bundesgerichtshof hat klargestellt, dass die Inländerdiskriminierung keinen Verstoß gegen Art. 3 GG darstellt[666]. Angesichts des Rechtsgefälles bei der wettbewerbsrechtlichen Beurteilung von Preisausschreiben und Gewinnspielen in den jeweiligen Mitgliedstaaten kann diese vieldiskutierte Problematik der Inländerdiskriminierung[667] letztlich nur durch eine Angleichung der Rechtslage in den einzelnen Mitgliedstaaten gelöst werden. Im übrigen lässt sich das Rechtsgefälle zwischen Auslands- und reinen Inlandssachverhalten jedenfalls im Rahmen der deutschen Generalklausel durch eine europafreundliche bzw. gemeinschaftsrechtskonforme Auslegung und Konkretisierung abmildern[668].

3. Zwischenergebnis

Die Rechtsprechung des EuGH zu Art. 28 EG bringt keine unmittelbare Rechtsharmonisierung für die Mitgliedstaaten. Lediglich an den konkret zu entscheidenden Sachverhalt knüpft die Rechtsprechung des EuGH unmittelbare Rechtsfolgen. Dies führt zu einer erheblichen Rechtsunsicherheit für die Unternehmen, da häufig nicht vorherzusehen ist, wie der EuGH bestimmte Verhalten im Hinblick auf Art. 28 EG bewerten wird.

Vereinzelt ist die Rechtsprechung des EuGH durchaus geeignet, zumindest mittelbar auf das nationale Recht einzuwirken. So hat die „Yves Rocher"-Entscheidung des EuGH[669] den deutschen Gesetzgeber dazu veranlasst, die Verbote der §§ 6d und 6e UWG aufzuheben. Aber auch die deutsche Rechtsprechung ist erheblich von der Rechtsprechung des EuGH beeinflusst worden. Dies gilt insbesondere für das vom EuGH definierte europäische Verbraucherleitbild im Sinne eines „durchschnittlich informierten, aufmerksamen und verständigen Durchschnittsverbrauchers"[670]. Der deutschen Rechtsprechung lag ursprünglich

665 EuGH, Rs. 355/85, –Buchpreisbindung–, Slg. 1986, 3069.
666 BGH GRUR 1985, 886 (887) –Cocktail Getränk–.
667 Vgl. etwa Fezer, JZ 1994, 317 (324); Sack, WRP 1994, 281 (292); ders., BB 1994, 225 (235); Heermann, WRP 1993, 578 (591).
668 Veelken, EWS 1993, 377 (382/383); vgl. auch Baumbach/Hefermehl, Wettbewerbsrecht, Einl. Rn. 95.
669 EuGH, Rs.C-126/91, –Schutzverband/Yves Rocher–, Slg. 1993, I-2361.
670 EuGH, Rs. C-210/96, –Gut Springenheide/Oberkreisdirektor Steinfurt–, Slg. 1998, I-4657, Rn. 2; EuGH, Rs. C-220/98, – Estée Lauder/Lancaster–, Slg. 2000, I-117. vgl. jüngst EuGH WRP 2003, 615 (620) –Pippig Augenoptik–.

das Leitbild des flüchtigen, unkritischen Verbrauchers zugrunde, der sich allenfalls oberflächlich und unreflektiert mit der Werbebotschaft der Anbieter auseinandersetzt[671]. Der Bundesgerichtshof hat in seiner Rechtsprechung mittlerweile das Leitbild eines durchschnittlich informierten und verständigen (Durchschnitts-) Verbrauchers anerkannt[672]. Er hat zum Ausdruck gebracht, dass dieses gewandelte Verbraucherleitbild grundsätzlich auch bei der Beurteilung von Preisausschreiben und Gewinnspielen zugrunde zu legen ist[673]. Für die wettbewerbsrechtliche Beurteilung von Preisausschreiben und Gewinnspielen nach deutschem Recht hat die Annäherung der Rechtsprechung des Bundesgerichtshofs an das europäische Verbraucherleitbild neben dem Wegfall von Rabattgesetz und Zugabeverordnung bereits eine deutliche Liberalisierung bewirkt. Wie bereits dargestellt, gilt dies insbesondere für die Fallgruppen des übertriebenen Anlockens und des psychischen Kaufzwangs, bei denen es vor allem auf die Einflußnahme und Einwirkung auf den Verbraucher ankommt.

IV. Sekundäres Gemeinschaftsrecht

Neben dem Primärrecht ist für das Lauterkeitsrecht der Mitgliedstaaten auch das Sekundärrecht der Europäischen Gemeinschaft von Bedeutung. Unter sekundärem Gemeinschaftsrecht versteht man das von den Organen der Gemeinschaft das nach Maßgabe des EG geschaffene Recht. Nach Art. 249 Abs. 1 EG sind dies Verordnungen, Richtlinien und Entscheidungen. Im Unterschied zum primären Gemeinschaftsrecht, das mit den Art. 28, 49 EG eine bloß negative Angleichswirkung entfaltet, enthält das Sekundärrecht positiv bestimmte Vorgaben für das Recht der Mitgliedstaaten[674]. Gemäß Art. 249 Abs. 2 EG-Vetrag gelten Verordnungen unmittelbar in jedem Mitgliedstaat. Richtlinien dagegen bedürfen grundsätzlich der Umsetzung durch die Mitgliedstaaten in nationales Recht, wobei Art. 249 Abs. 3 EG seinem Wortlaut nach den jeweiligen Mitgliedstaaten die Wahl der Form und Mittel überlasst. Richtlinien können ausnahmsweise unmittelbare Wirkung im Verhältnis zu einem säumigen Mitgliedstaat entfalten. Als Voraussetzung für eine unmittelbare Wirkung von Richtlinien muss der betroffene Mitgliedstaat die Richtlinie während der Umsetzungs-

671 BGH GRUR 1970, 425 (426) –Melitta-Kaffee–; BGH NJW-RR 1990, 423 (424) –RDM–; BGH NJW 1994, 1954 (1957) –Mars-Kondom–.
672 BGH GRUR 2000, 616 (621) –Orient-Teppichmuster–; BGH WRP 2001, 1286 (1289) –Mitwohnzentrale.de–;BGH WRP 2003, 379 (380) -Preis ohne Monitor-.
673 BGH WRP 2000, 724 /726) –Space Fidelity Peep Show–.
674 Köhler/Lettl, WRP 2003, 1019 (1022).

frist nicht oder nur unzureichend umgesetzt haben; darüber hinaus muss die entsprechende Bestimmung hinreichend bestimmt und inhaltlich unbedingt sein[675].

Der EuGH nimmt in ständiger Rechtsprechung[676] an, dass aus Art. 249 i.V. m. 10 EG ein Gebot der richtlinienkonformen Interpretation des nationalen Umsetzungsrechts folgt[677]. Bei Vorliegen bestimmter Voraussetzungen praktiziert auch der BGH die richtlinienkonforme Auslegung vor Ablauf der Umsetzungsfrist[678]. Bisher ist nur in zwei Richtlinien eine Rechtsangleichung auf „klassischem" lauterkeitsrechtlichem Gebiet erfolgt. Hierbei handelt es sich um die Richtlinie über irreführende Werbung und die Richtlinie über vergleichende Werbung, die in die Irreführungsrichtlinie eingefügt ist.

Neben diesen spezifisch lauterkeitsrechtlichen Regelungen ist auch in angrenzenden Gebieten eine zunehmende Rechtsangleichung erfolgt, was ebenfalls nicht ohne Einfluss auf das Recht des unlauteren Wettbewerbs geblieben ist. Hierzu gehören insbesondere die Harmonisierungen im Bereich des Sonderschutzrechts und des Verbraucherschutzrechts sowie weitere produkt- und branchenspezifische Regelungen[679].

Im Folgenden werden einzelne bereits in Kraft getretene europäische Richtlinien kurz dargestellt und untersucht, ob und inwieweit sich diese Richtlinien auf die wettbewerbsrechtliche Beurteilung von Preisausschreiben und Gewinnspielen auswirken. Im Anschluß daran werden die aktuellen europäischen Gesetzesvorhaben dargestellt und bewertet.

---

675 EuGH, Rs. 41/74, –van Duyn/Home Office–, Slg. 1974, 1337, Rn. 2; EuGH, Rs.8/81, –Becker/Finanzamt Münster-Innenstadt–, Slg. 1982, 53, Rn. 1 und 2; zur unmittelbaren Wirkung von Richtlinien ausführlich: Callies/Ruffert, Kommentar des Vertrages über die Europäische Union und des Vertrages zur Gründung der Europäischen Gemeinschaft, Art. 249, Rn. 69 f.

676 Vgl. z.B. EuGH, Rs. C-334/92, –Wagner Miret/Fondo de garantía salarial–, Slg. 1993, I-6911; EuGH, Rs. C-185/97 –Coote/Granada Hospitality–, Slg. 1998, I-5199.

677 Zum Beginn des Gebots der richtlinienkonformen Auslegung näher: Callies/Ruffert; Kommentar des Vertrages über die Europäische Union und des Vertrages zur Gründung der Europäischen Gemeinschaft, Art. 249, Rn. 110 f.

678 Vgl. insbesondere BGH GRUR Int. 1998, 891 (894) –Testpreis-Angebot–.

679 Vgl. hierzu: Kur, Die Harmonisierung des Lauterkeitsrechts durch Angleichungsmaßnahmen in angrenzenden Bereichen, in: Neurordnung des Wettbewerbsrechts, S. 116.

1. Richtlinie über irreführende Werbung und Richtlinie über vergleichende Werbung

Die Richtlinie 84/450 EWG vom 10.09.1984[680] hatte die gemeinschaftsrechtliche Harmonisierung des Schutzes gegen irreführende Werbung zum Ziel. Durch den Erlass der Richtlinie 97/55/EG vom 6.10.1997[681] wurde die Richtlinie 84/450 EWG durch Einbeziehung der vergleichenden Werbung erweitert.

Irreführende Werbung ist nach Art. 2 Nr. 2 der Richtlinie 84/450 EWG jede Werbung, die täuscht oder zu täuschen geeignet ist und die infolge der ihr innewohnenden Täuschung das wirtschaftliche Verhalten der Verbraucher beeinflussen kann. Entscheidend ist dabei ein europäischer Maßstab. Es gilt deshalb bei der Konkretisierung der Täuschungseignung das vom EuGH definierte Verbraucherleitbild eines durchschnittlich informierten, aufmerksamen und verständigen Durchschnittsverbrauchers[682].

Die Irreführungsrichtlinie und die Richtlinie über vergleichende Werbung haben zunächst auf die Rechtsprechung des Bundesgerichtshofs zur Irreführung Einfluss genommen[683]. Inzwischen legt der Bundesgerichtshof auch im Zusammenhang mit der wettbewerbsrechtlichen Beurteilung von Preisausschreiben und Gewinnspielen das Verständnis eines durchschnittlich informierten und verständigen Verbrauchers zugrunde[684].

Im Zusammenhang mit der Frage, was Verbraucher von einer „Space Fidelity Peep-Show", „spacigen Sofortgewinnen" und Gewinnen von „weltraummäßigen Ausmaßen" erwarteten, führte der Bundesgerichtshof u. a. aus: „Der durchschnittlich informierte und verständige Leser misst solchen Äußerungen keinen ernstzunehmenden Aussagegehalt bei[685]". Ein übertriebenes Anlocken verneinte der Bundesgerichtshof deshalb.

Insgesamt haben also die Richtlinie über irreführende Werbung und die Richtlinie über vergleichende Werbung mittelbar und zwar über das europäische Verbraucherleitbild einen wichtigen Einfluss auf die deutsche Rechtsprechung zu Gewinnspielen und Preisausschreiben genommen.

---

680 ABl. EG Nr. L 250 vom 19.09.1984, S. 20 = GRUR Int. 1984, 688 f.; abgedruckt bei: Baumbach/Hefermehl, Wettbewerbsrecht, Texte, S. 48 f.

681 Abl. EG Nr. L 290/18 vom 23.10. 1997 = WRP 1998, 798 f.; abgedruckt bei: Baumbach/Hefermehl, Wettbewerbsrecht, Texte, S. 52 f.

682 EuGH, Rs. C-210/96, –Gut Springenheide/Oberkreisdirektor Steinfurt–, Slg. 1998, I-4657, Rn. 2.

683 BGH WRP 2000, 517 (520) –Orient-Teppichmuster–.

684 BGH WRP 2000, 724 (726) –Space Fidelity Peep-Show–.

685 BGH WRP 2000, 724 (726) –Space Fidelity Peep-Show–.

2. Die E-Commerce-Richtlinie

Die Richtlinie 2000/31/EG über den elektronischen Geschäftsverkehr (sog. E-Commerce-Richtlinie) soll den freien Verkehr von Diensten der Informationsgesellschaft zwischen den Mitgliedstaaten sicherstellen[686]. Der Schwerpunkt der Richtlinie liegt bei den Transparenzvorschriften. Art. 6 d) der E-Commerce-Richtlinie begründet für Preisausschreiben und Gewinnspiele die Pflicht der Diensteanbieter, soweit sie im Mitgliedstaat der Niederlassung des Diensteanbieter zulässig sind, diese klar als solche erkennbar zu machen, und die Bedingungen für ihre Inanspruchnahme leicht zugänglich zu machen und unzweideutig anzugeben. Diese Transparenzvorschrift ist aufgrund des Anwendungsbereichs der Richtlinie auf den online-Bereich begrenzt.

Die E-Commerce-Richtlinie hat u. a. zu einer Neufassung des Teledienstegesetzes geführt[687]. In § 6 und § 7 des Teledienstegesetzes sind nun Transparenzvorschriften für Preisausschreiben und Gewinnspiele ausdrücklich aufgenommen worden. Die E-Commerce-Richtlinie war nicht zuletzt auch der aktuelle Anlaß für die Aufhebung von Rabattgesetz und Zugabeverordnung[688]. Die Gesetze sollten abgeschafft werden, damit deutsche Anbieter im elektronischen Geschäftsverkehr nicht schlechter gestellt werden als ausländische. Vorher war es ohne Belang, ob ein Anbieter seinen Sitz in Deutschland oder im Ausland hatte. Dies änderte sich mit Einführung des in Art. 3 der E-Commerce-Richtlinie geregelten Herkunftslandprinzips. Danach richtet sich die rechtliche Beurteilung von gemeinschaftsweit erbrachten Diensten vor allem nach den Vorschriften des jeweiligen Herkunftslandes, vgl. Art. 3 Abs. 1 und 2 der E-Commerce-Richtlinie. Für die wettbewerbsrechtliche Beurteilung führt das Herkunftslandprinzip somit dazu, dass die Angebote mit zweierlei Maß gemessen werden, je nachdem, ob der Anbieter im In- oder Ausland seine Niederlassung hat. Angesichts des festgestellten unterschiedlichen Schutzniveaus in den einzelnen Mitgliedstaaten auf dem Gebiet der zu Werbezwecken veranstalteten Preisausschreiben und Gewinnspiele, können sich aus der Anwendung des Herkunftslandprinzips erhebliche Wettbewerbsvorteile bzw. -nachteile für die einzelnen Werbetreibenden ergeben. Diejenigen Unternehmen, die sich in einem Mitgliedstaat mit einem höheren Schutzniveau niedergelassen haben, sind gegenüber den in einem „liberaleren" Mitgliedstaat niedergelassenen Mitbewerbern benachteiligt. Dieses Problem tritt zwar nur dann auf, wenn ein Vertrag über das Internet angebahnt bzw. abgewickelt wird. Angesichts der zunehmenden Entwicklung des Internethandels wird dieser Bereich jedoch rasch an Bedeutung gewinnen, auch wenn der-

686 ABl. EG Nr. L 178 S. 1 vom 8. Juni 2000.
687 Vgl. auch Baumbach/Hefermehl/Köhler, Wettbewerbsrecht, 23. Auflage, § 4 Rn. 1.122.
688 Berneke, WRP 2001, 615 (616); Heermann, WRP 2001, 883 (884).

zeit noch die Regelungen der E-Commerce-Richtlinien nur für einen geringen Teil aller Vertragsbeziehungen gelten. Diese Ungleichheit und die damit verbundene Inländerdiskriminierung kann zu einem Abwandern von Unternehmen aus einem Mitgliedstaat mit einem hohen Schutzniveau führen. Wie bereits dargestellt ist dies ein weiterer Grund für die Schaffung einer einheitlichen Regelung auf Gemeinschaftsebene, um eine Angleichung des offline-Bereiches mit dem online-Bereich herbeizuführen. Das Herkunftslandprinzip führt dazu, dass wettbewerbsrechtliche Vorschriften für den Bereich des E-Commerce neben den Vorschriften für die „klassische" Vermarktung stehen.

Die E-Commerce-Richtlinie hat mit der Festlegung des Herkunftslandprinzips somit eine rasche Angleichung der lauterkeitsrechtlichen Bestimmungen in den Mitgliedstaaten besonders dringlich gemacht. Gleichzeitig hat die E-Commerce-Richtlinie zum Wegfall von Rabattgesetz und Zugabeverordnung und damit zu einer erheblichen Liberalisierung des Lauterkeitsrechts geführt. Hiervon erfasst sind insbesondere die Fallgruppen des übertriebenen Anlockens, des psychischen Kaufzwangs, aber auch die Fallgruppe der kaufgekoppelten Gewinnspiele, die durch die Rechtsprechung seitdem erheblich liberaler gehandhabt werden. Insgesamt hat also die E-Commerce-Richtlinie wichtige Impulse für eine Liberalisierung der wettbewerbsrechtlichen Beurteilung von Preisausschreiben und Gewinnspielen gebracht.

3. Sonstige Richtlinien

Am 3.10.1989 trat die Richtlinie des Rates zur Koordinierung bestimmter Rechts- und Verwaltungsvorschiften der Mitgliedstaaten über die Ausübung der Fernsehtätigkeit (sog. Fernsehrichtlinie) in Kraft[689]. Die Fernsehrichtlinie schaffte eine besonders inhaltsreiche und qualifizierte Werberegelung für Fernsehsendungen. Danach darf Werbung im Fernsehen bestimmte Grundsätze nicht verletzen. Bei Mißachtung der Beschränkungen kann das Empfängerland die Verbreitung der Sendung aus einem anderen Mitgliedstaat unterbinden. Neben einem allgemeinen Tabakwerbeverbot (Art. 13) und einer Beschränkung der Werbung für alkoholische Getränke (Art. 15) legt die Richtlinie besonderen Wert auf den Schutz von Minderjährigen (Art. 16a, 16b, 16c, 16d sowie Art. 22).

Für die Werbung mit Preisausschreiben und Gewinnspielen ist neben diesen für jede Werbeform geltenden Verboten allenfalls Art. 10 Abs. 1 von Bedeutung. Ähnlich wie in Printmedien muss danach die Werbung im Fernsehen für Produkte oder Dienstleistungen klar als solche erkennbar sein und von anderen Pro-

689 ABl. Nr. L 298/23 vom 17.10.1989 i. d. F. Abl. 1989 L 331/51 und ABl 1997 L 202/60.

grammteilen getrennt sein (Transparenz- und Trennungsgebot). Gesponserte Fernsehprogramme sind als Sponsorprogramme durch den Namen und/oder das Firmenemblem des Sponsors am Programmanfang und/oder Programmende eindeutig zu kennzeichnen.

Führt ein Sender Gewinnspiele oder Preisausschreiben hingegen selbst durch, sind sie Bestandteil des Unterhaltungsprogrammes. In diesen Fällen gilt das Trennungsgebot nicht. Für die wettbewerbsrechtliche Beurteilung von Preisausschreiben und Gewinnspielen hat die Fernsehrichtlinie nichts Neues gebracht.

Ebenfalls keine Auswirkung für die wettbewerbsrechtliche Beurteilung von Preisausschreiben und Gewinnspielen hat die sog. Datenschutzrichtlinie gebracht[690]. Die Datenschutzrichtlinie 2002/58/EG soll natürliche Personen als Teilnehmer eines elektronischen Kommunikationssystems vor einer Verletzung ihrer Privatsphäre durch unerbetene Nachrichten für Zwecke der Direktwerbung schützen. Das neue UWG dient u. a. der Umsetzung von Art. 13 der Datenschutzrichtlinie[691].

4. Zwischenbilanz

Insgesamt zeigt sich, dass nach aktuellem Stand zu Werbezwecken veranstaltete Preisausschreiben und Gewinnspiele sekundärrechtlich kaum geregelt sind. Lediglich für den online-Bereich existieren Transparenzvorschriften. Allerdings hat das Sekundärrecht mittelbar, etwa über das in der E-Commerce-Richtlinie festgelegte Herkunftslandprinzip, darauf Einfluss genommen, dass auch die Rechtsprechung in Bezug auf zu Werbezwecken veranstaltete Preisausschreiben und Gewinnspielen in den letzten Jahren zunehmend liberaler geworden ist.

Der Waren- und Dienstleistungsverkehr der Mitgliedstaaten dehnt sich immer weiter über die Grenzen der einzelnen Mitgliedstaaten aus. Gleiches gilt für die Werbung. Im Online-Bereich zeigt sich bereits die Zunahme grenzüberschreitender Konflikte. Mit dem erfolgten Beitritt der zehn neuen Mitgliedstaaten zum 1. Mai 2004 werden sich die grenzüberschreitenden Konflikte verstärken. Es besteht daher erheblicher weiterer Bedarf für die Schaffung eines einheitlichen europäischen Rechtsrahmens im Lauterkeitsrecht. Im Folgenden soll untersucht werden, ob die vorgeschlagenen Gesetzesvorhaben der Kommission diesem Bedarf genügen. Zu diesem Zweck werden zunächst die aktuellen europäischen

690 Richtlinie 2002/58/EG vom 12.7.2002 über die Verarbeitung personenbezogener Daten und den Schutz der Privatsphäre in der elektronischen Kommunikation; ABl. EG v. 31.7.2002. Nr. L 201, S. 37; im Folgenden abgekürzt: Datenschutzrichtlinie.

691 Vgl. RegE UWG, BT-Drs. 15/1487, Begründung, S. 15.

Gesetzesvorhaben dargestellt und sodann jeweils einer umfassenden Bewertung unterzogen. Dabei beschränkt sich die Bearbeitung im Wesentlichen auf Regelungen, die für die nationale wettbewerbsrechtliche Beurteilung von Preisausschreiben und Gewinnspielen von Bedeutung sind. Dies sind insbesondere das übertriebene Anlocken, die Ausübung eines psychischen Kaufzwangs sowie die Kopplung einer Teilnahme an Preisausschreiben oder Gewinnspielen mit dem Warenerwerb.

V. Aktuelle europäische Gesetzesvorhaben

Die Europäische Kommission hat zwei Initiativen zur Regelung des unlauteren Wettbewerbsrechts auf Gemeinschaftsebene vorgelegt. Es handelt sich dabei um den Vorschlag für eine Verordnung über Verkaufsförderung im Binnenmarkt[692] sowie um den Entwurf für eine Richtlinie über unlautere Geschäftspraktiken[693]. Während der Verordnungsvorschlag von der Generaldirektion Binnenmarkt stammt, geht die Richtlinien-Initiative auf die Generaldirektion Gesundheit und Verbraucherschutz zurück.

1. Vorschlag für eine Verordnung zur Verkaufsförderung

Die Kommission hat auf der Grundlage des Grünbuchs „Kommerzielle Kommunikation" im Binnenmarkt[694] vom 18. Mai 1996 sowie auf der Grundlage des Folgedokuments zum Grünbuch über kommerzielle Kommunikation im Binnenmarkt[695] am 2. Oktober 2001 einen Vorschlag für eine Verordnung über Verkaufsförderung vorgelegt[696]. Der ursprüngliche Verordnungs-Vorschlag ist zwischenzeitlich durch einen geänderten Vorschlag ersetzt worden[697].

---

692 Vorschlag für eine Verordnung des Europäischen Parlaments und Rates über Verkaufsförderung im Binnenmarkt vom 02.10.2001, KOM (2001) 546 endg. ABl. EG 2002 Nr. C 75/11 vom 26.03.2002; im Folgenden: VO-Vorschlag vom 2.10.2001; ersetzt durch den Geänderten VO-Vorschlag des Europäischen Parlaments und des Rates über Verkaufsförderung im Binnenmarkt vom 25.10.2002, KOM (2002) 585 endg.; im Folgenden: Geänderter VO-Vorschlag vom 25.10.2002.

693 Richtlinie des Europäischen Parlaments und des Rates über unlautere Geschäftspraktiken im binnenmarktinternen Geschäftsverkehr zwischen Unternehmen und Verbrauchern und zur Änderung der Richtlinien 84/450/EWG, 97/27/EG (Richtlinie über unlautere Geschäftspraktiken) vom 18.06.2003, KOM (2003) 356 endg.; im Folgenden: RL Entwurf UG.

694 KOM (96) 192 endg.

695 KOM (98) 121 endg.

696 Vorschlag für eine Verordnung des Europäischen Parlaments und des Rates über Verkaufsförderung im Binnenmarkt vom 02.10.2001, KOM (2001) 546

a) Allgemeines

Die Verordnung über Verkaufsförderung regelt die Nutzung und kommerzielle Kommunikation verkaufsfördernder Aktionen, um ein reibungsloses Funktionieren des Binnenmarktes und ein hohes Maß an Verbraucherschutz zu gewährleisten, Art. 1 des VO-Vorschlags vom 25. Oktober 2002. Die unterschiedlichen Regelungen der Mitgliedstaaten über Verkaufsförderungen, insbesondere im Hinblick auf den Verbraucherschutz und den Schutz gegen unlauteren Wettbewerb, schränken nach Auffassung der Kommission die Nutzung und Bekanntmachung verkaufsfördernder Maßnahmen über Grenzen im Binnenmarkt hinweg ein[698].

Die Verordnung versteht unter „Verkaufsförderaktion" das Anbieten von Rabatten, unentgeltliche Zuwendungen, Zugaben sowie die Möglichkeit der Teilnahme an einem Preisausschreiben oder Gewinnspiel, Art. 2 lit. b. Hieran schließt sich eine Definition einzelner Verkaufsförderungsaktionen an.

Das Europäische Parlament hat in einer ersten Lesung die Ursprungsversion des Verordnungs-Vorschlages der Kommission im Mitentscheidungsverfahren am 5. September 2002 in einer geänderten Fassung angenommen. Nach einer Anhörung der beteiligten Ausschüsse hat die Kommission am 25. Oktober 2002 ihren geänderten Verordnungs-Vorschlag vorgelegt.

Als nächster Schritt wird erwartet, dass der Rat einen gemeinsamen Standpunkt zu der Verordnung abgeben wird. Nach dem Willen der Kommission soll die Verordnung am 1. Mai 2005 in Kraft treten.

Der Verordnungsvorschlag wird allerdings von der Bundesregierung und offensichtlich auch den meisten anderen Mitgliedstaaten abgelehnt[699]. Die Ablehnung der Bundesregierung beruht dabei offenbar auf folgenden drei Gründen: Zunächst wird die Rechtsform der Verordnung als untaugliches Instrument angesehen, da sie eine umfassende Anpassung der nationalen Gesetze erforderlich mache. Es seien bereits gewisse Signale der Europäischen Kommission gegeben worden, dass das Regelungswerk auch im Wege einer Richtlinie verwirklicht werden könnte. Des weiteren hält man das Herkunftslandprinzip für zu weitgehend, es sei unklar, wo die Grenzen zu ziehen seien. Und schließlich stößt of-

---

endg. ABl. EG 2002 Nr. C 74/11 vom 26.03.2002; vgl. zur Vorgeschichte ausführlich: Göhre, WRP 2001, 36 (38).

697 KOM (2002) 585 endg.

698 VO-Vorschlag vom 2.10.2001, Mitteilung der Kommission, KOM (2001) 546 endg., Geltungsbereich und Zielsetzung, S. 5.

699 So die RegE UWG, BT-Drs. 15/1487, Begründung, S. 12.

fenbar der Paradigmenwechsel, der Verordnung, Informationen statt Verbote zu regeln, auf die Kritik der Bundesregierung. Es solle auf dem für Deutschland bewährten Regelungswerk von Verboten festgehalten werden; dies biete sowohl für Verbraucher als auch Unternehmen mehr Rechtssicherheit[700].

Auch der Rat hat sich dafür ausgesprochen, effektiven Folgemaßnahmen zum Grünbuch der Kommission über den Verbraucherschutz und damit der Richtlinie über unlautere Geschäftspraktiken gegenüber der Verordnung über Verkaufsförderung Priorität einzuräumen[701]. Daher scheint zum derzeitigen Zeitpunkt unklar, ob und in welcher Form die Verordnung in Kraft treten wird.

b) Inhalt

Im wesentlichen verfolgt der Verordnungsvorschlag drei Arten von Maßnahmen. Dabei handelt es sich einmal um die Kernbestimmung des Art. 3 Nr. 1 des Verordnungsentwurfs. Danach erlassen die Mitgliedstaaten oder nichtöffentliche Regulierungsstellen kein generelles Verbot der Nutzung und kommerziellen Kommunikation verkaufsfördernder Aktionen. Die Regelung ist so zu verstehen, dass die Mitgliedstaaten solche Verbote nicht nur nicht erlassen sondern auch nicht aufrechterhalten dürfen. Die Mitgliedstaaten dürfen darüber hinaus den Wert verkaufsfördernder Maßnahmen nicht beschränken, Rabatte im Vorfeld von Saisonschlussverkäufen nicht verbieten und die Nutzung oder kommerzielle Kommunikation einer Verkaufsförderung nicht von der Verpflichtung einer Vorabgenehmigung abhängig machen.

Die zweite wesentliche Maßnahme des Verordnungsvorschlages bildet der umfassende Informationspflichtenkatalog in Art. 4 i. V. m. dem Anhang. Dieser ersetzt die nationalen Verbote und soll eine erhöhte Transparenz für die Verbraucher schaffen. Die Informationsauflagen sollen gewährleisten, dass die kommerzielle Kommunikation im Zusammenhang mit einer Verkaufsförderung transparent ist und dass eine Einzelperson, die sich für eine solche Aktion interessiert, problemlos alle in der entsprechenden Kommunikation angekündigten Informationen erhält[702]. Der Verbraucher soll so in die Lage versetzt werden, eine „bewusste" Kaufentscheidung zu treffen[703]. Die Nichtbeachtung der Infor-

700 Die genannten Gründen entstammen einer telefonischen Auskunft des Bundesministeriums der Justiz im April 2004.
701 Folgemaßnahmen zum Grünbuch, KOM (2002) 289 endg., Nr. 26 (S. 12).
702 Geänderter VO-Vorschlag vom 25.10.2002, Erwägungsgrund 14.
703 VO-Vorschlag vom 2.10.2001, Mitteilung der Kommission, KOM (2001) 546 endg., S. 10.

mationsauflagen dieser Verordnung soll gleichbedeutend sein mit einem Verstoß gegen das Verbot irreführender Werbung der Richtlinie 84/450/EWG[704].

Schließlich verfolgt der Verordnungsvorschlag als dritte Maßnahme den Grundsatz der gegenseitigen Anerkennung, Art. 3 Nr. 2. Soweit Maßnahmen nicht unter das Verbot des Art. 3 Nr. 1 fallen, können die Mitgliedstaaten Verkaufsförderungsaktionen weiterhin regeln. Hierdurch entstehende grenzüberschreitende Hindernisse sollen durch das Prinzip der gegenseitigen Anerkennung innerstaatlicher Rechtsvorschriften beseitigt werden[705]. Nur solche Vorschriften unterliegen der gegenseitigen Anerkennung, die sich auf die Nutzung verkaufsfördernder Aktionen oder ihre Bekanntmachung mittels kommerzieller Kommunikation beziehen[706].

Insgesamt sieht also der VO-Vorschlag einen Paradigmenwechsel im Lauterkeitsrecht vor, indem er im Unterschied zu den bisherigen lauterkeitsrechtlichen Regelungswerken auf europäischer und nationaler Ebene auf Informationen statt auf Verbote setzt.

c) Anwendung der Verordnung auf kaufgekoppelte Preisausschreiben und Gewinnspiele

Von entscheidender Bedeutung sind die Begriffsbestimmungen in der Verordnung. Sie legen fest, welche Maßnahmen zu den Verkaufsförderungsaktionen zählen und damit in den Regelungsbereich der Verordnung, insbesondere des Art. 3 Nr. 1 fallen. Im Zusammenhang mit den Begriffsbestimmungen und Art. 3 Nr. 1 der Verordnung ergibt sich somit, welche Verkaufsförderungsaktionen nicht durch nationale Verbote beschränkt werden dürfen. Da der Verordnungsvorschlag zu der Kaufkopplung bei Preisausschreiben und Gewinnspielen Regelungen enthält, stellt sich zunächst die Frage, inwieweit kaufgekoppelte Preisausschreiben und Gewinnspiele vom Regelungsbereich der Verordnung erfasst werden.

aa) Verordnungsvorschlag vom 2.10.2001

Nach der Definition in Art. 2 lit. h des VO-Vorschlags vom 2.10.2001 ist ein „Preisausschreiben“ eine „zeitlich befristete Aufforderung zur Teilnahme an einem Preisausschreiben, die an die Verpflichtung zum vorherigen Kauf einer

---

704 Geänderter VO-Vorschlag vom 25.10.2002, Erwägungsgrund 13.

705 Vgl. zu den Auswirkungen des Herkunftslandprinzips für die Anwendung nationaler Wettbewerbsvorschriften des UWG, Henning-Bodewig, WRP 2001, 771 (777); vgl. auch Veelken, WRP 2004, 1 (3) Fn. 35.

706 Geänderter VO-Vorschlag vom 25.10.2002, Erwägungsgrund 17.

Ware oder Dienstleistung gebunden sein kann; bei einem Preisausschreiben wird der Gewinner vor allem aufgrund seiner Kenntnisse oder Fähigkeiten ermittelt".

Unter einem „Gewinnspiel" versteht der VO-Vorschlag vom 2. Oktober 2001 eine „zeitlich befristete Aufforderung zur Teilnahme an einem Spiel, bei dem der Gewinner vor allem durch Zufall ermittelt wird; die Teilnahme ist kostenlos, kann aber mit einer Verpflichtung zum vorherigen Kauf verbunden sein; als Gewinnspiele dieser Art gelten nicht Glücksspiele einschließlich Lotterien und Wetten mit einem geldwerten Einsatz", Art. 2 lit. i.

Ein für Deutschland besonders wichtiger Inhalt dieses ersten Vorschlages ist somit gewesen, dass Preisausschreiben und Gewinnspiele gleichermaßen an die Verpflichtung zum vorherigen Kauf einer Ware gebunden sein können – eine nach jetzigem deutschen Recht unzulässige Form von Preisausschreiben und Gewinnspielen. Das derzeitige deutsche Verbot kaufgekoppelter Gewinnspiele oder Preisausschreiben wäre danach aufzuheben gewesen.

bb) Stellungnahme des Parlaments

In seiner legislativen Entschließung zum VO-Vorschlag vom 2. Oktober 2001 hat das Europäische Parlament am 4. September 2002 den Vorschlag der Kommission in einer geänderten Fassung gebilligt[707].

Im Unterschied zur Ursprungsversion vom 2. Oktober 2001 soll laut Abänderungsantrag 8 (zugleich Erwägungsgrund 7) der Fassung des Europäischen Parlaments die Verordnung für Preisausschreiben und Gewinnspiele gelten, die den Absatz fördern sollen, jedoch nicht – insoweit unterscheidet sich die Fassung des Europäischen Parlaments von der Ursprungsversion der Kommission – für Glückspiele, bei denen die Teilnahme ohne Zahlungs- und Kaufverpflichtung möglich ist. An den weiteren Ausführungen des Erwägungsgrunds (7) der Ursprungsversion[708] hält das Europäische Parlament fest, insbesondere also an der Kopplungsmöglichkeit für Preisausschreiben und Gewinnspiele gleichermaßen.

Im klaren Widerspruch hierzu steht dann jedoch der Abänderungsantrag 24 und 25 des Europäischen Parlaments zu Artikel 2 Buchstabe i der Ursprungsversion der Verordnung. Danach ist die „Teilnahme an einem Gewinnspiel kostenlos"

707 KOM (2001) 546 – C5-0475/2001-2001/0227 (COD).
708 VO-Vorschlag vom 2.10.2001, Erwägungsgrund 7.

und „**darf nicht** mit einer Verpflichtung zum vorherigen Kauf oder zur vorherigen Inanspruchnahme einer Dienstleistung“ verbunden sein[709].

Verkaufsfördernde kaufgekoppelte Gewinnspiele sollen danach von dem Verordnungsvorschlag also gerade nicht mehr erfasst werden. Das Parlament begründet seinen Abänderungsantrag 24 und 25 damit, dass Gewinnspiele lediglich dazu dienen sollten, die Aufmerksamkeit von Verbrauchern zu wecken[710]. Sie sollten nicht eingesetzt werden, um Verbraucher aus Spiellust zum Kauf zu bewegen.

Der Widerspruch zwischen Änderungsantrag 8 und Änderungsantrag 24 und 25 wird in der Stellungnahme des Europäischen Parlaments nicht aufgelöst. Zu Preisausschreiben hat das Europäische Parlament keine Änderungsanträge gestellt.

cc) Stellungnahme der Ausschüsse

Im folgenden werden in einem kurzen Überblick die Stellungnahmen der beteiligten Ausschüsse insbesondere zu den Regelungen über Preisausschreiben und Gewinnspiele dargestellt.

(1) Ausschuß für Recht und Binnenmarkt

Der Berichterstatter des Ausschusses für Recht und Binnenmarkt unterstützt in seiner Begründung im Widerspruch zum Änderungsantrag 24 und 25 nachdrücklich die Definition von Gewinnspielen, wodurch es möglich wäre, die Teilnahme an derartigen Spielen mit einem Kauf zu verknüpfen[711]. Die Verpflichtung, die Beteiligung freizustellen, werde oft umgangen, indem Spiele als Preisausschreiben getarnt würden, bei denen diese Verpflichtung nicht gelte. Wegen der strikten Transparenzanforderungen, nach denen der Wert der Preise und die voraussichtlichen Chancen, bei derartigen Spielen zu gewinnen, bekannt gegeben werden müssen, werde dies die Aufdeckung rechtswidriger Glücksspiele erleichtern und dafür sorgen, dass die Verbraucher nicht bezüglich des Wertes derartiger Angebote hinters Licht geführt werden.

---

709 Soweit ersichtlich existieren keine Anhaltspunkte dafür, dass es sich bei diesem Widerspruch um ein bloßes Redaktionsversehen handelt. Vgl. hierzu auch Gamerith, WRP 2003, 143 (156).

710 Bericht über den Vorschlag für eine Verordnung des Europäischen Parlaments und des Rates über Verkaufsförderung im Binnenmarkt A5-0253/2002 vom 10. Juli 2002, S. 20.

711 Ausschuß für Recht und Binnenmarkt, Dok. A5-0253/2002 v. 10.7.2002, S. 39.

Der Ausschuß für Recht und Binnenmarkt spricht sich somit dafür aus, die Kopplung gleichermaßen für Preisausschreiben und Gewinnspiele zuzulassen.

(2) Wirtschafts- und Sozialausschuß

Der Wirtschafts- und Sozialausschuß stimmte der Ursprungsversion des VO-Vorschlages in seiner Stellungnahme vom 29. und 30. Mai 2002[712] grundsätzlich zu. Insbesondere sei er mit der von der Kommission vorgeschlagenen Wertbegrenzung von Preisen und Gewinnen bei Preisausschreiben bzw. Gewinnspielen einverstanden[713] (Ziffer 4.1 d) der Stellungnahme). Jede Teilnahme eines Kindes an einem Gewinnspiel oder einem Preisausschreiben bedürfe der vorherigen Genehmigung des Erziehungsberechtigten des betreffenden Kindes (Ziffer 6.6.3.1 der Stellungnahme). Zu der wichtigen Frage der Koppelung von Preisausschreiben und Gewinnspielen mit dem Warenerwerb bzw. mit einer Dienstleistung äußerte sich der Wirtschafts- und Sozialausschuß nicht.

(3) Ausschuß für Wirtschaft und Währung

Änderungsvorschläge des Ausschusses für Wirtschaft und Währung bezogen sich vor allem auf die Generalklausel des Art. 3, wonach Absatz 1 positiv formuliert werden sollte. Bei den Definitionen von Preisausschreiben und Gewinnspielen sollte die Formulierung „zeitlich befristete" Aufforderung zur Teilnahme herausgenommen werden. Dies solle gleichermaßen für Rabatte, unentgeltliche Zuwendungen sowie Zugaben gelten. Insbesondere Kundenbindungssysteme würden durch eine derartige zeitliche Befristung nicht erfasst werden bzw. nur dann, wenn im Rahmen dieser Kundenbindungssysteme zeitlich befristete Verkaufsförderungsaktionen durchgeführt würden. Der Ausschuss für Wirtschaft und Währung befürchtet, dass unbefristete Verkaufsförderaktionen tendenziell häufiger von großen, europaweit tätigen Anbietern durchgeführt würden. Durch eine zeitliche Befristung ergebe sich daher eine indirekte Benachteiligung kleiner und mittlerer Unternehmen.

(4) Ausschuß für Industrie, Außenhandel, Forschung und Energie

Die Kritik des Ausschusses für Industrie, Außenhandel, Forschung und Energie an dem Verordnungsvorschlag ist von grundsätzlicher Natur[714]. So bemängelte

712 Stellungnahme des Wirtschafts- und Sozialausschusses, ABl. C 221/73 vom 17.9.2002, S. 73 f.

713 Stellungnahme des Wirtschafts- und Sozialausschusses, ABl. C 221/73 vom 17.9.2002, S. 75.

714 Ausschuß für Industrie, Außenhandel, Forschung und Energie, Dok. A5-0253/2002 v. 10.7.2002, S. 57 ff.

der Ausschuß, dass der Verordnungsvorschlag ohne die Konsultation mit den Vertreterorganisationen aller Marktteilnehmer, insbesondere der Verbraucher, des Handels, der Industrie und der im Handel Beschäftigten erfolgt sei. Als Ergebnis habe sich eine grundsätzliche Kontroverse zwischen den Marktteilnehmern entwickelt. Um eine ausreichende Flexibilität zu erreichen, wird vorgeschlagen, die Frage von Verkaufsförderungsaktionen durch eine Richtlinie statt durch eine Verordnung zu regeln. Der Ausschuß ersucht daher in seiner Schlußfolgerung den federführenden Ausschuß für Recht und Binnenmarkt, die Kommission zum Zurückziehen ihres Verordnungsvorschlages aufzufordern und einen neuen weniger umstrittenen Vorschlag vorzulegen.

(5) Ausschuß für Umweltfragen, Volksgesundheit und Verbraucherpolitik

Der Ausschuß für Umweltfragen, Volksgesundheit und Verbraucherpolitik fordert in seiner Stellungnahme[715] in Bezug auf Preisausschreiben und Gewinnspiele, die Veranstaltung von Glücksspielen unter dem Deckmantel einer verkaufsfördernden Maßnahme zu verbieten. Daher sei der Grundsatz der kostenlosen Beteiligung an Gewinnspielen wieder einzuführen. Der Ausschuß will kaufgekoppelte Gewinnspiele aus dem Regelungsbereich der Verordnung herausnehmen.

dd) Kritik seitens der Wirtschaft

In ihrer ersten Einschätzung vom 27. Dezember 2001 zu dem VO-Vorschlag vom 2. Oktober 2001 kritisierte die deutsche GRUR-Vereinigung insbesondere, dass mit der Verordnung nur ein Teilbereich aus dem umfassenden Bereich des unlauteren Wettbewerbs geregelt werde[716]. Es solle stattdessen an dem Ziel der Schaffung eines einheitlichen europäischen Lauterkeitsrechts festgehalten werden. Weiter hat sich die GRUR-Vereinigung dafür ausgesprochen, das Verbot von Gewinnspielen aufrechtzuerhalten, bei denen ein Kauf Teilnahmevoraussetzung ist[717]. Nach aller Erfahrung gingen von Gewinnspielen tatsächlich erhebliche Anlockwirkungen aus. Das gelte umso mehr, als die Gewinnspiele künftig ohne Wertbegrenzung zulässig sein sollen. Es bleibe zu berücksichtigen, dass gerade auch Kinder und Jugendliche Adressaten von Gewinnspielen seien, die nicht in gleichem Maße wie Erwachsene eine nüchterne Abwägung vornehmen könnten.

---

715 Ausschuß für Umweltfragen, Volksgesundheit und Verbraucherpolitik, Dok. A5-0253/2002 v. 10.7.2002, S. 61 ff.

716 Stellungnahme der deutschen GRUR-Vereinigung, GRUR 2002, 410 (411).

717 Stellungnahme der deutschen GRUR-Vereinigung, GRUR 2002, 410 (412).

ee) Geänderter Verordnungsvorschlag vom 25. Oktober 2002

Am 25. Oktober 2002 legte die Kommission einen geänderten VO-Vorschlag des Europäischen Parlaments und des Rates über Verkaufsförderung im Binnenmarkt vor[718]. Darin lehnt die Kommission zunächst den Abänderungsantrag (8) des Europäischen Parlaments für den Erwägungsgrund 7 ab. Dagegen hat die Kommission die geänderte Definition für Gewinnspiele unverändert übernommen. Auf diese Weise hat die Kommission den Widerspruch zwischen den Änderungsanträgen 8 sowie 24 und 25 des Europäischen Parlamentes aufgehoben[719]. Gewinnspiele, die mit der Verpflichtung zum Kauf einer Ware oder Inanspruchnahme einer Dienstleistung gekoppelt sind, sollen damit also im Unterschied zu der Ursprungsversion vom 2. Oktober 2001 aus dem VO-Vorschlag herausgenommen werden.

ff) Stellungnahme

Kaufgekoppelte Gewinnspiele würden für den Fall, dass die Verordnung in der jetzigen geänderten Version in Kraft treten wird, somit weiterhin den nationalen Bestimmungen überlassen. Das festgestellte Rechtsgefälle in den einzelnen Mitgliedstaaten bei gekoppelten Gewinnspielen bestünde damit fort. Es blieben dann nur diejenigen Gewinnspiele im Geltungsbereich der Verordnung, die in den meisten Mitgliedstaaten ohnehin keinen Reglementierungen unterliegen. Der gewünschte Harmonisierungseffekt gerade für die wichtige Gruppe der kaufgekoppelten Gewinnspiele bliebe aus. Auch auf europäischer Ebene muss das neue Verbraucherleitbild zu einer Neubewertung der Kaufkopplung führen. Das immer wieder angeführte Argument, kaufgekoppelte Gewinnspiele würden das Urteilsvermögen des Verbrauchers trüben, überzeugt nicht. Es gelten insoweit dieselben Gesichtspunkte, die auch gegen ein nationales Kopplungsverbot sprechen[720]. Schließlich führt eine Ungleichbehandlung von kaufgekoppelten Preisausschreiben und kaufgekoppelten Gewinnspiele zu den eingangs erwähnten Abgrenzungsschwierigkeiten zwischen beiden Instituten.

d) Verbot eines übertriebenen Anlockens und eines psychischen Kaufzwangs bei Verkaufsförderungsmaßnahmen

Nach Artikel 3 Abs. 1 des Verordnungsvorschlags dürfen die Mitgliedstaaten kein generelles Verbot der Nutzung und kommerziellen Kommunikation ver-

---

718 Geänderter VO-Vorschlag des Europäischen Parlaments und des Rates über Verkaufsförderung im Binnenmarkt vom 25.10.2002, KOM (2002) 585 endg.

719 Vgl. auch Gamerith, WRP, 2003, 143 (156).

720 Vgl. Stellungnahme zu dem in § 4 Nr. 6 RegE UWG geregelten Kopplungsverbot unten: 6. Kapitel III. 4. c) bb) (3) (b).

kaufsfördernder Aktionen erlassen, außer das Gemeinschaftsrecht schreibt ein solches Verbot vor; ferner dürfen die Mitgliedstaaten den Wert verkaufsfördernder Maßnahmen nicht beschränken, kein Rabattverbot im Vorfeld von Saisonschlussverkäufen erlassen und die Zulässigkeit von Verkaufsförderungsaktionen nicht von einer Vorabgenehmigung abhängig machen[721].

Für alle anderen Fälle der Beschränkung kommerzieller Nutzung und Kommunikation, die nicht unter Art. 3 Abs. 1 fallen, greift Art. 3 Abs. 2, wo das Prinzip der „gegenseitigen Anerkennung“ verankert ist[722]. Allgemeine Anforderungen für die Werbung, wie beispielsweise ethische oder gesundheitsrelevante Forderungen, die Werbung für bestimmte Produkte oder Dienstleistungen oder Anforderungen für andere Marketingpraktiken, sind davon nicht betroffen[723]. Gemäß Art. 3 Abs. 2 beschränken die Mitgliedstaaten und die nichtöffentlichen Regulierungsstellen „weder den freien Dienstleistungsverkehr noch den freien Verkehr von Waren, die von der Nutzung von Verkaufsförderungsaktionen profitieren, auf Grund der Nutzung dieser Verkaufsförderung und Hinweisen darauf im Rahmen kommerzieller Kommunikation; das gemeinschaftliche und einzelstaatliche Wettbewerbsrecht bleiben davon unberührt“.

Insbesondere im Hinblick auf den psychischen Kaufzwang und das übertriebene Anlocken stellt sich damit die Frage, inwieweit diese Fallgruppen von der Verordnung betroffen sind.

Die Kommission nennt in der Mitteilung als Grund für die Notwendigkeit des Tätigwerdens der Gemeinschaft u. a. die Komplexität bestimmter nationaler Vorschriften. Die Kommission führt aus, dass die Komplexität bestimmter Vorschriften zu Rechtsunsicherheit führe, die ernste Folgen für Unternehmen und Verbraucher habe, wenn sie kommerzielle Kommunikation zu Verkaufsförderungsaktionen aus anderen Mitgliedstaaten anbieten oder empfangen. Das Ausmaß der Rechtsunsicherheit werde durch die Tatsache verstärkt, dass viele nationale Vorschriften auf sehr allgemeinen Konzepten beruhten[724]. Diese Feststellung der Kommission gilt in besonderem Maß für die deutsche Rechtsprechung zum übertriebenen Anlocken und psychischen Kaufzwang. So nennt die Kommission als Beispielsfall auch die Fallgruppe des übertriebenen Anlockens und fragt: „Wie sollte ein französisches Unternehmen, das in Deutschland eine unentgeltliche Zuwendung macht, falls es deutschem Recht unterliegt, entscheiden, ob seine Präsentation als „übertriebenes“ Anlocken von Kunden aufgefasst wer-

721 Geänderter VO-Vorschlag vom 25.10.2002, Art. 3 Abs.1.
722 Henning-Bodewig, GRUR Int. 2002, 389 (397).
723 Geänderter VO-Vorschlag vom 25.10.2002, Erwägungsgrund 17.
724 VO-Vorschlag vom 2.10.2001, Mitteilung der Kommission, KOM (2001) 546 endg., S. 8.

den könnte?"[725]. Hieraus lässt sich allerdings noch nicht ableiten, ob das Verbot eines übertriebenen Anlockens oder psychischen Kaufzwangs als Beschränkung im Sinne des Art. 3 Abs. 1 anzusehen ist oder ob das Prinzip der gegenseitigen Anerkennung gemäß Art. 3 Abs. 2 gilt.

Aus den Erwägungsgründen und den Vorbemerkungen des Verordnungsvorschlags ergibt sich, dass die Verpflichtung der Mitgliedstaaten, keine Verbote bezüglich verkaufsfördernder Aktionen zu erlassen, in erster Linie auf ganz konkrete innerstaatliche Verbote und Beschränkungen bezogen sein soll[726].

Die legislative Entschließung des Europäischen Parlaments zum VO-Vorschlag vom 2. Oktober 2001 stellte in dem Änderungsantrag 12, Erwägung 11 a (neu) klar: „Die Verpflichtung der Mitgliedstaaten, keine Verbote bezüglich der Nutzung und kommerziellen Kommunikation verkaufsfördernder Aktionen zu erlassen, betrifft nur diejenigen Verbote, die sich auf verkaufsfördernde Aktionen generell beziehen. Sie betrifft im besonderen nicht jene Werbeverbote oder – beschränkungen nationalen Rechts, wie z.B. das Verbot aggressiver Werbepraktiken oder der Ausübung von psychologischem Kaufzwang". Danach könnte etwa die Ausübung eines psychischen Kaufzwangs im Zusammenhang mit einem Gewinnspiel trotz grundsätzlicher Freigabe dieser Verkaufsförderungsmaßnahme ein nationales Verbot rechtfertigen.

Die Kommission hat jedoch in ihrem geänderten VO-Vorschlag vom 25. Oktober 2002 den vorgenannten Änderungsantrag 12 des Europäischen Parlaments bedingt zurückgewiesen. Sie akzeptiert, die Verordnung auf Verbote zu beschränken, die sich auf verkaufsfördernde Aktionen generell beziehen. Gleichzeitig lehnt die Kommission jedoch den zweiten Teil des Änderungsantrags 12 (Erwägungsgrund 11 a (neu)) ab, besondere nationale Werbeverbote oder -beschränkungen wie z. B. das Verbot aggressiver Werbepraktiken oder des psychischen Kaufzwangs auszunehmen. Zur Begründung führt die Kommission an, der zweite Teil des Änderungsantrages 12 des Europäischen Parlaments würde es den Mitgliedstaaten ermöglichen, Verkaufsförderungsaktionen aufgrund sehr allgemeiner und somit leicht zu erfüllender Kriterien generell zu verbieten; dies untergrabe die Rechtssicherheit, die der derzeitige Vorschlag böte[727].

725 VO-Vorschlag vom 2.10.2001, Mitteilung der Kommission, KOM (2001) 546 endg., S. 8.

726 VO-Vorschlag vom 2.10.2001, Mitteilung der Kommission, KOM (2001) 546 endg., S. 10 f. und Erwägungsgrund 12; Geänderter VO-Vorschlag vom 25.10.2002, Erwägungsgrund 15.

727 Geänderter VO-Vorschlag vom 25.10.2002, Begründung unter 3., S. 3 („Änderungen, die die binnenmarktorientierten Ziele des Vorschlags untergraben").

Es spricht somit einiges dafür, dass die Kommission Fallgruppen wie das übertriebene Anlocken oder den psychischen Kaufzwang von Art. 3 Abs. 1 erfasst wissen will, deren Anwendung zu einer unmittelbaren Beschränkung der Wertreklame führen kann. Andererseits stellt sich die Frage, wie dann Art. 3 Abs. 2 zu verstehen ist. Was im einzelnen mit der Formulierung des Art. 3 Abs. 2 gemeint ist, ist ohnehin unklar[728]. Gemeint sein könnte, dass nicht spezifisch auf das Verbot oder die Beschränkung von Verkaufsförderungsaktionen gerichtete Interpretationen (solche wären schon wegen Art. 3 Abs. 1 unzulässig), die jedoch gleichwohl zu ihrer Beurteilung herangezogen werden, dem Herkunftslandprinzip unterstehen[729]. Danach wäre etwa die Fallgruppe des übertriebenen Anlockens als Interpretation von § 1 UWG anzusehen[730]. Dies bedeutet für die Fallgruppen des übertriebenen Anlockens und des psychischen Kaufzwangs, dass für sie der Grundsatz der gegenseitigen Anerkennung gilt. Die Verbote könnten also auf nationaler Ebene beibehalten werden, solange sie nicht dazu eingesetzt werden, die Einfuhr von Dienstleistungen zu beschränken. Hierdurch würde auf die deutsche Rechtsprechung ein weiterer Druck ausgeübt, diese Fallgruppen ganz aufzuheben, um eine Benachteiligung von in Deutschland niedergelassenen Unternehmen zu vermeiden. Denn wie die Darstellung in den anderen Mitgliedstaaten gezeigt hat, sind die Fallgruppen des übertriebenen Anlockens und des psychischen Kaufzwangs in den meisten anderen Mitgliedstaaten weitgehend unbekannt.

Für die Auslegung, dass das übertriebene Anlocken und der psychische Kaufzwang unter Art. 3 Abs. 2 fallen, spricht jedoch nur die bereits erwähnte Fassung des Erwägungsgrunds 11 a (neu), wonach die Verpflichtung der Mitgliedstaaten, keine Verbote verkaufsfördernder Aktionen zu erlassen, „nicht Werbeverbote oder –beschränkungen nationalen Rechts, wie z.B. das Verbot aggressiver Werbepraktiken oder der Ausübung von psychologischem Kaufzwang" betreffen soll, wie es vom Europäischen Parlament beantragt worden ist. Die Kommission hingegen hat gerade diesen Antrag des Europäischen Parlaments abgelehnt und sich damit gegen derart weitreichende nationale Einschränkungen ausgesprochen.

Letztlich zeigen diese Erwägungen, dass der VO-Vorschlag auch in seiner geänderten Fassung noch lange nicht die „umfassende Rechtssicherheit" bietet, wie es die Kommission selber als besonders dringlich erachtet[731].

---

728 Göhre, WRP 2002, 36; Henning-Bodewig, GRUR Int. 2002, 389 (397); Gamerith, WRP 2003, 143 (157).

729 Henning-Bodewig, GRUR Int. 2002, 389 (397); Gamerith, WRP 2003, 143 (157).

730 Henning-Bodewig, GRUR Int. 2002, 389 (397).

731 Vgl. auch Gamerith, WRP 2003, 143 (157).

Insgesamt ist festzuhalten: Insbesondere die (zwar knappe) Begründung der Kommission zur Ablehnung des Änderungsantrags 12 des Europäischen Parlaments (Erwägungsgrund 11 a (neu)) spricht dafür, dass die Fallgruppen des übertriebenen Anlockens und des psychischen Kaufzwangs nach dem Willen der Kommission unter Art. 3 Abs. 1 fallen sollen. In der Tat handelt es sich hierbei um besonders komplexe Fallgruppen, bei denen letztlich der konkrete Einzelfall über ein Verbot der Werbung entscheidet. Eine Prognose für die Zulässigkeit ausländischer Präsentationen erscheint angesichts der Komplexität der deutschen Rechtsprechung zu beiden Fallgruppen nahezu unmöglich. Dies veranschaulicht besonders gut die Fallgruppe des übertriebenen Anlockens, die, wie dargestellt, von der Rechtsprechung kaum noch als eigenständige Fallgruppe behandelt wird. Stattdessen verlangt die Rechtsprechung neben einer hohen Anlockwirkung, dass besondere weitere Umstände vorliegen, um ein übertriebenes Anlocken zu bejahen. Für die Rechtssicherheit der Unternehmer, aber auch der Verbraucher wäre es daher zu begrüßen, wenn derartige Beschränkungen generell verboten werden.

Endgültige Klarheit darüber, ob der psychische Kaufzwang und das übertriebene Anlocken Beschränkungen hinsichtlich des Wertes verkaufsfördernder Maßnahmen bzw. generelle Verbote im Sinne von Art. 3 Abs. 1 oder aber sonstige unverhältnismäßige Beschränkungen im Sinne von Art. 3 Abs. 2 der Verordnung darstellen, wird letztlich nur der EuGH bringen können.

e) Informationspflichten

Eine weitere wesentliche Änderung für die Werbung mit Preisausschreiben und Gewinnspielen bringen die Informationspflichten. Art. 4 des VO-Vorschlages begründet umfassende Informationspflichten für den Auftraggeber einer Verkaufsförderungsaktion[732]. Die Informationspflichtenanforderungen ergeben sich aus Artikel 4 i. V. m. dem Anhang zu der Verordnung. Einzelne Informationen sollen bereits in der Ankündigung der Verkaufsförderungsaktion angegeben werden, andere erst auf Verlangen der Interessenten. Art. 4 Satz 3 stellt klar, dass Angaben, die der Auftraggeber dem Kunden auf Anfrage zukommen lassen muß, zu Beginn der Verkaufsförderung verfügbar sein müssen.

Im Anhang werden zunächst allgemein für alle Arten von Verkaufsförderungsaktionen obligatorische Angaben festgelegt[733]. Speziell für Preisausschreiben

---

732 Auftragsgeber ist nach der Definition in Art. 2 lit.c des Verordnungsentwurfs jeder, der Verkaufsförderungsaktionen nutzt. Dies kann eine Unternehmung, Einrichtung oder eine Person sein, die verkaufsfördernde Aktionen selbst durchführt bzw. in deren Auftrag diese Aktionen durchgeführt werden.

733 Vgl. Geänderter VO-Vorschlag vom 25.10.2002, Anhang Ziffer 1.

und Gewinnspiele verlangt der Informationspflichtenkatalog des VO-Vorschlages als obligatorische Angaben in der kommerziellen Kommunikation: den Handelswert[734] und die Art des Preises; den Einsendeschluß; jegliche geografische oder personengebundene Einschränkung wie Ort oder Alter; die Notwendigkeit einer Teilnahmeerlaubnis von einem Erziehungsberechtigten oder vom Arbeitgeber; alle mit der Teilnahme an dem Preisausschreiben oder dem Gewinnspiel verbundenen Kosten, abgesehen vom Kauf der beworbenen Ware oder Dienstleistung und schließlich bei Gewinnspielen ausreichende Informationen für die Teilnehmer an dem Gewinnspiel, damit jeder versteht, wie groß seine Gewinnchance ist[735]. Die in der Ursprungsversion noch vorgesehene Angabe jeglicher Verpflichtung zum Kaufnachweis ist konsequenterweise mit Herausnahme der kaufgekoppelten Gewinnspiele entfallen.

Schließlich folgen in Ziffer 4.2 eine Vielzahl weiterer Angaben, die auf Verlangen und unabhängig vom Kauf der beworbenen Ware oder Dienstleistung bereitzustellen sind. Hierzu zählen etwa die Angabe des Auswahlverfahrens für die Vergabe der Preise und, sofern eine Jury daran beteiligt ist, die Zusammensetzung der Jury sowie die Teilnahmebedingungen und die Regeln für die Vergabe der Preise.

f) Stellungnahme

Der generelle Ansatz, nationale Verbote in Bezug auf Preisausschreiben und Gewinnspiele, wie sie in Art. 2 lit. h und lit. i definiert sind, durch sanktionierte Transparenzvorschriften zu ersetzen, ist grundsätzlich zu begrüßen. Dieser Ansatz entspricht dem neuen europäischen Verbraucherleitbild. Allerdings sind die in der Verordnung festgelegten Informationspflichten sowohl aus Verbraucher-, als auch aus Unternehmersicht zu kompliziert und weitreichend[736].

Die Informationsanforderungen gehen zunächst an dem Bedarf des Verbrauchers vorbei. Die Verordnung will durch den Informationspflichtenkatalog das Vertrauen des Verbrauchers in den Binnenmarkt für Verkaufsförderung und so

734 Nach der Ursprungsversion des VO-Vorschlags vom 2.10.2001 war noch der „Wert" anzugeben.

735 Hier verlangte die Ursprungsversion noch die Angaben bei Gewinnspielen von tatsächlichen oder voraussichtlichen Gewinnchancen, VO-Vorschlag vom 2.10.2001, Anhang Ziffer 4.1, S. 41.

736 Kritisch zu dem Informationspflichtenkatalog auch: Pluskat, WRP 2002, 789 (799); Gamerith, WRP 2003, 143 (159); vgl. auch die Stellungnahme der deutschen GRUR-Vereinigung, GRUR 2002, 410 (413). Die GRUR-Vereinigung befürchtet, dass die Informationspflichten in ihrer Gesamtheit von vielen Unternehmen praktisch nicht erfüllt werden können und der Informationspflichtenkatalog sich damit möglicherweise als kontraproduktiv erweist.

allgemein den Verbraucherschutz stärken. Nach dem Willen der Kommission soll der Informationspflichtenkatalog den Verbraucher in die Lage versetzen, eine bewusste Kaufentscheidung zu treffen[737]. Die Frage ist nur, mit welchen Informationen der durchschnittlich informierte und verständige Verbraucher zu versorgen ist, damit er als „durchschnittlich informiert" angesehen werden kann und er auf dieser Grundlage eine rationale Kaufentscheidung treffen kann.

Es ist lebensfremd anzunehmen, der Verbraucher werde sich sämtliche Informationen, deren Angabe bereits mit der Ankündigung der Verkaufsförderung obligatorisch ist, sorgfältig durchlesen, bevor er sich zur Teilnahme an einem Gewinnspiel entscheidet. Vielmehr ist zu befürchten, dass der Verbraucher angesichts der Flut an Informationen zwischen den wichtigen und unwichtigen Informationen nicht mehr unterscheiden kann oder aber die Informationen gar nicht erst beachtet.

Selbst wenn der Verbraucher sich die Mühe macht, alle Angaben zu lesen, so besteht angesichts der Fülle der Informationspflichten die Gefahr, dass der Verbraucher mit fehlerhaften Informationen versehen wird. Nicht allen Unternehmen wird es gelingen, die Informationsanforderungen fehlerfrei umzusetzen. Die Angaben, die den Verbraucher eigentlich in die Lage versetzen sollen, eine rationale Entscheidung zu treffen, bewirken dann das Gegenteil.

Weiterhin ist zu kritisieren, dass der Informationspflichtenkatalog keinen Gestaltungsspielraum für die Gerichte zulässt. Einzelfälle, die einer zu starren Anwendung der Informationsanforderungen entgegenstehen und eine Nichtbeachtung rechtfertigen könnten, können nicht angemessen beurteilt werden.

Für Deutschland bergen die sehr weitreichenden Informationspflichten die Gefahr, dass nach Wegfall von Zugabeverordnung und Rabattgesetz viele Verkaufsförderungsaktionen gegenüber dem derzeitigen Rechtszustand wieder erschwert werden. So ist es nach derzeitigem deutschen Recht beispielsweise nicht erforderlich, den Handelswert von Preisen bei Preisausschreiben und Gewinnspielen anzugeben. Dies gilt auch für andere Formen der Verkaufsförderung, z. B. für Zugaben.

Einige der Informationspflichten für Preisausschreiben und Gewinnspiele machen darüber hinaus keinen Sinn. Gewinnspiele sind durch ein aleatorisches Element gekennzeichnet. Die Ungewißheit zu gewinnen, macht gerade den Reiz von Preisausschreiben und Gewinnspielen aus. Die Forderung des Kommissionsvorschlages, die Gewinnaussichten anzugeben, ist daher abzulehnen. In dem

737 VO-Vorschlag vom 2.10.2001, Mitteilung der Kommission (KOM (2001)546) endg., S. 10.

geänderten VO-Vorschlag ist diese Pflichtangabe zwar dahingehend abgemildert worden, dass ausreichende Informationen für die Teilnehmer an dem Gewinnspiel anzugeben sind, damit jeder versteht, wie groß seine Gewinnchance ist. Aber auch diese Pflichtangabe ist zu weitreichend[738] und darüber hinaus auch unbestimmt. Es ist bereits unklar, was unter ausreichenden Informationen zu verstehen ist, die den Teilnehmer in die Lage versetzen zu beurteilen, wie groß seine Gewinnchance ist. Die Gewinnchance wird entscheidend durch die Anzahl der Mitspieler beeinflusst. Wie soll aber der Unternehmer im Vorfeld einer Gewinnspielaktion Angaben über die Teilnehmerzahl machen? Die Anzahl der ausgegebenen Teilnahmeunterlagen jedenfalls wird mit Sicherheit keine verläßlichen Rückschlüsse auf die Gewinnchance geben können.

Andererseits weiß der Teilnehmer von Gewinnspielen aus Erfahrung, dass seine Gewinnchance regelmäßig nur sehr gering ist und zudem je nach Teilnehmerzahl stark variieren kann. Es besteht deshalb grundsätzlich nicht die Gefahr, dass Teilnehmer eine falsche Vorstellung über die Gewinnaussichten erlangen. Macht der Unternehmer dagegen Angaben zu den Gewinnaussichten, erhöht dies nur unnötig die Gefahr einer Irreführung.

Nicht einzusehen ist weiter, weshalb der Handelswert der Gewinne angegeben werden muss. Wie die Darstellung im empirischen Teil gezeigt hat, üben gerade „Traumpreise“, also z. B. „Traumreisen“ eine besonders starke Anziehungskraft auf Teilnehmer aus. Müssten die Unternehmen den Handelswert einer „Traumreise“ angeben, dann würde den Gewinnen der Schein des Traumhaften und Unerschwinglichen verloren gehen. Damit würde den Veranstaltern ein entscheidendes Gestaltungsmerkmal für Preisausschreiben und Gewinnspiele genommen. Darüber hinaus sind viele Preise bei Gewinnspielen gar nicht bewertbar. Wie beispielsweise ist der Handelswert für ein exklusives Treffen mit einem Kinostar zu bemessen? Es kann daher allenfalls verlangt werden, wertqualifizierende Merkmale anzugeben. Bei einer „Traumreise“ als Gewinn dürften danach Angaben genügen, ob die Reise per Flugzeug oder Bahn stattfindet, sowie Angaben über die Art der Unterkunft und der Verpflegung.

Schließlich führt das Ausmaß der einzuhaltenden Informationen auch zu einer unangemessenen Beeinträchtigung der Werbefreiheit der werbenden Unternehmer. Für die Unternehmen stellen die Informationsanforderungen eine erhebliche Erschwernis für die praktische Durchführung von Verkaufsförderungsaktionen dar.

---

738 A. A. Gamerith, WRP 2003 143 (160): Gamerith schlägt vor, die Verpflichtung, wenigstens die voraussichtlichen Gewinnchancen anzugeben, beizubehalten, weil wertvolle Preise in der Regel eine starke Lockwirkung ausüben.

Der Informationspflichtenkatalog schafft für die Unternehmen neue wettbewerbsrechtliche Risiken. Dies belegen auch Erfahrungen mit anderen normativen Informationsmodellen. So hat die 2002 in Kraft getretene BGB–Informationspflichten–Verordnung[739] bereits nach kurzer Zeit gezeigt, dass es den Unternehmen in der Praxis immer schwerer fiel, der dort vorgeschriebenen Informationslast fehlerfrei nachzukommen. Die Situation verschlechterte sich beispielsweise bei den Anforderungen für Widerrufsbelehrungen im Laufe des Jahres 2002 derart, dass das Bundesjustizministerium durch Verordnung vom 1.8.2002 von der in Art. 245 EGBGB enthaltenen Verordnungsermächtigung Gebrauch machte und ein Muster für eine ordnungsgemäße Widerrufsbelehrung von Verbrauchern vorlegte[740]. Rechtssicherheit haben aber auch diese Mustervorlagen nicht gebracht[741]. Dies belegen die vielen Gerichtsentscheidungen, die seitdem zu den Pflichtenangaben ergangen sind[742].

Eine ähnliche Entwickung wäre auch bei den Unternehmern zu befürchten, die den umfassenden Informationspflichtenkatalog des Verordnungsvorschlages für Verkaufsförderungsaktionen erfüllen müssten. Es ist kaum zu erwarten, dass die Kommission verzweifelten Unternehmern durch ähnliche Mustervorlagen wie der Muster - Widerspruchsbelehrung der Bundesregierung unter die Arme greifen wird. Angesichts der Vielzahl von Verkaufsförderungsaktionen und den jeweils unterschiedlichen Informationsanforderungen wird die Kommission hierzu schon gar nicht in der Lage sein.

Zusammenfassend ist also folgendes festzuhalten: Die Grundkonzeption der Verordnung „Transparenz statt Verbote" ist angesichts des gewandelten Verbraucherleitbildes durchaus geeignet, sachgerechte und tragfähige Lösungen zu schaffen. Die Kommission schießt jedoch angesichts der Überreglementierung über das Ziel hinaus.

Im Interesse der Verbraucher, aber auch im Interesse der Unternehmer sollten deshalb folgende Informationsanforderungen an Preisausschreiben und Gewinnspiele gestellt werden: Der Veranstalter muss bei der Werbung mit Preisausschreiben und Gewinnspielen gegenüber dem Verbraucher unzweideutig und

---

739 BGBl. 2002, S. 3002 vom 5.8.2002; abgedruckt in: Palandt, BGB, unter Nebengesetze (S. 2699 f.).

740 Das Gleiche gilt im übrigen für das Rückgaberecht gemäß § 356 BGB. Auch insoweit gibt es eine Musterbelehrung, die in Anlage 3 zu § 14 BGB-Informationspflichten-Verordnung beigefügt ist. Das Muster für eine ordnungsgemäße Widerrufsbelehrung ist als Anlage 2 zur neuen § 14 BGB-InfoVO integriert worden.

741 Bodendiek, MDR 2003, 1; Masuch, NJW 2002, 2931.

742 OLG München CR 2002, 445; OLG Karlsruhe GRUR 2002, 730; OLG Frankfurt CR 2001, 782.

klar verständlich die Bedingungen für die Teilnahme zugänglich machen, und zwar schon im Rahmen der Ankündigung des Preisausschreibens oder Gewinnspiels. Damit der Verbraucher die Attraktivität des Preisausschreibens bzw. Gewinnspiels einschätzen kann, sind hierbei auch die wertqualifizierenden Merkmale eines Gewinnes anzugeben. Sämtliche Angaben, die der Veranstalter macht, müssen darüber hinaus klar, unmissverständlich und wahr sein. Beachtet der Veranstalter diese Vorgaben, kann vermutet werden, dass die Werbung den Grundsätzen lauterkeitsrechtlicher Werbung entspricht. Eine Beweislastumkehr muss im Einzelfall allerdings möglich bleiben.

2. Vorschlag für eine Richtlinie über unlautere Geschäftspraktiken

Neben der Verordnung über Verkaufsförderung arbeitet die Kommission an einem weiteren wichtigen Gesetzesvorhaben – der Richtlinie über unlautere Geschäftspraktiken.

Die Europäische Union verfolgt bereits seit vielen Jahren das Ziel, ein vereinheitlichtes europäisches Lauterkeitsrecht zu schaffen, um den grenzüberschreitenden Handel im Binnenmarkt zu fördern. Gleichzeitig soll ein hohes Maß an Verbraucherschutz gewährleistet werden[743].

Der Vorschlag der Kommission für eine Richtlinie über unlautere Geschäftspraktiken im Binnenmarkt geht auf das Grünbuch zum Verbraucherschutz in der Europäischen Union vom Oktober 2001 zurück[744]. Darin wurde erstmals für eine Reform des EU-Verbraucherschutzrechts zwecks Beseitigung von Hemmnissen für einen grenzüberschreitenden Verkehr von Waren und Dienstleistungen, deren Abnehmer Verbraucher sind, plädiert. In dem Grünbuch wurde festgestellt, dass eine Rahmenrichtlinie mit einer allgemeinen Verpflichtung im Hinblick auf unlautere Geschäftspraktiken eine mögliche Grundlage für eine Reform bilden könnte[745]. Die Mehrheit der Befragten, die im Rahmen der mit dem Grünbuch eingeleiteten Konsultationen antworteten, teilte die Auffassung, dass Reformbedarf bestünde, und die Mehrheit derjenigen, die eine Präferenz nannten, darunter die Mehrheit der Mitgliedstaaten, befürworteten eine Reform auf der Grundlage einer Rahmenrichtlinie[746]. Mit der Mitteilung zu den Folgemaßnahmen zum Grünbuch (KOM (2002) 289 endg. vom 11.06.2002) wurden die bei der Kom-

743 Zum Normzweck der RL Entwurf UG: Veelken, WRP 2004, 1 (4).
744 Grünbuch zum Verbraucherschutz in der Europäischen Union, KOM (2001) 531 endg. vom 2.10.2001.
745 Grünbuch zum Verbraucherschutz in der Europäischen Union, KOM (2001) 531 endg. vom 2.10.2001, Ziffer 4.1, S. 15.
746 RL Entwurf UG, Begründung Ziffer 2 (S. 2).

mission eingegangenen Stellungnahmen zum Grünbuch ausgewertet und vorgestellt.

Auf dieser Grundlage hat die Kommission am 18. Juni 2003 einen Richtlinienvorschlag über unlautere Geschäftspraktiken verabschiedet[747] und am 20. Juni 2003 an den Rat und das Europäische Parlament im Mitentscheidungsverfahren übermittelt. Die erste Lesung des Europäischen Parlaments über den Richtlinienvorschlag erfolgte Ende April 2004. Es wird erwartet, dass die Richtlinie zum 1. Januar 2005 in Kraft tritt.

a) Einleitender Überblick

Mit Artikel 5 RL Entwurf UG wird nun erstmals eine europäische lauterkeitsrechtliche Generalklausel geschaffen. Die Generalklausel enthält ein generelles Verbot, das an die Stelle der bisherigen unterschiedlichen Regelungen in den Mitgliedstaaten treten soll. Die wichtigsten Anwendungsfälle der Richtlinie sind jedoch die irreführenden und die aggressiven Geschäftspraktiken, die nun europaweit unterbunden werden sollen, Artikel 6 bis 9 RL Entwurf UG. Der Anwendungsbereich der geplanten Richtlinie ist auf das Verhältnis zwischen Unternehmer und Verbraucher (B2C) beschränkt worden[748]. Die Richtlinie ist nur anwendbar auf Sachverhalte, welche die wirtschaftlichen Interessen der Verbraucher berühren, Artikel 1 RL Entwurf UG.

Im Anhang der Richtlinie befindet sich eine sog. schwarze Liste von Geschäftspraktiken. Diese Praktiken gelten als unter allen Umständen unlauter und sind in allen Mitgliedstaaten per se verboten, Artikel 5 Ziffer 4 RL Entwurf UG.

Im Folgenden soll untersucht werden, ob die Vorschriften der RL Entwurf UG für die wettbewerbsrechtliche Beurteilung von Preisausschreiben und Gewinnspielen relevant sind. Zu diesem Zweck ist zunächst der sachliche Anwendungsbereich der RL Entwurf UG zu bestimmen. Besonderes Augenmerk ist dabei auf die für Preisausschreiben und Gewinnspiele nach nationalem Recht spezifischen Fallgruppen – der Kopplung mit dem Warenerwerb, dem psychischen Kaufzwang sowie dem übertriebenen Anlocken – zu richten.

---

747 RL Entwurf UG, KOM (2003) 356 endg., 2003/0134 (COD).

748 RL Entwurf UG, Begründung unter Ziffer 41 (S. 12); vgl. auch: Erwägungsgründe 3, 5, 7, 8, 9, 10, 11, 12, 13, 17; Art. 1 RL Entwurf UG.

b) Sachlicher Anwendungsbereich der RL Entwurf UG

Die Richtlinie regelt nicht ausdrücklich, ob die genannten nationalen Werbeverbote von Preisausschreiben und Gewinnspielen von ihrem Anwendungsbereich erfasst werden sollen.

Für die Bestimmung des Anwendungsbereichs ist das Verhältnis der RL Entwurf UG zu anderen gemeinschaftsrechtlichen lauterkeitsrechtlichen Regelungswerken maßgeblich, insbesondere zu der geplanten Verordnung über Verkaufsförderung.

Wie bereits dargestellt ist aufgrund der Prioritätsentscheidung des Rates zugunsten der Richtlinie und der ablehnenden Haltung vieler Mitgliedstaaten gegenüber dem VO-Vorschlag zum jetzigen Zeitpunkt noch ungewiß, ob die Verordnung über Verkaufsförderung überhaupt in Kraft treten wird[749]. Von der Verwirklichung der Verordnung hängt jedoch die Frage ab, ob die RL Entwurf UG nationale Werbeverbote von Preisausschreiben und Gewinnspielen erfasst oder nicht. Im folgenden soll daher untersucht werden, jeweils für den Fall, dass die Verordnung nicht verwirklicht wird und für den Fall, dass sie verwirklicht wird, ob der Anwendungsbereich der Richtlinie für die nationalen Werbeverbote von Preisausschreiben und Gewinnspielen eröffnet ist oder nicht. Erst für den Fall, dass die RL Entwurf UG zur Anwendung kommt, ist zu prüfen, ob die Voraussetzungen der einzelnen Bestimmungen hinsichtlich der nationalen Werbeverbote von Preisausschreiben und Gewinnspiele vorliegen.

aa) Möglichkeit 1: Verordnung über Verkaufsförderung tritt in Kraft

Der Anwendungsbereich der RL Entwurf UG wird maßgeblich von ihrem Verhältnis zu anderen gemeinschaftlichen Regelungswerken bestimmt. Sollte die Verordnung über Verkaufsförderung in Kraft treten, ist das Verhältnis der RL Entwurf UG zu der Verordnung über Verkaufsförderung zu bestimmen. Es fragt sich, ob für eine Anwendung der RL Entwurf UG in diesem Fall überhaupt noch Raum bleibt.

Eine Ansicht geht davon aus, dass andere Regelungen im Gemeinschaftsrecht für spezielle Aspekte unlauterer Geschäftspraktiken gegenüber der RL Entwurf UG vorrangig, also leges speciales sind[750]. Durch die Beschränkung auf spezielle Aspekte unlauterer Geschäftspraktiken käme zum Ausdruck, dass Bezugnahmen des Gemeinschaftsrechts auf allgemeine Grundsätze wie das Allgemeinwohl oder die Lauterkeit des Geschäftsverkehrs nicht zu einem Vorrang der je-

749 Vgl. zu den Gründen oben unter 7. Kapitel V. 1. a).
750 Köhler/Lettl, WRP 2003 1019 (1034).

weiligen gemeinschaftsrechtlichen Regelung führen können. So sei auch die noch zu verwirklichende Verordnung über Verkaufsförderung im Binnenmarkt im Hinblick auf die Erkennbarkeit von kommerziellen Kommunikationen und auf Informationspflichten bei Maßnahmen zur Verkaufsförderung (Art. 4 i.V. mit Anhang) eine vorrangige lauterkeitsrechtliche Regelung[751].

Dieses Verständnis ist jedoch ungenau. Richtigerweise wird man annehmen müssen, dass ein Verhältnis im Sinne einer spezielleren zur allgemeineren Regelung zwischen der RL Entwurf UG und anderen lauterkeitsrechtlichen gemeinschaftsrechtlichen Regelungen, und damit insbesondere auch der noch zu verwirklichenden Verordnung über Verkaufsförderung, nicht besteht[752]. Eine speziellere Norm ist im Vergleich zu einer allgemeineren Norm nur dann spezieller, wenn die Norm zumindest für einen Teil ihres Anwendungsbereichs mit den Voraussetzungen der allgemeineren Norm deckungsgleich ist und die speziellere Norm eine oder mehrere zusätzliche Voraussetzungen enthält, die den Anwendungsbereich einengen. Der in der verdrängenden spezielleren Norm geregelte Fall muss also einen Unterfall des Tatbestands der allgemeineren Norm darstellen[753].

Diese Voraussetzungen liegen im Verhältnis der RL Entwurf UG und der geplanten Verordnung über Verkaufsförderung nicht vor. Der Tatbestand der RL Entwurf UG stellt keinen Unterfall der geplanten Verordnung über Verkaufsförderung dar. Stattdessen regeln VO-Vorschlag und RL Entwurf UG zwei voneinander verschiedene Tatbestände und Anwendungsbereiche. Der sachliche Anwendungsbereich der RL Entwurf UG umfasst nur solche Geschäftspraktiken, die sich gegen die wirtschaftliche Entscheidungsfreiheit des Endverbrauchers richten[754]. Dies folgt u. a. aus dem Erwägungsgrund Nr. 5 RL Entwurf UG, wonach sich die Richtlinie auf Geschäftspraktiken bezieht, „die in unmittelbaren Zusammenhang mit der Beeinflussung der geschäftlichen Entscheidungen des Verbrauchers in bezug auf Produkte stehen“[755]. Darüber hinaus existieren noch weitere deutliche Anhaltspunkte dafür, dass die RL Entwurf UG in ihrem Anwendungsbereich durch den Gesichtspunkt der Beeinträchtigung der wirtschaftlichen Entscheidungsfreiheit des Verbrauchers eingegrenzt wird[756]. Auf eine Beeinträchtigung der wirtschaftlichen Entscheidungsfreiheit des Verbrauchers kommt es bei der Verordnung über Verkaufsförderung allerdings nicht an, so

751 Köhler/Lettl, WRP 1019 (1034).
752 Veelken, WRP 2004, 1 (8).
753 Larenz/Wolf, Allgemeiner Teil des Bürgerlichen Rechts, § 18 Rn. 20 (S. 352).
754 Veelken, WRP 2004, 1 (7).
75 Veelken, WRP 2004, 1 (7).
756 Vgl. die ausführliche Darstellung bei Veelken, WRP 2004, 1 (7 f.) mit Belegen für die weitreichende Eingrenzung des Anwendungsbereichs der RL Entwurf UG.

dass schon aus diesem Grund ein Spezialitätsverhältnis der Regelungswerke auszuschließen ist.

Dennoch werden die im Verordnungsentwurf über Verkaufsförderung geregelten Geschäftspraktiken als solche allein von dieser Verordnung erfasst werden, auch wenn entsprechenden mitgliedstaatlichen Regelungen der Gesichtspunkt einer unzulässigen Beeinflussung der Entscheidungsfreiheit des Kunden zugrunde liegen sollte[757].

Für die nationalen Werbeverbote von Preisausschreiben und Gewinnspiele bedeutet dies: Die Fallgruppen des übertriebenen Anlockens und des psychischen Kaufzwangs werden wie dargestellt vom Regelungsbereich des VO-Vorschlages erfasst. Kaufgekoppelte Gewinnspiele hingegen gelten nach dem letzten Entwurf der Verordnung über Verkaufsförderung vom 25. Oktober 2002 nicht als Verkaufsförderungsmaßnahmen und sind damit aus dem Regelungsbereich des VO-Vorschlages ausdrücklich herausgenommen.

Es ist also festzuhalten, dass im Falle der Verwirklichung des VO-Vorschlages die RL Entwurf UG für die Fallgruppen des übertriebenen Anlockens und des psychischen Kaufzwangs nicht anwendbar ist. Für die kaufgekoppelten Gewinnspiele hingegen ist – unabhängig von der Verwirklichung der Verordnung über Verkaufsförderung – zu prüfen, ob die Voraussetzungen der Richtlinie erfüllt sind.

bb) Möglichkeit 2: Verordnung über Verkaufsförderung tritt nicht in Kraft

Sollte die Verordnung über Verkaufsförderung nicht verwirklicht werden, stellt sich auch für die Fallgruppen des psychischen Kaufzwangs und des übertriebenen Anlockens – neben den kaufgekoppelten Gewinnspielen – die Frage, ob der Anwendungsbereich der RL Entwurf UG eröffnet ist. Dies ist grundsätzlich zu bejahen, da die RL Entwurf UG solche Geschäftspraktiken erfassen will, die sich gegen die wirtschaftliche Entscheidungsfreiheit des Endverbrauchers richten. Die Fallgruppen des übertriebenen Anlockens, des psychischen Kaufzwangs sowie der kaufgekoppelten Gewinnspiele werden üblicherweise in die Fallgruppe des Kundenfangs eingeordnet. Der Kundenfang wiederum ist durch eine Beeinflussung des Kunden gekennzeichnet. Wettbewerbswidrig werden Methoden des Kundenfangs dadurch, dass der Absatz durch sachfremde Momente erreicht werden soll, die die selbständige Entschließung des Kunden beeinträchtigen. Im weiteren Sinne geht es also um das Einfangen des Kunden durch Beeinträchtigung seiner Entscheidungsfreiheit. Damit ist der Anwendungsbereich der RL Entwurf UG bei Nichtverwirklichung der Verordnung über Verkaufsförderung

757 Veelken, WRP 2004, 1 (9) N. 122.

grundsätzlich eröffnet. Eine andere Frage ist, ob die Voraussetzungen für eine Anwendung der Bestimmungen der RL Entwurf UG für die einzelnen Werbeverbote vorliegen. Dies soll im folgenden untersucht werden.

Zunächst wird anhand der Spezialtatbestände für die aggressiven Geschäftspraktiken, Artikel 8 und 9 RL Entwurf UG, geprüft, ob die genannten Fallgruppen hiervon erfasst werden.

(1) Aggressive Geschäftspraktiken, Artikel 8 und 9 RL Entwurf UG

Zu den aggressiven Geschäftspraktiken zählen gemäß Artikel 8 RL Entwurf UG solche Maßnahmen, die im konkreten Fall unter Berücksichtigung aller tatsächlichen Umstände die Entscheidungs- bzw. Verhaltensfreiheit des Durchschnittsverbrauchers in Bezug auf das Produkt durch Belästigung, Nötigung oder unzulässige Beeinflussung tatsächlich oder voraussichtlich erheblich beeinträchtigt und diesen dadurch tatsächlich oder voraussichtlich dazu veranlasst, eine geschäftliche Entscheidung zu treffen, die er andernfalls nicht getroffen hätte. Aggressive Geschäftspraktiken gelten gemäß Artikel 5 Ziffer 3 lit. b RL Entwurf UG als unlauter und sind gemäß Artikel 5 Ziffer 1 RL Entwurf UG verboten. Der zentrale Grund für die Unlauterkeit besteht wie bei der Irreführung in der Beeinträchtigung einer rationalen Verbraucherentscheidung[758].

Die Fallgruppen werden durch Einzelfälle, die unter allen Umständen als unlauter gelten, konkretisiert, Artikel 5 Ziffer 4 RL Entwurf UG i. V. m. Anhang 1. Artikel 9 RL Entwurf UG nennt einzelne Kriterien, auf die für die Feststellung, ob eine aggressive Geschäftsmaßnahme eingesetzt wird, abzustellen ist.

(2) Einordnung der für Preisausschreiben und Gewinnspiele entwickelten nationalen Werbeverbote als aggressive Geschäftspraktiken?

Im Folgenden soll untersucht werden, inwieweit die für Preisausschreiben und Gewinnspiele nach nationalem Recht spezifisch entwickelten Werbeverbote, also die Ausübung eines psychischen Kaufzwangs, das übertriebene Anlocken und die Kopplung einer Gewinnspielteilnahme an einen Warenerwerb, von den Tatbeständen der aggressiven Geschäftspraktiken der RL Entwurf UG erfasst

758 Veelken, WRP 2004, 1 (23) mit Verweis auf Erwägungsgrund Nr. 12 RL Entwurf UG: „Die Bestimmungen über aggressive Handelspraktiken sollten solche Praktiken einschließen, die die Wahlfreiheit des Verbrauchers wesentlich beeinträchtigen. Dabei handelt es sich um Praktiken, die sich der Belästigung, der Nötigung und der unzulässigen Beeinflussung bedienen".

werden. Maßgeblich hierfür ist die Einordnung der drei Tatbestände der aggressiven Geschäftspraktiken in Verbindung mit einer „erheblichen" tatsächlichen oder voraussichtlichen Beeinträchtigung der Entscheidungsfreiheit des „Durchschnittsverbrauchers", die diesen zu einer tatsächlichen oder voraussichtlichen geschäftlichen Entscheidung veranlasst.

Als Maßstab für das Unlauterkeitsurteil sowohl für irreführende als auch für aggressive Geschäftspraktiken kommt es auf die Entscheidungs- und Verhaltensfreiheit des „Durschnittsverbrauchers" an[759]. Dabei hat die Annäherung der nationalen Rechtsprechung an das Verbraucherleitbild des EuGH gerade für die Beurteilung des übertriebenen Anlockens, des psychischen Kaufzwangs und des Kopplungsverbots bereits zu einer erheblichen Liberalisierung geführt. Wendet man das neue Verbraucherleitbild konsequent an, so wird man für keine der Fallgruppen ernsthaft annehmen können, dass der Verbraucher in seiner rationalen Entscheidung beeinträchtigt wird.

Neben dem Maßstab des „Durchschnittsverbrauchers" wird die Einordnung der nationalen Werbeverbote für Preisausschreiben und Gewinnspiele als aggressive und damit als unlautere Geschäftspraktiken noch durch ein weiteres Kriterium begrenzt. Die Entscheidungs- bzw. Verhaltensfreiheit des Durchschnittsverbrauchers muss „erheblich" beeinträchtigt werden, Artikel 8 RL Entwurf UG. Nach der Begründung RL Entwurf UG können Anreize für Verbraucher, wie etwa eine kostenlose Busfahrt zu einem außerhalb gelegenen Geschäftsbetrieb oder Erfrischungen während des Einkaufs, den Verbraucher zwar beeinflussen; sie stellen jedoch keine unerlaubte Beeinflussung dar, da sie die Möglichkeit für den Verbraucher, eine informierte geschäftliche Entscheidung zu treffen, nicht erheblich beeinträchtigen[760]. Im Rahmen verkaufsfördernder Maßnahmen gemachte Angebote sollen deshalb für sich allein nicht als aggressive Praxis angesehen werden[761].

Dies alles spricht dafür, dass mit der Richtlinie über unlautere Geschäftspraktiken für die wettbewerbsrechtliche Beurteilung von Preisausschreiben und Gewinnspiele keine harmonisierten Vorschriften geschaffen werden sollen. Zur

---

759 Vgl. zur Präzisierung des sachlich-persönlichen Anwendungsbereichs der RL Entwurf UG ausführlich: Veelken, WRP 2004, 1 (9). Veelken weist darauf hin, dass es für die Bestimmung des Anwendungsbereichs auf die Entscheidungsfreiheit eines flüchtigen Verbrauchers der traditionellen deutschen Rechtsprechung nicht ankommen könne, wenn dessen Entscheidungsfreiheit durch eine Maßnahme beeinträchtigt wäre, nicht aber die eines Durchschnittsverbrauchers. Das Tor für angesichts der Waren- und Dienstleistungsfreiheit unverhältnismäßige mitgliedstaatliche Lauterkeitsregeln wäre hierdurch geöffnet.

760 RL Entwurf UG, Begründung unter Ziffer 71 (S. 18).

761 RL Entwurf UG, Begründung unter Ziffer 71 (S. 18).

Absicherung dieses Ergebnisses soll im Folgenden kurz auf die drei Erscheinungsformen der aggressiven Geschäftspraktiken eingegangen werden und ihre Relevanz für Preisausschreiben und Gewinnspiele dargestellt werden.

(a) Belästigung

Die Belästigung ist nicht im RL Entwurf UG definiert. Artikel 9 RL Entwurf UG nennt einzelne Umstände, die bei der Feststellung, ob im Rahmen einer Geschäftspraxis die Mittel der Belästigung, Nötigung oder unzulässigen Beeinflussung eingesetzt werden, heranzuziehen sind. Für die Belästigung ist Artikel 9 lit. d RL Entwurf UG relevant. Danach ist auf die Ausnutzung von konkreten Unglückssituationen oder Umständen von solcher Schwere abzustellen, dass sie das Urteilsvermögen des Verbrauchers beeinträchtigen; der Gewerbetreibende muss damit die Entscheidung des Verbrauchers in Bezug auf das Produkt bewusst beeinflussen. Als Belästigung relevant sind ferner die aggressiven Geschäftspraktiken des Anhangs 1 in Nummer 2 (lange währende und/oder wiederholte persönliche Besuche in der Wohnung des Verbrauchers), Nummer 3 (Kunden werden durch hartnäckiges und unerwünschtes Ansprechen über Telefon, Fax, E-Mail oder sonstige den Fernabsatz geeignete Medien geworben), Nummer 4 (Verbraucher, in deren Familie kürzlich ein Todesfall oder eine schwere Erkrankung aufgetreten ist, werden gezielt angesprochen, um ihnen ein Produkt zu verkaufen, das in direktem Bezug zu dem Unglücksfall steht) sowie Nummer 7 (Aufforderung zur Bezahlung unbestellter Produkte).

Die Fallgruppen des übertriebenen Anlockens und der kaufgekoppelten Preisausschreiben und Gewinnspiele wird man schwerlich unter den Fall einer Belästigung subsumieren können. Als Belästigung im Sinne von Artikel 8 der Richtlinie kommt allenfalls die Ausübung eines psychischen Kaufzwangs in Betracht.

Aber auch der psychische Kaufzwang lässt sich nicht unter die Belästigung subsumieren: Allen in der Richtlinie genannten Fallkonstellationen, die für eine Belästigung relevant sind, ist gemein, dass der Verbraucher hier nicht von sich aus auf den Unternehmer zugeht. Stattdessen sucht der Unternehmer den Verbraucher in Situationen auf, in denen sich der Verbraucher nicht oder nur unter sehr großen Anstrengungen entziehen kann. Richtigerweise geht es damit in den meisten Fällen der Belästigung vorwiegend um ein unzumutbares Eindringen in die Privatsphäre des Verbrauchers. Die Gefahr, dass der Verbraucher zu einer geschäftlichen Entscheidung veranlasst wird, steht nicht so sehr im Vordergrund[762]. Regelmäßig beabsichtigt der Verbraucher in den genannten Fällen gerade nicht, eine geschäftliche Entscheidung zu fällen[763].

Ganz anders stellt sich die Situation bei Ausüben eines psychischen Kaufzwangs im Zusammenhang mit der Teilnahme an Gewinnspielen und Preisausschreiben dar. Hier wird der Verbraucher von sich aus auf eine Werbung aufmerksam und entschließt sich daraufhin, an der Veranstaltung teilzunehmen. Er tritt somit aktiv aus seiner Privatsphäre heraus. Die Rechtsprechung begründet den psychischen Kaufzwang bei Preisausschreiben und Gewinnspielen regelmäßig damit, dass der Verbraucher während der Durchführung der Aktion in einen persönlichen Kontakt mit dem Veranstalter oder Verkaufspersonal treten muss und er sich in derartigen Situationen aus einem Gefühl der Peinlichkeit oder Befangenheit heraus entschließt, etwas zu kaufen[764].

Wie bereits dargestellt wird man dieses Gefühl der Peinlichkeit oder Befangenheit bei Zugrundelegen des neuen Verbraucherleitbildes kaum mehr feststellen können und damit die Ausübung eines psychischen Kaufzwangs in derartigen Situationen regelmäßig ablehnen müssen[765]. Entsprechend kann der psychische Kaufzwang nicht als Belästigung eingeordnet werden. Weiß der Verbraucher bereits im Vorfeld einer Gewinnspielteilnahme, dass er sich die Gewinnspielunterlagen persönlich im Geschäft abholen muss und es so zu einem möglicherweise auch engen Kontakt mit dem Verkaufspersonal kommen wird, kann er sich in Ruhe auf diese Situation vorbereiten und überlegen, wie er sich verhalten will. Entscheidet sich der Verbraucher in Kenntnis und trotz eines solchen Verfahrens, an einem Gewinnspiel teilzunehmen, so zeigt dies, dass der Wunsch der Teilnahme das Gefühl gegenüber einer etwaigen Befangenheit oder Peinlichkeit jedenfalls deutlich überwiegt. Von einer erheblichen Beeinträchtigung kann dann keine Rede mehr sein.

Die Ausübung eines psychischen Kaufzwanges lässt sich allenfalls dann unter die Belästigung im Sinne der Richtlinie subsumieren, wenn sich der Verbraucher auf die möglicherweise „peinliche“ Situation nicht vorbereiten kann. Bei der Ausübung eines psychischen Kaufzwanges ist dies regelmäßig dann der Fall,

762 Veelken, WRP 2004, 1 (25).

763 Vgl. insoweit auch die Ausführungen bei Veelken, WRP 2004, 1 (25). Veelken weist darauf hin, dass die Richtlinie offen lässt, ob sie auch Belästigungen erfassen will, deren lauterkeitsrechtliche Problematik vor allem oder jedenfalls auch in den nicht die Entscheidungsfreiheit des Verbrauchers betreffenden Aspekten besteht, wie beispielsweise bei einem unzumutbaren Eindringen in die Privatsphäre.

764 BGH WRP 2000, 724 (726) –Space Fidelity Peep-Show–.

765 Vgl. die Stellungnahme zum psychischen Kaufzwang oben: 6. Kapitel III. 3. c) ff).

wenn der Verbraucher überrumpelt wird, wenn ihm z. B. erst im Zeitpunkt der Gewinnmitteilung eröffnet wird, dass er den Gewinn persönlich abholen muss. Erst aufgrund der Überrumpelung kann dann das Gefühl der Peinlichkeit überhaupt entstehen.

Hier zeigt sich der weitere Unterschied zwischen einem psychischem Kaufzwang und einer Belästigung im Sinne der Richtlinie. Den für die Belästigung relevanten Fallgruppen, die in der Richtlinie genannt werden, ist das Überrumpelungsmoment nicht unbedingt immanent. Selbst mit Vorankündigung wird jeder Verbraucher es als unerträglich und belästigend empfinden, wenn er beispielsweise im Falle einer schweren Erkrankung eines Angehörigen gezielt angesprochen wird, um ein bestimmtes Produkt zu kaufen. Typisch für die genannten Fallgruppen der Belästigung ist daher, dass der Unternehmer den Verbraucher auf besonders unangenehme Art und Weise in seiner Privatsphäre stört. Der Verbraucher ist dem Verhalten des Unternehmers ausgeliefert und kann sich dem nur schwer entziehen.

Die Überrumpelung wiederum wird vor allem dadurch bewirkt, dass der Verbraucher im Vorfeld seiner Teilnahme über wesentliche Aspekte der Durchführung im Unklaren gelassen wird und hierdurch von dem Unternehmer in eine Situation gebracht wird, die er so nicht vorhersehen konnte. Richtigerweise sind diese Fälle über die Irreführung zu lösen. Erweckt der Veranstalter durch falsche Angaben den Eindruck, der Gewinn werde dem Gewinner nach Hause zugeschickt, tatsächlich muss der Gewinner jedoch ein Geschäft aufsuchen, um sich den Gewinn abzuholen, so führt der Veranstalter den Verbraucher in die Irre.

Weiß der Verbraucher bereits vor seiner Teilnahme an dem Gewinnspiel hiervon, so kann er sich in Ruhe überlegen, ob er auch unter diesen Umständen an dem Gewinnspiel teilnehmen möchte. Ein Gefühl der Peinlichkeit oder Befangenheit kann bei ausreichender und richtiger Information über den Ablauf gar nicht erst entstehen.

Die zu Preisausschreiben und Gewinnspielen entwickelten nationalen Werbeverbote, das übertriebene Anlocken, das Kopplungsverbot der Teilnahme an einem Gewinnspiel mit einem Warenerwerb und insbesondere die Ausübung eines psychischen Kaufzwangs, stellen somit keine Belästigungen im Sinne von Artikel 8 RL Entwurf UG dar.

(b) Nötigung

Die Nötigung ist in der Richtlinie über unlautere Geschäftspraktiken ebenfalls nicht definiert. Für die Nötigung relevant ist die Verwendung drohender Formulierungen oder Verhaltensweisen (Artikel 9 lit. b 1. Alt.) sowie Drohungen mit unzulässigen Handlungen (Artikel 9 lit. e)[766]. Aus dem in Anhang 1 aufgestellten Katalog der aggressiven Geschäftspraktiken lässt sich der Nötigung die Nummer 1 zuordnen. Danach gilt in jedem Fall als unlautere Geschäftspraxis, wenn der Eindruck erweckt wird, der Verbraucher könne die Räumlichkeiten ohne Vertragsunterzeichnung oder Zahlung nicht verlassen.

Nach deutschem Recht wird die Fallgruppe der Nötigung üblicherweise weit verstanden. Sie erfaßt nicht nur Fälle physischen, sondern auch die des psychischen Zwangs[767]. In Abgrenzung zu der Fallgruppe der unzulässigen Beeinflussung ist davon auszugehen, dass die Nötigung im Sinne der Richtlinie nur physische Gewalt erfassen soll. Die unzulässige Beeinflussung wird in Artikel 2 lit. l als die Ausnutzung einer Machtposition zur Ausübung von Druck *ohne die Anwendung körperlichen Zwangs* definiert. Hieraus lässt sich im Umkehrschluß entnehmen, dass die Nötigung im Sinne der Richtlinie nur Fälle des physischen Zwangs erfassen soll[768].

Danach wird man weder das übertriebene Anlocken, noch den psychischen Kaufzwang und auch nicht die Kopplung einer Gewinnspielteilnahme mit dem Warenerwerb als Nötigung im Sinne des Artikel 8 RL Entwurf UG einordnen können. In allen genannten Fällen wird regelmäßig keine physische Gewalt auf den Verbraucher ausgeübt bzw. angedroht.

(c) Unzulässige Beeinflussung

Als dritte Erscheinungsform einer aggressiven Geschäftspraxis im Sinne von Artikel 8 RL Entwurf UG bleibt schließlich die unzulässige Beeinflussung. Unzulässige Beeinflussung ist nach der Definition in Artikel 2 lit. l RL Entwurf UG die Ausnutzung einer Machtposition zur Ausübung von Druck ohne die Anwendung körperlichen Zwangs auf eine Weise, welche die Fähigkeit des Verbrauchers zu einer informierten Entscheidung wesentlich einschränkt. Artikel 9 lit. c 2. Alt. RL Entwurf UG nennt als Kriterium für eine unzulässige Beeinflussung, die Ausnutzung von Umständen von solcher Schwere, dass das Urteilsvermögen des Verbrauchers beeinträchtigt wird.

Fraglich ist, ob das übertriebene Anlocken, die Ausübung eines psychischen Kaufzwangs sowie die Kopplung einer Gewinnspielteilnahme mit dem Waren-

766 Vgl. Köhler/Lettl, WRP 1019 (1046).

767 Vgl. Baumbach/Hefermehl, Wettbewerbsrecht, § 1 UWG Rn. 46; Köhler/Piper, UWG, § 1 Rn. 99.

768 Vgl. auch Veelken, WRP 2004, 1 (26); a. A. Köhler/Lettl, WRP 2003, 1019 (1045).

absatz unzulässige Beeinflussungen im Sinne der Richtlinie darstellen. Die Definition einer unzulässigen Beeinflussung in Artikel 2 lit. l RL Entwurf UG hilft bei einer Konkretisierung dieser Erscheinungsform kaum weiter. Erheblicher Konkretisierung bedürfen vor allem die Merkmale der Ausnutzung einer „Machtposition" zur Ausübung von Druck sowie der „Wesentlichkeit" einer Einschränkung[769].

Vieles spricht dafür, den Begriff „Machtposition" weit auszulegen[770]. Nicht erforderlich kann das Bestehen eines „Über-/ Unterordnungsverhältnisses" zwischen Unternehmer und Verbraucher sein in dem Sinne, dass der Verbraucher von Entscheidungen des Unternehmers abhängig ist. Ebenfalls nicht erforderlich ist, dass der Unternehmer kraft seiner besseren Leistung gegenüber anderen Unternehmern eine marktbeherrschende Stellung einnimmt und der Verbraucher daher letztlich von den Angeboten des Unternehmers abhängig ist.

Eine gewisse Überlegenheit des Unternehmers wird man jedoch verlangen müssen, da andernfalls das Tatbestandsmerkmal der Ausnutzung einer „Machtposition" überflüssig wäre. Der wesentliche Unlauterkeitsvorwurf beruht bei den aggressiven Geschäftspraktiken in der Beeinträchtigung einer informierten Entscheidung des Verbrauchers[771]. Entscheidend für die Generalklausel des Artikel 5 RL Entwurf UG ist, dass es dem Verbraucher freigestellt bleiben muss, ob er ein Angebot in Anspruch nehmen will oder nicht[772]. Dieses Kriterium kehrt auch in den Fallgruppen der irreführenden und aggressiven Geschäftspraktiken wieder[773]. Richtigerweise muss daher bei der Ausnutzung einer Machtposition darauf abgestellt werden, inwiefern der Verbraucher im konkreten Fall in der Lage ist, frei und mündig eine informierte Entscheidung zu treffen[774]. Die Überlegenheit des Unternehmers muss deshalb grundsätzlich geeignet sein zu verhindern, dass der Verbraucher eine freie informierte Entscheidung treffen kann. Ausreichend ist eine Überlegenheit aufgrund wirtschaftlicher oder intellektueller Umstände sowie beruflicher, politischer, familiärer oder sonstiger Umstände[775].

Danach ist die mit einem übertriebenen Anlocken einhergehende Beinflussung regelmäßig nicht geeignet, die Möglichkeit für den Verbraucher, eine informierte geschäftliche Entscheidung zu treffen, erheblich zu beeinträchtigen. Dem

769 Vgl. Veelken, WRP 2004, 1 (26).
770 Köhler/Lettl, WRP 2003, 1019 (1026); Veelken, WRP 2004, 1 (24) N. 327.
771 RL Entwurf UG, Begründung Ziffer 37 (S. 11).
772 RL Entwurf UG, Begründung Ziffer 54 (S. 15).
773 RL Entwurf UG, Begründung Ziffer 57 (S. 15).
774 So auch Köhler/Lettl, WRP 2003, 1019 (1046), wonach die Chance, den eigenen Willen durchzusetzen, maßgebend sei; zustimmend: Veelken, WRP 2004, 1 (26) N. 327.
775 Köhler/Lettl, WRP 2003, 1019 (1046).

Verbraucher bleibt es bei einem übertriebenen Anlocken freigestellt, ob er den mit einem übertriebenen Anlocken verbundenen Anreiz in Anspruch nehmen will oder nicht.

Ähnliches gilt für die Fallgruppe des psychischen Kaufzwangs. Auch hier hat der Verbraucher die Wahl, sich für das Angebot zu entscheiden oder nicht. Diese Wahl hat er allerdings nur dann, wenn er nicht getäuscht oder überrumpelt wird. Weiß der Verbraucher im Vorfeld einer Gewinnspielveranstaltung, dass nur teilnehmen kann, wer in einem Geschäftslokal die Teilnahmeunterlagen durch intensiven persönlichen Kontakt mit dem Verkaufspersonal erwerben kann, so steht ihm frei, ob er auf dieses Angebot eingehen will oder nicht. Sollte ein etwaiges Peinlichkeitsgefühl tatsächlich vorhanden sind, so wird es nur dann relevant, wenn es so stark ist, dass sich der Verbraucher gegen das Angebot entscheidet. So oder so hat der Verbraucher dann aber eine freie, informierte Entscheidung getroffen.

Gleiches gilt für die Fallgruppe der kaufgekoppelten Gewinnspiele. Bei kaufgekoppelten Gewinnspielen kann der Verbraucher nicht an einem Gewinnspiel teilnehmen, ohne die Ware zu kaufen. Dies hindert den Verbraucher nicht daran, eine informierte Kaufentscheidung zu treffen. Die Kaufkopplung allein begründet jedenfalls keine Überlegenheit des Unternehmers. Eine Überlegenheit des Unternehmers kann nicht darin gesehen werden, dass die Teilnahme nur dann möglich ist, wenn der Verbraucher ein Produkt kauft. Ebenso ließe sich argumentieren, dass der Verbraucher insoweit gegenüber dem Unternehmer überlegen ist. Schließlich entscheidet allein der Verbraucher, ob er eine Ware kauft oder nicht. Er hat die Wahl, ob er den zusätzlichen Anreiz bei einem Kauf der Ware, nämlich die Gewinnspielchance, in Anspruch nehmen will oder nicht.

Eine Überlegenheit besitzt der Unternehmer jedoch dann, wenn er dem Verbraucher wichtige Einzelheiten über das Gewinnspielverfahren verschweigt. In diesen Fällen erlangt der Unternehmer „kraft Täuschung" und damit „kraft überlegenen Wissens" eine Machtposition gegenüber dem Verbraucher. Für derartige Fälle greifen die Bestimmungen über die Irreführung.

(3) Zwischenergebnis

Keines der nationalen Werbeverbote zu Preisausschreiben und Gewinnspielen lässt sich den aggressiven Geschäftspraktiken der Art. 8 und 9 RL Entwurf UG zuordnen. Im folgenden soll daher geprüft werden, inwieweit die Generalklausel des Artikel 5 für die wettbewerbsrechtliche Beurteilung von Preisausschreiben und Gewinnspielen, insbesondere die Fallgruppen des übertriebenen Anlockens, des psychischen Kaufzwangs sowie des Kopplungsverbots, relevant ist.

(4) Das generelle Verbot, Artikel 5 RL Entwurf UG

Artikel 5 RL Entwurf UG bildet die Kernbestimmung des Richtlinienvorschlages. Danach sind unlautere Geschäftspraktiken generell verboten. Für die Feststellung, ob eine Maßnahme unlauter ist, müssen gemäß Artikel 5 Ziffer 2 RL Entwurf UG drei Kriterien erfüllt sein. Die Maßnahme muss (1.) den Anforderungen der beruflichen Sorgfaltspflicht widersprechen und (2.) im konkreten Fall unter Würdigung aller tatsächlichen Umstände das wirtschaftliche Verhalten des Verbrauchers wesentlich beeinflussen oder dazu geeignet sein. Dabei ist (3.) für die Bewertung der Auswirkungen als Maßstab der vom EuGH definierte Durchschnittsverbraucher heranzuziehen[776].

Wie sich aus der Begründung des Richtlinienvorschlags in den Ziffern 52, 56 und 58 ergibt, greift das generelle Verbot immer dann, wenn der konkrete Einzelfall nicht in eine der besonderen Fallgruppen der Unlauterkeit nach Artikel 6 bis 9 RL Entwurf UG einzuordnen ist. In seiner Begründung geht der Richtlinienentwurf allerdings davon aus, dass die Fallgruppen der irreführenden und aggressiven Geschäftspraktiken die überwiegende Mehrheit der Fallgestaltungen abdecken werden und das generelle Verbot daher nur selten angewandt werden wird[777]. Aus diesem Grund ist mit der Anwendung der Generalklausel Zurückhaltung zu üben. Gegen die Einordnung der Fallgruppen spricht zunächst wiederum der Sinn und Zweck von Artikel 5 RL Entwurf UG. Entscheidend für eine Anwendung von Artikel 5 RL Entwurf UG ist, dass es dem Verbraucher nicht freigestellt ist, ob er ein Angebot in Anspruch nehmen will oder nicht. Diese Voraussetzung ist jedoch bei den hier zu untersuchenden Fallgruppen nicht erfüllt, wie bereits im Zusammenhang mit der unzulässigen Beeinflussung dargestellt worden ist.

Die Begründung weist darauf hin, dass einige Praktiken, die in bestimmten Mitgliedstaaten derzeit als unlauter beurteilt werden, von der Generalklausel auch dann erfasst werden könnten, wenn sie nicht irreführend oder aggressiv sind. Insbesondere für Fälle, die nicht in eine spezifische Kategorie der irreführenden oder aggressiven Praktiken eingeordnet werden können, bestehe ein Bedürfnis, den Fall unmittelbar unter die Tatbestandsmerkmale der Generalklausel zu subsumieren[778].

Die Begründung nennt hier als Beispiel die Praxis der gebundenen Verkäufe in Frankreich, bei denen z. B. ein Gewerbetreibender Pauschalreisen nur unter der

776 RL Entwurf UG, Begründung Ziffer 51 (S. 14).
777 RL Entwurf UG, Begründung Ziffer 52 (S. 14).
778 RL Entwurf UG, Begründung Ziffer 50 (S. 14).

Bedingung an den Verbraucher verkauft, dass dieser auch eine Reiserücktrittsversicherung und eine Reiseversicherung abschließt[779].

(5) Einordnung der nationalen Werbeverbote von Preisausschreiben und Gewinnspielen unter Artikel 5 RL Entwurf UG?

Insgesamt wird man keines der für Preisausschreiben und Gewinnspiele geltenden nationalen Werbeverbote unter Artikel 5 RL Entwurf UG subsumieren können. Für das übertriebene Anlocken gilt dies jedenfalls, solange nicht ein Anlocken unter Verschleierung von wichtigen Tatsachen erfolgt. Obwohl die deutsche Rechtsprechung derartige Fälle gerne unter den „Auffangtatbestand" des übertriebenen Anlockens subsumiert, wird man diese Fälle richtigerweise über die Irreführung lösen müssen. Bei der Ausübung von psychischem Kaufzwang wird man insbesondere bei Zugrundelegung des neuen Verbraucherleitbildes kaum annehmen können, dass das wirtschaftliche Verhalten des Verbrauchers wesentlich beeinflusst wird bzw. die Veranstaltung hierzu geeignet ist, wie es Artikel 5 RL Entwurf UG voraussetzt.

Auch kaufgekoppelte Preisausschreiben und Gewinnspiele werden von der Generalklausel nicht erfasst. Für eine Erfassung der kaufgekoppelten Preisausschreiben und Gewinnspiele könnte zwar sprechen, dass das in der Begründung genannte Beispiel der gebundenen Verkäufe in Frankreich dem der kaufgekoppelten Gewinnspiele und Preisausschreiben durchaus ähnlich ist. In beiden Fällen werden zwei Leistungen miteinander verbunden. Anders als bei einer Reiserücktrittsversicherung handelt es sich jedoch bei der Einräumung einer Gewinnchance um eine kostenlose Zugabe zur Hauptleistung. Die Kopplung mit der Gewinnspielteilnahme soll einen Anreiz geben, die Ware zu erwerben. Die Kopplung der Ware Reise mit einer Reiserücktrittsversicherung hingegen macht zusätzliche Ausgaben erforderlich, die der Verbraucher möglicherweise gar nicht aufbringen will. Er wird zur kostenpflichtigen Abnahme einer (zusätzlichen) Leistung gezwungen. Kaufgekoppelte Preisausschreiben und Gewinnspiele hingegen stellen eine kostenlose Zugabe zur Hauptware dar, die der Verbraucher allerdings nur dann erhält, wenn er die Hauptware erwirbt. Das Beispiel der gebundenen Verkäufe in Frankreich ist somit mit der Kaufkopplung bei Preisausschreiben und Gewinnspielen nicht vergleichbar.

Artikel 5 Ziffer 4 RL Entwurf UG verweist auf eine Liste von Geschäftspraktiken im Anhang 1, die unter allen Umständen als unlauter gelten. Für zu Werbezwecken veranstaltete Gewinnspiele und Preisausschreiben sind Ziffer (10) und (11) über irreführende Geschäftspraktiken relevant. Gemäß Ziffer (10) ist es unlauter, ein Schneeballsystem zur Verkaufsförderung einzuführen, zu betreiben

779 RL Entwurf UG, Begründung Ziffer 50 (S. 14).

oder zu fördern, bei dem der Verbraucher eine Leistung erbringt für die Möglichkeit, eine finanzielle Vergütung zu erzielen, die hauptsächlich durch Einführung neuer Verbraucher in ein solches System und weniger durch den Verkauf oder Verbrauch von Produkten zu erzielen ist. Derartige Schneeballsysteme sind nach deutschem Recht bereits unlauter und strafbar[780].

Gemäß Ziffer (11) ist es in jedem Fall unlauter, wenn die im Anhang der Verordnung über Verkaufsförderung vorgeschriebenen Informationen nicht erteilt werden oder zur Erfüllung der Anforderungen des Anhangs falsche, unklare oder zweideutige Angaben gemacht werden.

(6) Zusammenfassende Bewertung

Insgesamt ist eine Richtlinie über unlautere Geschäftspraktiken zu begrüßen. Die RL Entwurf UG führt zu einer weiteren, durchaus beachtlichen Harmonisierung des europäischen Lauterkeitsrechts. Bedeutsam ist vor allem die Einführung einer Generalklausel, die insbesondere Großbritannien und Irland als Regelungstechnik nicht vertraut ist. Weiter hervorzuheben ist die Regelung der aggressiven Geschäftspraktiken, die in vielen Rechtsordnungen der Mitgliedstaaten Konsens findet.

Für Gewinnspiele und Preisausschreiben wird die Richtlinie jedoch wenig Neues bringen. Dies gilt wie dargestellt unabhängig davon, ob die geplante Verordnung über Verkaufsförderung verwirklicht werden wird oder nicht. So sind Fallgruppen der Irreführung bereits gemeinschaftsrechtlich durch die Irreführungsrichtlinie geregelt gewesen[781]. Neu ist lediglich die europaweite Regelung von aggressiven Geschäftspraktiken. Für Preisausschreiben und Gewinnspiele hat sich jedoch gezeigt, dass die von der Rechtsrechung hierzu entwickelten nationalen Fallgruppen gerade nicht von dem Tatbestand der aggressiven Geschäftspraktiken im Sinne der Richtlinie erfasst werden. Auch die Generalklausel wird

780 Vgl. § 6c UWG; § 16 RegE UWG, BT-Drs. 15/1487.

781 Der Richtlinienvorschlag erfasst und berührt weder die einzelstaatlichen Rechtsvorschriften in Bezug auf unlautere Geschäftspraktiken, die lediglich die wirtschaftlichen Interessen von Mitbewerbern schädigen oder sich auf Rechtsgeschäft zwischen Gewerbetreibenden beziehen, noch die Bestimmungen der Richtlinie 84/450/EWG über Werbung, die nur für Unternehmen, nicht aber für Verbraucher irreführend ist, noch Bestimmungen über vergleichende Werbung (Erwägungsgrund Nummer 5). Die Irreführungsrichtlinie soll also nach dem Willen der Kommission nur noch für den Bereich B2B Geltung beanspruchen, während alle übrigen Fälle der Irreführung über die Richtlinie über unlautere Geschäftspraktiken zu behandeln sind; vgl. zum Verhältnis der Regelungen über irreführende Geschäftspraktiken, Art. 6, 7 der Richtlinie über unlautere Geschäftspraktiken zur bisherigen Irreführungsrichtlinie 84/450/EWG: Veelken, WRP 2004, 1 (18).

nicht als Unlauterkeitsgrenze relevant. Sollte die Verordnung über Verkaufsförderung verwirklicht werden, werden die dort geregelten Geschäftspraktiken als solche ohnehin allein von dieser Verordnung erfasst werden, selbst wenn den nationalen Fallgruppen zu Preisausschreiben und Gewinnspielen der Gesichtspunkt einer unzulässigen Beeinflussung der Entscheidungsfreiheit des Kunden zugrunde liegen sollte.

Angesichts der häufig ungenauen und auslegungsbedürftigen Formulierungen wird jedoch erst eine eventuelle Klärung durch den EuGH über die genaue Auslegung der RL Entwurf UG und die Erfassung von einzelnen Sachverhalten endgültig Klarheit bringen.

Für das neue UWG wird sich in Bezug auf die wettbewerbsrechtliche Beurteilung von Preisausschreiben und Gewinnspielen durch die Richtlinie nichts ändern. Schneeballsysteme, die gemäß Ziffer 10 des Anhangs 1 als unter allen Umständen unlautere irreführende Geschäftspraktiken gelten, sind nach deutschem Rechts bereits verboten und sogar unter Strafe gestellt, vgl. § 6 c UWG a. F. bzw. § 16 UWG RegE.

Die ausdrückliche Orientierung des Richtlinienentwurfes am Durchschnittsverbraucher und zwar auch für die Feststellung von aggressiven Geschäftspraktiken wird in der deutschen Rechtsprechung zu einer durchgängigen Anwendung des durchschnittlich informierten, aufmerksamen und verständigen Verbrauchers führen müssen. Hierdurch werden die Fallgruppen des übertriebenen Anlockens, psychischen Kaufzwangs und der Kopplung mit dem Warenabsatz zunehmend an Bedeutung bei der wettbewerbsrechtlichen Beurteilung von Preisausschreiben und Gewinnspielen verlieren.

8. Kapitel: Ergebnis und Ausblick

I. Ergebnis

1. Preisausschreiben und Gewinnspiele werden in den meisten Mitgliedstaaten nicht nur begrifflich, sondern auch in ihren Rechtsfolgen zum Teil erheblich unterschieden. Wie sich gezeigt hat, bietet keiner der Mitgliedstaaten sachgerechte Hilfsmittel zur Abgrenzung von Preisausschreiben und Gewinnspielen. Europarechtliche und nationale Regelungen zu Preisausschreiben und Gewinnspielen sollten diese Abgrenzungsschwierigkeiten dadurch aufheben, dass sie einheitliche Regelungen für Preisausschreiben und Gewinnspiele festlegen. Grundsätzlich ist es daher erfreulich, dass das neue UWG – wie auch schon das derzeit noch gültige – keine unterschiedlichen Rechtsfolgen daran knüpft, ob ein Preisausschreiben oder Gewinnspiel vorliegt. Inhaltlich ist die Regelung des deutschen Kopplungsverbotes gemäß § 4 RegE UWG, das für beide Institute gelten soll, aus den dargestellten Gründen allerdings zu streng und verfehlt.

2. Für viele Erscheinungsformen von Preisausschreiben und Gewinnspielen gelten Besonderheiten bei ihrer wettbewerbsrechtlichen Beurteilung. Insgesamt zeigt sich jedoch, dass sich bei den vielfältigen Formen regelmäßig dieselben wettbewerbsrechtlichen Fragen stellen. Hierzu gehören neben der Irreführung insbesondere das übertriebene Anlocken, die Ausübung eines psychischen Kaufzwangs sowie die Kopplung einer Teilnahme an Preisausschreiben und Gewinnspielen mit dem Warenerwerb. Dabei hat sich gezeigt, dass die genannten Fallgruppen bis auf die Irreführung heute kaum noch aktuell sind. Die Aufhebung insbesondere der Zugabeverordnung sowie das gewandelte Verbraucherleitbild haben hier einen deutlichen Liberalisierungsprozeß eingeleitet, der konsequent weiter beschritten werden muss. Darüber hinaus leiden insbesondere die Fallgruppen des übertriebenen Anlockens und des psychischen Kaufzwangs darunter, dass sie unbestimmt sind; eine Vorhersage über die Zulässigkeit eines konkreten Gewinnspiels ist damit kaum möglich ist.

An die Stelle der hergebrachten Fallgruppen sollte deshalb die neuerdings vom Bundesgerichtshof für die Kopplungsangebote verlangte Missbrauchskontrolle treten. Dem modernen Verbraucher sind entsprechend dem gewandelten, selbstverantwortlichen Verbraucherleitbild eigene Erkundigungshandlungen zumutbar; zugleich stehen ihm heute vielfältige Informationsmöglichkeiten zur Verfügung. Abgesehen von der Irreführung sind kaum noch Fälle denkbar, in denen die vom Bundesgerichtshof verlangte Mißbrauchskontrolle greifen wird. Das gilt insbesondere für das übertriebene Anlocken und den psychischen Kaufzwang – Fallgruppen, die in den meisten anderen Mitgliedstaaten ohnehin weitgehend unbekannt sind und die auch in Deutschland seit längerer Zeit zu Recht zunehmender Kritik ausgesetzt sind. Die meisten anderen Mitgliedstaaten kommen auch ohne diese Fallgruppen gut zurecht. Der Umstand, dass das neue UWG die Fallgruppen des psychischen Kaufzwangs und des übertriebenen Anlockens nicht ausdrücklich geregelt hat, eröffnet der deutschen Rechtsprechung den Gestaltungsraum für einen endgültigen Verzicht auf diese Fallgruppen.

3. An dem Verbot kaufgekoppelter Preisausschreiben und Gewinnspiele hingegen hält das neue UWG gleichermaßen für beide Institute ausdrücklich fest. Insofern wird der deutsche Gesetzgeber seinem Ruf bedauerlicherweise wieder einmal gerecht, ein besonders rückständiges und strenges Lauterkeitsrecht zu haben. Mit dem Verbot einer Kaufkopplung nicht nur bei Gewinnspielen sondern auch bei Preisausschreiben ist der deutsche Gesetzgeber strenger als die meisten anderen Mitgliedstaaten. Es wäre ausreichend gewesen, die Regulierung der wettbewerbsrechtlichen Zulässigkeit von zu Werbezwecken veranstalteten Preisausschreiben und Gewinnspielen gänzlich der Rechtsprechung zu überlassen. Die Generalklausel bietet genügend Gestaltungsspielraum für eine flexible Rechtsprechung und eine etwaige erforderliche Anpassung an europäische Vorhaben.

Ganz allgemein birgt die Einführung von Beispielskatalogen im neuen UWG die Gefahr einer Zementierung der Rechtsprechung, die bis dahin im Wandel begriffen war. Weitere Liberalisierungstendenzen werden unmöglich gemacht. Ohne Mithilfe des Gesetzgebers werden die Gerichte weder auf neue weitere europäische Impulse eingehen können noch die in Deutschland mit Abschaffung von Zugabeverordnung und Rabattgesetz begonnene Liberalisierung weiterführen können. Dies gilt insbesondere für das Kopplungsverbot bei Preisausschreiben und Gewinnspielen. Kaufgekoppelte Preisausschreiben und Gewinnspiele gehören zu den Kopplungsangeboten. Konsequent wäre es daher, Preisausschreiben und Gewinnspiele der gleichen Missbrauchskontrolle zu unterwerfen, wie es der Bundesgerichtshof neuerdings für alle Formen der Kopplungsangebote verlangt.

4. Die Version des VO-Vorschlages über Verkaufsförderung vom 2. Oktober 2001 hat sowohl auf deutscher als auch europäischer Ebene einen ersten Impuls für die Aufgabe des Kopplungsverbots gegeben. Danach sollen kaufgekoppelte Gewinnspiele europaweit grundsätzlich erlaubt sein. Bedauerlicherweise sind kaufgekoppelte Gewinnspiele mit der geänderten Fassung der Verordnung vom 25. Oktober 2002 nun wieder aus dem Regelungsbereich der Verordnung herausgenommen worden. Es wäre wünschenswert, wenn der Impuls der ersten Fassung zumindest zu einem Umdenken in den Mitgliedstaaten bezüglich der Behandlung kaufgekoppelter Preisausschreiben und Gewinnspiele führen würde.

5. Der Ansatz der Verordnung über Verkaufsförderung, Werbeverbote durch erhöhte Informationspflichten zu ersetzen, ist grundsätzlich zu begrüßen. Er entspricht dem Leitbild eines aufmerksamen, durchschnittlich informierten Durchschnittsverbrauchers. Die Gefahr eines umfassenden Informationsmodells besteht jedoch in einer Überreglementierung. Angesichts der Fülle der anzugebenden Informationen – wie sie der VO-Vorschlag insbesondere für Preisausschreiben und Gewinnspiele vorsieht – besteht die Gefahr, dass selbst der aufmerksame, durchschnittlich informierte Verbraucher nicht mehr in der Lage ist, die wichtigen Informationen von den unwichtigen zu trennen. Ebenso groß ist die Gefahr, dass der Verbraucher sich erst gar nicht mit den Informationen befasst und ihm so eine rationale Kaufentscheidung unmöglich gemacht wird. Der aufmerksame, durchschnittlich informierte Verbraucher wird damit zu einem unmündigen Verbraucher deklassiert.

6. Es wird erwartet, dass die Richtlinie über unlautere Geschäftspraktiken noch vor Inkrafttreten der Verordnung über Verkaufsförderung verwirklicht werden wird. Die Auswirkungen der Richtlinie werden erst dann spürbar sein, wenn diese von den Mitgliedstaaten umgesetzt worden ist. Als Umsetzungsfrist sind derzeit 18 Monate vorgesehen, Artikel 18 des Richtlinienentwurfes. Erfahrungswerte mit der Richtlinie werden folglich erst in einigen Jahren vorliegen. Ob sich nationale Gerichte bereits vor der Umsetzung in nationales Recht in ihrer Rechtsprechung beeinflussen lassen, ist unklar. Die nationalen Fallgruppen für die wettbewerbsrechtliche Beurteilung von Preisausschreiben und Gewinnspielen werden von dem Richtlinienentwurf wegen der Existenz der geplanten Verordnung über Verkaufsförderung jedoch nicht erfasst. Aber auch in dem Fall, dass der Verordnungsentwurf nicht in Kraft treten sollte, wird der Richtlinienentwurf keine wesentlichen Neuerungen bringen. Angesichts der häufig unklaren Formulierungen und fehlender Definitionen ist zu erwarten, dass die Richtlinie von den Mitgliedstaaten unterschiedlich interpretiert werden wird. Soweit die Richtlinie nationale Werbeverbote für Preisausschreiben und Gewinnspiele erfasst, wird es daher zunächst bei den abweichenden Regelungen zu Preisausschreiben und Gewinnspielen bleiben. Erst eine eventuelle Prüfung einzelner Werbeverbote durch den EuGH wird hier eine Klärung herbeiführen können.

II. Ausblick

Die Werbung mit Preisausschreiben und Gewinnspielen wird auch in der Zukunft eine große Anziehungskraft auf die Verbraucher ausüben. Zugleich belegen die empirischen Untersuchungen, dass sich die Unternehmen bei dieser Art der Verkaufsförderungsmaßnahmen in ihrer Wirkungsweise auf den Verbraucher nicht ganz sicher sind. Angesichts der stark auf den Einzelfall ausgerichteten Rechtsprechung gerade auch zu Preisausschreiben und Gewinnspielen müssen die Unternehmen zusätzlich mit einer erheblichen Rechtsunsicherheit zurechtkommen.

Selten hat es derart viele neue lauterkeitsrechtliche Gesetzesvorhaben gegeben wie in jüngster Zeit. Dies birgt Chancen, für die wettbewerbsrechtliche Beurteilung von Preisausschreiben und Gewinnspielen mutige Maßstäbe für die Zukunft zu setzen. Der deutsche Gesetzgeber hat diese Chance jedenfalls für Preisausschreiben und Gewinnspiele verpaßt. Statt die eingeleitete Liberalisierung weiter voranzutreiben, hat sich der deutsche Gesetzgeber dafür entschieden, jeder weiteren Liberalisierung einen Riegel vorzuschieben. Dies gilt jedenfalls für die Fallgruppe der kaufgekoppelten Preisausschreiben und Gewinnspiele, die nun in den Beispielskatalog für unlautere Maßnahmen aufgenommen worden sind.

Für die Fallgruppen des übertriebenen Anlockens und des psychischen Kaufzwangs ist davon auszugehen, dass das Gemeinschaftsrecht das nationale Recht in Zukunft noch stärker beeinflussen wird. Bei Zugrundelegung eines Durchschnittsverbrauchers – wie es die Richtlinie über unlautere Geschäftspraktiken ausdrücklich für alle Geschäftspraktiken verlangt – wird man konsequenterweise auf diese Fallgruppen verzichten müssen. Beide Fallgruppen sind weder nach nationalem noch europäischem Recht ausdrücklich gesetzlich verboten, so dass insoweit der Rechtsprechung die Möglichkeit zu einem endgültigen Verzicht auf diese Fallgruppen eröffnet worden ist. Es bleibt abzuwarten, ob die Gerichte von dieser Möglichkeit Gebrauch machen werden.

Anders stellt sich die Situation bei den kaufgekoppelten Preisausschreiben und Gewinnspielen dar. Hier scheint es angesichts der derzeitigen Rechtslage in den einzelnen Mitgliedstaaten wesentlich unrealistischer, dass es zu einer europaweiten Aufhebung des Kopplungsverbotes sowohl für Preisausschreiben als auch für Gewinnspiele kommen wird. Allein der Umstand, dass kaufgekoppelte Gewinnspiele in vielen Mitgliedstaaten verboten sind, kann jedoch kein Argument für eine Aufrechterhaltung der Kopplungsverbote darstellen.

Eine einheitliche rechtliche Handhabung von kaufgekoppelten Preisausschreiben und Gewinnspielen beseitigt nicht nur unnötige Abgrenzungsschwierigkeiten zwischen den beiden Institutionen sondern entspricht auch der zunehmenden Liberalisierungstendenz, insbesondere infolge des gewandelten Verbraucherleitbildes und des Wegfalls der Zugabeverordnung. Das Argument, die Spielleidenschaft des Verbrauchers werde unmittelbar zum Warenabsatz ausgenutzt und der Verbraucher werde für eine vage Gewinnchance dazu gebracht, finanzielle Aufwendungen zu machen, überzeugt als Unlauterkeitskriterium nicht. Zugaben üben auf den Verbraucher eine ganz unterschiedliche, letztlich nicht meßbare Anziehungskraft aus. Jede Art von Zugabe nutzt der Unternehmer unmittelbar zum Absatz seiner Waren und Dienstleistungen aus. Entscheidend kann allein sein, dass der Preis für die Hauptware in einem angemessenen Verhältnis zu dessen tatsächlichen Wert steht und der Verbraucher ausreichend informiert wird. Auf diese Weise wird er in die Lage versetzt, eine informierte und bewusste Kaufentscheidung zu treffen. Regelmäßig weiß der Verbraucher, dass seine Gewinnchancen äußerst gering sind.

Sollte die Verordnung in ihrer jetzigen Fassung kommen, so wird der deutsche Gesetzgeber jedenfalls im Hinblick auf eine Kopplung bei Preisausschreiben das neue UWG nachbessern müssen. Es wäre zu wünschen, dass die Verantwortlichen auf EU-Ebene anders als der deutsche Gesetzgeber den Mut aufbringen, nicht nur kaufgekoppelte Preisausschreiben sondern auch kaufgekoppelte Gewinnspiele grundsätzlich erlauben. Soweit die Verordnung über Verkaufsförderung an dem umfassenden Informationsmodell festhält, entsteht ein neues erhebliches wettbewerbsrechtliches Risiko für die Unternehmer bei der Veranstaltung von Preisausschreiben und Gewinnspielen. Es ist davon auszugehen, dass die Informationsanforderungen Gegenstand zahlreicher Gerichtsverfahren werden.

Die Bestrebungen um eine Reform des deutschen Wettbewerbsrechts sind mit Verabschiedung des Gesetzes durch den Bundestag am 16. Juni 2004 mittlerweile erfolgreich abgeschlossen. Das Gesetz wird nun voraussichtlich noch im Juli 2004 nach der Verkündung im Bundesgesetzblatt in Kraft treten. Die Umsetzung der europäischen lauterkeitsrechtlichen Vorhaben wird dagegen noch einige Zeit auf sich warten lassen. Insbesondere der Meinungsbildungsprozess zu der geplanten Verordnung über Verkaufsförderung ist angesichts der Kritik der Bundesregierung und den meisten anderen Mitgliedstaaten noch lange nicht abgeschlossen. Es bleibt daher abzuwarten, ob und in welcher Fassung die Verordnung tatsächlich in Kraft treten wird.

FSC
www.fsc.org
MIX
Papier | Fördert gute Waldnutzung
FSC® C083411

Kolibri 360 GmbH
Ferdinand-Jühlke-Straße 7
99095 Erfurt, Deutschland
produktsicherheit@kolibri360.de

Druck:
CPI Druckdienstleistungen GmbH
im Auftrag der
Kolibri 360 GmbH
Ferdinand-Jühlke-Str. 7
99095 Erfurt